广东省教育厅项目：基于"虚实并重"的特色化产教融合
生态发展模式研究与实践（粤教高函 [2018]180 号）

智能信息技术创新教育理论与应用研究

谢添德　著

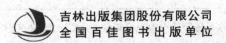

吉林出版集团股份有限公司
全国百佳图书出版单位

图书在版编目（CIP）数据

智能信息技术创新教育理论与应用研究 / 谢添德著 .
-- 长春 : 吉林出版集团股份有限公司 , 2021.8
ISBN 978-7-5731-0202-7

Ⅰ . ①智… Ⅱ . ①谢… Ⅲ . ①人工智能 - 应用 - 教育
工作 - 研究 Ⅳ . ① G43

中国版本图书馆 CIP 数据核字 (2021) 第 153008 号

ZHINENG XINXI JISHU CHUANGXIN JIAOYU LILUN YU YINGYONG YANJIU

智能信息技术创新教育理论与应用研究

著　　者	谢添德	
责任编辑	杨　爽	
装帧设计	优盛文化	

出　　版	吉林出版集团股份有限公司
发　　行	吉林出版集团社科图书有限公司
地　　址	吉林省长春市南关区福祉大路 5788 号　邮编 : 130118
印　　刷	长春市昌信电脑图文制作有限公司
电　　话	0431-81629712（总编办）　0431-81629729（营销中心）
抖 音 号	吉林出版集团社科图书有限公司　37009026326

开　　本	710 mm×1000 mm　1 / 16
印　　张	15
字　　数	268 千
版　　次	2021 年 8 月第 1 版
印　　次	2021 年 8 月第 1 次印刷

书　　号	ISBN 978-7-5731-0202-7
定　　价	78.00 元

如有印装质量问题，请与市场营销中心联系调换。0431-81629729

前　言

随着全球教育信息化战略的稳步推进和教育投入的持续增长，各国的教育信息化建设取得了长足的进步和飞跃式发展，教学水平得到提高。追求教育公平和质量、教育创新、个性化教育、能力培养已成为当今教育的共同主题。为深入贯彻落实党的十九大精神，加快教育现代化和教育强国建设，2018年4月，中华人民共和国教育部发布了《教育信息化2.0行动计划》（以下简称《计划》），《计划》提出要到2022年基本实现"三全两高一大"①的发展目标，教育信息化从1.0时代进入2.0时代。信息技术和教育的深度融合一定是未来推动教育信息化、现代化、智能化、个性化、国际化的基础支撑手段。

当前，我国正处在从教育大国向教育强国迈进的关键阶段，教育发展水平有了明显的提高。正在筹划的教育现代化2030战略，进一步勾勒出教育信息化的发展蓝图及其在教育现代化进程中的重要地位。以教育信息化带动教育现代化、智能化，破解制约我国教育发展的难题，促进教育的创新与变革，是加快从教育大国向教育强国迈进的重大战略抉择。因此，信息技术应用于教育、教学过程，不能只是停留在运用技术去改善"教与学环境"或"教与学方式"的较低层面上，而必须在运用技术改善"教与学环境"和"教与学方式"的基础上，进一步实现教育系统的结构性变革、智能化创新。

基于第五代通信网络技术、互联网、物联网、云计算、大数据、人工智能等技术打造智能化、感知化、泛在化的智慧教育新模式，成为教育建设的主旋律，开启了教育的新阶段。这些智能信息技术在教育领域的应用，使教育教学过程正在打破时间和空间、经济和文化的壁垒，也深刻改变着人们的生产、生活、思维和学习方式。

将智能信息技术深度融合入教育全过程，改进教学、优化管理，使师生具备良好的信息素养，能应用相关的信息技术解决教学、学习、生活中的

---

① 三全：教学应用覆盖全体教师、学习应用覆盖全体适龄学生、数字校园建设覆盖全体学校；两高：信息化应用水平和师生信息素养普遍提高；一大：建成"互联网+教育"大平台。

1

问题。"融合"的核心，不是用技术去强化传统教学，而是用技术去创新教学，引领教育体系变革。智能信息技术融合教育带来了以下三个方面的改变趋势。

（1）智慧学习环境的创新。学校网络带宽接入水平、装备条件等，都应逐步纳入学校校舍等基础设施建设标准范围。教学所需的物理空间、资源空间和社交空间整合到一个环境中，为教学提供无缝支持服务，实现实体课堂和在线课堂的一体化、学习空间融合化。

（2）服务平台的无缝融合。目前，虽然我国已经初步完成了教育资源公共服务平台和教育管理公共服务平台的建设，但是还没有进行有效整合。静态数据主要存储在管理平台，而动态数据主要存储在资源平台。在后续发展中，我国政府将注重资源平台和管理平台的融合发展，支持利用教育大数据的伴随式数据采集和过程评价，产生智能的分析与预见，从而进行科学决策。

（3）师生信息能力的提升。教师的教学能力、学生的学习素养及校长和各级领导的信息化领导力都有待于进一步提升。教师应该成为智慧教育环境下教学活动的构造者、促进者、辅导者及学习活动的组织者，学生若要成为合格的数字公民，应提高应对信息技术浪潮的能力，领导者则应该具备良好的规划、组织、评估能力。

智能信息技术将持续推动教育信息化的五大创新：人才培养创新、教学模式创新、教务技术创新、应用科研创新、产业推动创新。随着国家"十三五"战略日益深入，教育领域不断塑造开放创新的教育生态环境，建设"人人皆学、处处能学、时时可学"的学习型社会，打造开放创新的智慧教育新生态。

以教育信息化全面推动教育现代化、智慧化，将成为今后相当长一段时间内我国教育改革发展的重要主题。智能信息技术与教育的深度融合，构造了产教融合、智慧教育的教育新理念、新模式、新生态，值得引起各级教育行政部门和各级各类教育机构的充分重视和高度关注。

本书研究智能信息技术创新教育理论与应用，旨在努力推进智能信息技术在教育过程中的整合，帮助理论和实践研究者在教学中广泛应用信息技术手段，以适应未来教育的发展需求。同时，对智能信息技术创新教育的理解、思路、必备素养等方面做出应用思考与探索。本书第1章介绍了智能信息技术创新教育的发展概况、趋势、国内外的现状及应用意义；第2章介绍了教育大数据的定义、特征，与互联网、物联网大数据的区别，对教育的价值与意义，广阔的市场前景，五大技术及应用实例；第 3 章介绍了云计算的原理、分类、特点、优劣势、部署模型、云服务产品的使用及解决方案；第 4 章介绍了人工智能教育的发展历程、意义、开源框架，面临的挑战，遇到的瓶颈，案例和创新分析；第 5 章介绍了"互联网 + 教育"；第 6 章介绍了区块链教育的发展、应用价值、解决的问题、具有的潜力及应用案例；第 7 章介绍了物联网的定义、物联网在教育领域的应用及其营造的智慧教育环境；第 8 章介绍了虚拟技术教育中四大技术的应用及其走向和意义；第 9 章介绍了 5G+ 教育的即时互联互通与互动功能，并列出了应用场景；第 10 章介绍了边缘计算的定义、与云计算的比较及在线互动课堂；第 11 章介绍了智慧教育，在前面讨论的基础上探讨未来教育发展的形态和模式。

在该书的编写过程中，笔者参考了国内外的网络论坛和博客上众多卓有见识的文章，从中学到很多知识，由于来源比较琐碎，无法一一列举，对于他们的贡献，作者深表感谢。鉴于笔者知识与能力水平有限，书中若有不足之处，敬请广大读者批评指正。

谢添德

2020 年 8 月

目　录

第1章 智能信息技术创新教育概论

科技发展日新月异，以互联网、大数据、人工智能为代表的智能信息技术在深刻地改变着人类学习、生产和生活的同时，对教育的革命性影响也日益凸显。教育信息化建设进入新阶段，学习环境、教学模式及教育系统治理在从传统向智能转变的过程中面临着机遇与挑战。

通过智能信息技术，运用教育智慧不断创新教育，缩小城乡差距、区域差异、群体差异；提升城乡居民的知识认知、发展认知、国情认知、世界认知水平；探索智能教育实施路径，助力教育精准扶贫扶智，促进社会均衡发展。

1.1 智能信息技术的发展概况

智能信息技术即人工智能信息技术（Artificial Intelligence Information Technology，AIIT），其是新一代信息技术手段智慧管理和处理各种信息的技术总称。它主要应用计算机科学和通信技术来设计、开发、安装和实施信息系统及应用软件，因此也常常被称为信息和通信技术（Information and Communications Technology，ICT），主要包括传感技术、计算机技术和通信技术。

我国在"十三五"规划纲要中，将培育人工智能、移动智能终端、第五代移动通信（5G）、先进传感器等作为新一代信息技术产业创新重点发展，拓展新兴产业发展空间。当前，智能信息技术发展的总趋势是从典型的技术驱动发展模式向应用驱动与技术驱动相结合的模式转变，智能信息技术发展趋势和新兴技术应用主要包括以下 10 个方面。

1.1.1 高速度和大容量

北京云基地大数据实验室合伙人郑毅表示，多样性、高速度、大容量是大数据技术的特点。速度和容量是紧密联系的，鉴于海量信息四处充斥的现状，处理高速、传输快捷和存储介质大容量就成为必然趋势。电子元器件、集成电路、存储器件的高速化、微型化、廉价化，又使信息的种类和规模以更高的速度膨胀。

1.1.2　集成化和平台化

以行业应用为基础的，综合领域应用模型（算法）、云计算、大数据分析、海量存储、信息安全、依托移动互联的集成化信息技术的综合应用是目前的发展趋势。信息技术和信息的普及促进了信息系统平台化的发展，各种信息服务的访问结果和表现形式，与访问途径和访问路径无关，与访问设备无关，信息服务部署灵活，共享便利。信息系统集成化和平台化的特点，使信息消费型注重良好的用户体验，而无须注意信息技术细节。

1.1.3　智能化

工业和信息化的深度融合成为我国目前乃至今后相当长的一段时期的产业政策和资金投入的主导方向，以"智能制造（Intelligent Manufacturing，IM）"为标签的各种软硬件应用将为各行各业的各类产品带来"换代式"的飞跃甚至是"革命"，成为拉动行业产值的主要方向。"智慧地球""智慧城市""智慧教育"等基于智能信息技术的应用模式的成熟和推广，本质上是智能信息技术和现代管理理念向环境治理、交通管理、城市治理、教育改革等领域的有机渗透。

1.1.4　虚拟计算

在计算机领域，虚拟化（Virtualization）这种资源管理技术，是将计算机的各种实体资源，如服务器、网络、内存及存储等，抽象、装捌①、规范化并呈现出来，打破实体结构间不可切割的障碍，使用户可以更好地使用这些资源。这些虚拟资源不受现有资源的地域、物理组态和部署方式的限制。一般所指的虚拟化资源包括计算能力和数据存储能力。通常所说的虚拟计算是一种以虚拟化、网络、云计算等技术的融合为核心的一种计算平台、存储平台和应用系统的共享管理技术。虚拟化已成为企业 IT 部署不可或缺的组成部分。一般来看，虚拟化技术主要包括服务器虚拟化、内存虚拟化、存储虚拟

---

① 装捌是致力安防、弱电、家装等一体化众包服务平台。

化、网络虚拟化、应用虚拟化及桌面虚拟化。

在实际的生产环境中，虚拟化技术主要用于解决高性能的物理硬件产能过剩和老旧硬件产能过低的重组重用，透明化底层物理硬件，从而最大化地利用物理硬件。由于实际物理部署的资源由专业的技术团队集中管理，虚拟计算可以带来更低的运维成本，同时虚拟计算的消费者可以获得更加专业的信息管理服务。虚拟计算应用于互联网上，是云计算的基础，也是云计算应用的一个主要表现，这已经是当今和未来信息系统架构的主要模式。

1.1.5　通信技术

随着数字化技术的发展，通信传输向高速、大容量、长距离发展，光纤传输的激光波从 1.3 微米发展到 1.55 微米并普遍应用。波分复用技术已经进入成熟应用阶段，光放大器代替光电转换中继器已经使用；相干光通信、光孤子通信已经取得重大进展。4G/5G 无线网络和基于无线数据服务的移动互联网已经深入社会生活的方方面面，并在电子商务、社区交流、信息传播、知识共享、远程教育等领域发挥了巨大的作用，极大地影响了人们的工作和生活方式，成为经济活动中最具发展创新活力的引擎。

1.1.6　遥感和传感技术

感测与识别技术的作用是仿真人类感觉器官的功能，扩展信息系统（或信息设备）快速、准确获取信息的途径。它包括信息识别、信息提取、信息检测等技术。能够自动检测信息并传输的设备一般称为传感器。传感技术、计算机技术与通信技术一起被称为智能信息技术的三大支柱。从仿生学观点看，如果把计算机看成处理和识别信息的"大脑"，把通信系统看成传递信息的"神经系统"，那么传感器就是"感觉器官"。传感技术是关于从自然信息源获取信息，并对其进行处理（变换）和识别的、多学科交叉的现代科学与工程技术，涉及传感器、信息处理和识别的设计、开发、制造、测试、应用及评价改进等活动。获取信息依靠各种传感器，包括检测物测量（如重量、压力、长度、温度、速度、障碍等）、化学量（烟雾、污染、颜色等）或生物量（声音、指纹、心跳、体温等）的传感器。信息处理包括信号的预处理、后置处理、特征提取与选择等。识别的主要任务是对经过处理信息进行辨识与分类。它利用被识别（或渗断）对象与特征信息间的关联关系模型对输入的特征信息集进行辨识、比较、分类和判断。

计算机网络、通信设备、智能手机、智能电视及基于这些信息技术和信息平台的交互方式时刻都在传送着难以计量的巨大数据，这些数据来源从根本上看都是由各式各样的传感器产生并"输入"到庞大的数据通信网络中的，传感与交互技术的发展程度，直接影响着信息的来源和处理的效率。随着信息技术的进步和信息产业的发展，传感与交互控制在工业、交通、医疗、农业、环保、教育等方面的应用将更加广泛和深入。传感器与计算机的结合，形成了具有分析和综合判断能力的智能传感器；传感器与交互控制技术的进步，广泛地应用于水情监测、精细农业、远程医疗、智慧教育等领域。传感器与无线通信、互联网的结合，使物联网成为一个新兴产业。可以说，传感技术和识别技术是物联网应用的重要基础，物联网应用目前和未来将遍及国民经济和日常生活的方方面面，成为计算机软件服务行业的应用重点，也是工业和信息化深度融合的关键技术之一。

传感的本质是进行能量或信号转换，通常传感器由敏感元件、放大转换电路、数据处理等部分构成。传感器所要检测的信号可以是由待测物质自身发出的（如 RFID），也可以是物体之外的信号与物体相互作用以后发生的（如条码扫描等）。由于纳米和微纳加工技术的进步，传感器呈现出小型化、集成化、智能化、网络化、多传感器融合的趋势，使传感技术在人机交互控制方面更加实用。无论是人机之间的语音交互控制技术、手势交互控制技术、多点触屏控制技术，还是以机器人为代表的机器与机器、机器与环境之间的交互控制技术，都得到了实用性的发展。

无线射频识别技术（Radio Frequency Identification，RFID）作为构建"物联网"的关键技术，近年来受到人们的广泛关注。RFID 使用专用的 RFID 读写器及专门的可附着于目标物的 RFID 标签，利用频率信号将信息由 RFID 标签传送至 RFID 读写器。射频标签是产品电子代码（Electronic Product Code，EPC）的物理载体，附着于可跟踪的物品上，可全球流通并能对其进行识别和读写。RFID 可通过无线电讯号识别特定目标并读写相关数据，它最大的优点是具有非接触识别性。无线电的信号是通过调成无线电频率的电磁场，把数据通过附着在物品上的标签传送出去，以自动辨识与追踪该物品。某些标签在识别时，从识别器发出的电磁场中就可以得到能量，并不需要电池；也有的标签本身拥有电源，并可以主动发出无线电波（调成无线电频率的电磁场）。标签包含了电子存储的信息，数米之内都可以识别。与条形码不同的是，射频标签不需要处在识别器视线之内，可以嵌入被追踪物体之内。

1.1.7　移动智能终端

智能手机以及相关平板电脑设备等移动智能终端自 2007 年开始飞速发展。特别是在"十二五"时期，随着四核甚至八核并行移动处理器、flash-Rom 等核心配件的发展及其在手机上的应用，手机的信息处理能力与传统个人电脑相比已不相上下；移动 4G 技术、Wi-Fi 等无线数据通信方式的普及，使手机的数据传输速度和能力越来越强，智能手机完全具备了移动智能终端的处理能力。目前，除了基本通话模块、数据传输模块、网络模块、图像处理模块和并行处理操作系统之外，手机还集成了麦克风、摄像头、陀螺仪、加速度计、光线传感器、距离传感器、重力传感器、指纹识别及用于定位的 GPS（全球卫星定位系统）模块，这些传感器为手机位移、旋转等运动状态，进行语音识别和图像识别，确定自身位置信息提供了硬件支持，而强大的存储和计算能力使手机可以对这些信息进行数据融合和综合判断。在数据交换方面，手机可以作为个人 TCP/IP 终端节点通过移动通信技术接入本地的互联网，还可以通过红外传输和蓝牙技术与其他设备进行通信。智能手机逐渐成为人们通信、文档管理、社交、学习、出行、娱乐、医疗保健、金融支付等方面的便捷、高效的工具。智能手机的普及、应用的丰富和网络用户规模的不断扩大，使移动互联网产业发展迅猛，而安全与隐私保护是移动互联网面临的重大课题。

1.1.8　以人为本

信息技术不再是专家和工程师才能掌握和操纵的高科技，而开始真正地面向普通公众，为人所用。信息表达形式和信息系统与人的交互方式超越了传统的文字、图像和声音，机器或者设备感知视觉、听觉、触觉、语言、形态甚至思维等技术或者手段已经在各种信息系统中大量出现，人们在使用各类信息系统时可以完全模仿人与真实世界的交互方式，获得非常完美的用户体验。

1.1.9　信息安全

在信息化社会中，计算机和网络在军事、政治、金融、工业、教育等方面的应用越来越广泛，社会对计算机和网络的依赖程度越来越高，如果计算机和网络系统的信息安全受到威胁，将导致社会混乱并造成巨大损失。信息安全关系到国家的国防安全、政治安全、经济安全、社会安全，是国家安全的重要组成部分。因此，信息的获取、传输、处理及其安全保障能力成为一个国家综合国力和经济竞争力的重要组成部分，信息安全已成为影响国家安全、社会稳定和经济发展的决定性因素之一。

信息安全技术的自主研发也进入了一个新的阶段。2006 年，我国政府公布了自己的商用密码算法。在密码协议的理论、设计思想、设计方法和应用方面都有较成熟的发展和创新，同时为适应云计算、移动互联网、物联网等领域的要求，可信云计算和其他可信计算也已进入实用阶段。

1.1.10　两化融合

两化融合是指电子信息技术广泛应用到工业生产的各个环节，信息化成为工业、企业经营管理的常规手段。信息化进程和工业化进程不再相互独立进行，不再是单方的带动和促进关系，而是两者在技术、产品、管理等各个层面相互交融，彼此不可分割，并催生了工业电子、工业软件、工业信息服务业等新兴产业。两化融合是工业化和信息化发展到一定阶段的必然产物。

工业化与信息化"两化融台"的含义包括以下几个方面：

第一，指信息化与工业化发展战略的融合，即信息化发展战略与工业化发展战略要协调一致，信息化发展模式与工业化发展模式要高度匹配，信息化规划与工业化发展规划、计划要密切配合。

第二，指信息资源与材料、能源等工业资源的融合，能极大节约材料、能源等不可再生资源。

第三，指虚拟经济与工业实体经济融合，孕育新一代经济的产生，极大地促进信息经济、知识经济的形成与发展。

第四，指信息技术与工业技术、IT 设备与工业装备的融合，产生新的科技成果，形成新的生产力。

大力推进信息化和工业化深度融合，是党中央准确把握全球新一轮科技革命和产业变革趋势，站在历史和现实的高度，统筹经济社会发展全局做出的重大战略决策，对新时期推动我国经济转型升级、重塑国际竞争新优势具有重大战略意义。

1.2　智慧教育的未来发展趋势

智慧教育（Smart Education）的初步定义是通过构建技术融合的学习环

境，让教师能够施展高成效的教学方法，让学习者能够获得适宜的个性化服务和美好的发展体验，使其由不能变为可能，由小能变为大能，从而培养具有良好的价值取向、较强的行动能力、较好的思维品质、较深的创造潜能的人才。

1.2.1 智慧教育或将成为学科或专业

"智慧教育"一词已得到社会各界的普遍认可。智慧教育的蓬勃发展使智慧教育产业迸发出前所未有的活力，正在逐渐成为智慧经济的新引擎。全国智慧教育展览会和智慧教育、智慧教学、智慧校园等学术会议，搭建了智慧教育产品、智慧教育理论与实践的学术交流平台。全国涌现了多个智慧教育教学与研究机构，如北京师范大学智慧学习研究院、江苏师范大学智慧教育学院、广州大学知识工程与智慧教育研究中心、湖南省智慧教育科技发展研究中心、中国陶行知研究会智慧教育研究院、华南师范大学智慧学习空间等。

目前，江苏师范大学已率先开始探索智慧教育人才培养，并面向本科生开设了"智慧学习环境设计""智慧校园建设""智慧教育学"等课程，面向硕士研究生开设了"智慧校园设计与建设""智慧型课程研究""教育媒体智慧应用研究""智慧教育服务研究"等课程，虽然这些课程内容的智慧教育内涵的丰富程度与相似的非智慧冠名课程是否有本质区别还存在诸多争议，但智慧教育已成为学科或专业发展的趋势。随着智慧教育的发展，教育智慧化或许可以取代教育信息化，成为教育技术学的重要实践领域。未来，当人们对智慧教育的接纳与认可程度普遍高于教育技术学和教育信息化的时候，或许就是智慧教育学成为独立的学科或专业的时候。今天，智慧教育尚未得到普遍认可，但已逐步具备成为学科或专业的必要条件。

1.2.2 建设智慧校园是实现智慧教育的基础途径

（1）从教育学视角看，实现智慧教育的有效途径是培养人的智慧，而培养人的智慧既需要学习智慧学科——哲学，又需要学习其他学科知识，还需要自身所具备的灵性和悟性。教育只是为培养人才营造了学习环境和氛围、提供了学习资源和方法等，至于能否提升智慧，关键在于学习者自己的灵性和悟性及其学习投入度。

（2）从教育技术学视角看，教育智慧化是教育信息化发展的新阶段，教育智慧化的过程是教育理念、媒体、技术、资源、手段和方法的智慧化。教育学视角智慧教育的实现，主要依赖学习者自身的内因发挥作用，人为可控性不强；而教育技术学视角智慧教育的实现，主要依赖影响学习者的外因在发挥作用，具有较强的人为可控性。

（3）从人工智能视角看，智能教育更关注智能技术在教育领域的应用，其处于信息化教育与智慧教育的中间状态，可以作为智慧教育的实践路径。

智慧校园集成了智慧教育理念、媒体、技术、资源、手段和方法等，可以视为智慧教育的具象化。人工智能、大数据、区块链、机器人等智能信息技术将会引发新一轮的教育变革，促进智慧教育的转型发展，实现智能信息技术与教育的深度融合创新，破解教育发展过程中存在的诸多现实困惑。因此，加强智慧校园建设是实现智慧教育的有效途径。智慧教室、智慧实验室、智慧图书馆、智慧课程资源、智慧平台软件等都将是智慧教育需要重点关注的建设内容。

1.2.3 树立智慧教育服务观是智慧教育未来发展的必然趋势

智慧校园是实现智慧教育的有效途径，智慧校园建设的最终目的是为师生、教育行政人员、社会公众等提供智慧化的教育服务，促进教育系统的结构性变革，培养智慧时代亟须的创新人才。教育作为公共服务产品的属性，逐步受到人们的重视。智慧教育服务观既是拓展智慧教育理论研究的需要，又是智慧教育实践活动的迫切需求。智慧教育的未来发展亟须树立智慧教育服务观，强化提供优质、智慧化的教育服务，智慧教育服务质量将会成为衡量智慧教育发展水平的重要标准。智慧教育理应提供优质、智慧化的教育服务，而提升智慧教育服务质量是智慧教育未来发展的价值诉求。

1.2.4 与教育深度融合的四个发展趋势

国内外智慧教育研究领域主要涵盖了智慧教育理论和实践的研究、智慧学习环境建设、智慧教学模式设计以及新兴技术与教育深度融合四个层面。针对这四个层面，提出以下四个发展趋势。

1.扎根时代背景，深化智慧教育理论和实践研究

智慧时代的教育应当充分体现"智慧"的特征，培养出具有"智慧"的人。这个"智慧"不能仅立足于机器智慧，毕竟机器并不能真正拥有智慧，机器但凡显示出任何"智慧"的特征，也应是人类的智慧结晶。当前，国外及相当一部分国内的智慧教育研究都是建立在 IBM 公司构建的"智慧教育"行动框架之上的。陈琳等人认为，由此研究的智慧教育偏重"器"和"术"

的层面，却忽略了从"法"和"道"上去深刻理解智慧教育的本质。真正的智慧教育是与人类走向智慧时代相匹配的教育，然而迄今还没有国家从智慧时代的高度设计教育。因此，我国作为一个坐拥几千年历史的文明古国，理应挺身而出，迎合时代要求，重构智慧教育。在钱学森先生"大成智慧学"的理论基础上，丰富智慧教育的理论体系建设。虽然当前国内关于智慧教育的理论研究已小有成果，但是智慧教育作为一个与时代进步和技术发展联系紧密的新兴教育研究领域，其理论的研究也应紧跟时代步伐并不断加以创新。当然，理论的研究还必须与实践充分融合。

当前，国内智慧教育的理论研究远远超越实践应用，尽管已有许多学校开展智慧教育试点，但都仅停留在"表面功夫"上，甚至有的学校由于技术条件限制尚未表现出智慧特征。未来智慧教育的理论研究应当立足于教学实践或者具体的教学案例，厘清技术和人之间的关系，合理利用技术，促进智慧教育的发展，培养出"智慧"型人才。

2.对接智慧城市，线上线下全方位营造智慧学习环境

环境是一切的基础，智慧教育的发展离不开智慧学习环境的建设。综观国内外智慧教育研究，在前期，无一例外都将重点放在了智慧学习环境的建设上，强调将技术融入校园、家庭等现实学习环境，以及在线教育、远程教育等虚拟学习环境，线上和线下教育一体化，无缝对接，使学习者的学习可以突破时间和空间的限制。未来智慧学习环境的建设仍然依赖人工智能、物联网、云计算、大数据、泛在网络等关键信息技术的支撑。如何利用云计算对云端的教育资源进行全方位整合，实现最大限度的资源共享；如何通过挖掘海量教育大数据和学习者的学习数据为其提供智能化推送，满足不同学习者个性化和差异化的学习需求；如何利用人工智能、物联网和泛在网络贯通学习者线上和线下的教育，使其学习活动可以随时随地进行；等等。这些问题都是未来智慧学习环境建设的重中之重。此外，未来智慧学习环境的建设也离不开整个城市智慧环境的建设。杨现民等人2014年就曾提出，未来智慧教育的统一身份认证将与智慧城市中的智慧医疗、智慧交通、智慧市民服务等接口绑定，社会各部门共享市民信息数据，最终实现人人拥有唯一的、个性化的、终身化的"智慧账户"。近年来，一些智慧城市服务仅体现在教育方面，教育方面又仅在省市级图书馆或校园智慧一卡通上有所展现，尚未真正实现与智慧城市的对接。正如国际上普遍认同的"智慧教育"概念派生于"智慧城市"，未来智慧学习环境的建设也必将寓于智慧城市的发展之中。

3.以学习者为中心，构建可以落地实践的智慧教与学

具备了智慧学习环境，接下来需要面对的就是如何构建智慧时代的教与学。国际学界对于智慧教育的研究多数以"智慧学习（Smart Learning）"的形式开展。近年来我国也一直致力变革传统的教学模式，从"教师教"向"学生学"的模式转变。可见，未来智慧教育的发展必定要以学习者为中心。当代学生是"数字化的一代"，他们的信息化能力和素养很高，对新型教学模式的要求也很高。不断探索和开发以学习者为中心的新型智慧教学模式，设计线上和线下相结合的智慧课程，是未来智慧教育发展的突破口。

当前，国外在 MOOC、SPOC、翻转课堂、微课等智慧型课程建设方面具备了较多的实践经验，我国也在部分一二线城市开展了试点工作，并且突破性地举办了"一师一优课"活动。未来，随着智慧教学和智慧课程在设计上的不断创新、范围的不断扩大，教师和学生的角色一定会发生根本性的转变。当然，智慧课程的建设和智慧教学模式的设计都是为学习者更好地开展智慧学习服务的。智慧学习是在数字化学习、移动学习、混合式学习、泛在学习、协作学习、个性化学习等信息化学习方式基础上，融合智慧时代特征发展起来的新型学习方式。目前，国内外针对学习方式的研究多停留在纸上的理论探讨，缺乏模型的构建和现实的推广。未来，智慧学习的研究应当结合时代背景并融合技术发展对其进行内涵说明和模型构建，并且在信息化条件较好的地区率先进行试验，为智慧学习方式的全面推广奠定基础。

4.化被动为主动，全力推进新兴信息技术与教育的深度融合

将信息技术引入教育，在带来便利的同时引发了学者的深思。冷冰冰的技术支撑下的智慧教育往往容易忽视学习者的情感需求及个性化、差异化的学习需求，仅仅从传统的"教师教"转化成了"机器教"或"视频教"，限制了学习者创造性和主观能动性的发挥，智慧教育培养"智慧人"的初衷也就无法实现了。综上所述，面向个体差异的个性化学习研究和应用必将成为未来智慧教育发展的主流趋势，这也从国内外当前的研究前沿分析中也得到了印证。个性化学习是技术与教育深度融合在高级阶段的表现形式，以机器学习和深度学习为关键支撑的人工智能技术的回归，对个性化学习进行了重塑和再造。目前，已有众多机器学习技术支持下的自适应学习平台得到了应用，如 Knewton、Dream Box、ALEKS 等。此外，个性化学习的推广离不开智慧学习系统和移动学习终端的开发，我国当前已有不少企业开始试水，但由于技术还不够成熟，在落地实践时导致使用率不高。随着时代的发展和技术的进步，未来新兴信息技术必将渗透到教育系统的各个环节。若想促进技术

与教育的深度融合，还应当厘清技术和教育之间的关系。技术的发展是为教育服务的，教育不应停留在被迫变革的风口浪尖上，而应当抓住机遇迎难而上，积极主动地适应技术带来的转变，并尽可能地去帮助技术的升级。

对于政府而言，应当加大在新兴技术促进教育产业升级方面的投入，由点到面，尽快普及新兴技术在教育中的应用；对于高校而言，要加强人工智能和教育之间跨学科人才的培养，与相关企业进行密切沟通和合作，尽快实现教育的产业升级；对于教师、学习者和管理者等一切技术受益者而言，在感受技术带来便利的同时，应当及时反馈新兴技术存在的不足，助力技术不断完善。

1.3　智能信息技术创新教育国外现状分析

国外智能信息技术创新教育研究主要集中在智慧学习环境建设、智能技术支持下的智慧教学和机器学习技术支持下的个性化学习三个方面。

1.3.1　智慧学习环境建设的研究

从关键词"智慧环境（Smart Environment）""智慧城市（Smart City）""智慧家庭（Smart Home）""物联网（Internet of Things）""在线学习（Online Learning）"等可以看出，国外十分重视智慧学习环境的建设。智慧学习环境是从智慧地球、智慧城市、智慧家庭的概念中派生而来的，同时智慧学习环境的建设离不开上述智慧环境的支持。由"智慧环境（Smart Environment）"引出的关键词还有"智慧教室（Smart Classroom）"。当前，国外对智慧学习环境的研究主要集中在高等教育阶段，在自然科学学科和计算机学科上应用较广，其中智慧学习环境里教学策略和案例设计是国外研究者最为关注的，这就引出了国外智能信息技术创新教育的第二个研究主题——智能技术支持下的智慧教学研究。

1.3.2　智能技术支持下的智慧教学研究

从"虚拟现实（Virtual Reality）""无线传感网络（Wireless Sensor Network）""智能终端（Smart Device）""智能手机（Smart Phone）""云端（Cloud）"等关键词中可以看出，智能技术对智慧教学的开展做出了巨大贡献。当无线技术代替了有线技术后，教师可以便捷地从云端获取海量教育资源用以丰富教学内容，学生通过"自带设备（Bring Your Own Device，BYOD）"，如智能终端（笔记本和手机）随时记录笔记，并与教师展开互动，实现"一对一"学习。虚拟现实技术和 3D 打印技术走进课堂，使教师、学生、智能终端和云端资源实现了多维互动，给学习者带来了交互式和沉浸式的学习体验，这些都是在传统课堂教学中无法体验到的。此外，国外在智能教育系统开发方面也取得了相关的研究成果，如 RIDES 智能教学系统开发工具、斯坦福大学的 MMAP 协作型教学模式的教学系统等。新型教学模式下的学生学习方式也从传统学习向混合学习、协作学习、移动学习、在线学习、个性化学习等新型学习方式转变，与 IBM 构建的智慧教育框架的核心就是为学习者提供个性化的学习体验不谋而合，这就引出了国外智能信息技术创新教育研究主题的重中之重——机器学习技术支持下的个性化学习研究。

1.3.3　机器学习技术支持下的个性化学习研究

从关键词"机器学习（Machine Learning）""深度学习（Deep Learning）""人工智能（Artificial Intelligence）""大数据（Big Data）""数据挖掘（Data Mining）"可以看出，建立在机器学习和数据挖掘技术上的个性化学习研究是国外智慧教育研究的热点。国外学者 Alpaydin 认为，机器学习是指利用数据或以往的经验，优化计算机程序的性能标准。机器学习技术是人工智能技术的核心。深度学习是机器学习的一个大的分支，其概念源于人工神经网络，是实现机器学习的高效技术。近年来，国外学者十分关注机器学习在教育领域的应用。对于学习者而言，机器学习通过深入挖掘海量的教育大数据，发现学习者的规律，然后分析建模，去预测学习者的学习行为，并为其提供个性化学习的支持和测评。同时，机器学习为教育者掌握学生整体和个体的学习情况、教育管理者制定决策、企业开发者更精准地评估和维护教育系统提供了有力支持。当前，国外建立了许多自适应学习平台为学习者提供个性化服务，其中最成熟的就是 Knewton 学习平台。Knewton 以其强大的学习资源，通过统计分析学习者的学习数据，为其推送个性化的学习内容。

国外智慧教育的研究前沿大致划分为三个阶段：第一阶段（2010—2014年）出现的关键词有"智慧环境（Smart Environment）""环境智能（Ambient Intelligence）""智能（Intelligence）"，表明国外在此阶段的研究前沿是智能技术支持下的智慧教育环境建设；第二阶段（2014—2016 年）出现的关键词有"学习（Learning）""智能手机（Smart Phone）"，表明国外在此阶段的研究前沿是重视移动终端对智慧学习的支持；第三阶段（2017 年至今）出现的关键词有"物联网（Internet of Things）"，物联网虽不是新词，但是在近两年国外智慧教育的发展中仍占据十分重要的地位。

国内智慧教育研究可以划分成三个阶段：第一阶段（2010—2013 年）出现的关键词大多与校园有关，包括"学校、智慧校园、物联网、数字校园、智慧学习环境"，表明从 2010 年开始，国内智慧教育研究的前沿是关注物联网支持下的智慧校园和智慧学习环境建设，特别是数字校园向智慧校园的转变；第二阶段（2013—2015 年）关键词的数量持续增多，包括"课堂教学、微课、电子书包、晒课、MOOC"，表明国内智慧教育的研究分支不断扩大，并且这一阶段开始深入创新实践，研究重点从智慧校园环境建设转移到智慧课堂和智慧教学实践；第三阶段（2017—2019 年）关键词相对较少，主要包括"校园一卡通、教育信息化 2.0、智能教育、人工智能"，表明这一阶段国内从教育信息化 1.0 时代迈入了教育信息化 2.0 时代，人工智能技术与教育的深度融合成为国内智慧教育最新的研究前沿。

国内外的研究主题存在明显的区别和联系，但在研究前沿上基本趋于一致，具体表现为以下几个方面。

（1）在研究渊源上，国外研究起源于 IBM 提出的"智慧地球"概念，虽然国内也深受此概念的影响，但是钱学森先生提出的"大成智慧学"是国内开展研究更为深刻的推动力量。

（2）在研究主题的演化上，国外虽没有明显的时间线，但主题划分明确，而国内研究主题是随着时代和政策背景的变化而不断推演的。

（3）在研究主题的分布上，国内外都十分重视信息技术支持下的智慧学习环境建设和智慧教学模式设计研究，但是国外研究多基于微观视角的实践探索，国内多基于宏观视角的理论构建；国外侧重新兴技术尤其是人工智能与教育的深度融合，国内侧重智慧教育理论体系建设和政府的顶层设计。

（4）在研究的进展上，对于技术层面而言，国外起步较早且发展稳定，国内起步虽晚但是发展迅速；对于理论层面而言，国内的智慧教育理论研究成果十分丰富，而国外稍显匮乏。

（5）在学科融合上，国内外研究主题都体现了学科交叉性强的特点，十分重视教育学、教育技术学，尤其是计算机科学在研究主题中的应用。

（6）在研究前沿上，近几年来，虽然国内外研究主题都十分重视人工智能、机器学习技术和教育深度融合带来的个性化学习研究，但是仔细对比国内外的研究数据发现，国外大部分研究前沿的开展相较于我国都起步较早。例如，国内 2017 年出现的"机器学习"与国外 2010 年出现的"Machine Learning"研究相吻合；同期，国内研究较热的"人工智能"，也早在 2015 年就成为国外的研究热点。

1.4 智能信息技术创新教育国内现状分析

智能信息技术创新教育国内研究主题囊括了不同时代和政策背景下给教育领域带来的变革。其中，基于新兴信息技术和教育深度融合的个性化学习成为国内的研究前沿。

我国对智慧教育的关注并非始于 2008 年 IBM 公司提出的"智慧地球"的概念，而是始于 20 世纪 90 年代科学巨匠钱学森提出的"大成智慧学"。IBM 公司的"智慧教育"是构建新一代信息技术支持下教育发展的行动框架，而"大成智慧学"强调利用现代科学技术培养人的高级智慧。中华人民共和国教育部（以下简称"教育部"）于 2012 年印发的《教育信息化十年发展规划（2011—2020 年）》中提出"教育信息化充分发挥现代信息技术优势，注重信息技术与教育的全面深度融合"。随后，2018 年印发的《教育信息化 2.0 行动计划》中又明确提出"以人工智能、大数据、物联网等新兴技术为基础，依托各类智能设备及网络，积极开展智慧教育创新研究和示范，推动新技术支持下教育的模式变革和生态重构"。

国内智慧教育研究主题的演进大致分为四个阶段：

第一阶段为 2010—2011 年。从本阶段的关键词"智慧教育""智慧校园""智慧课堂"中可以看出，这个阶段有关智慧教育的研究多数围绕理论展开，包括智慧教育及其派生出的智慧校园、智慧课堂的内涵解析和特征梳理。此阶段仍处于工业 3.0 时代，重视计算机及信息技术对辅佐教育教学产生了革命性影响。依托 2010 年教育部印发的《国家中长期教育改革和发展规划纲要（2010—2020 年）》中重视信息技术对教育发展的革命性影响的要求，信息化发展较好的一二线城市相继出台了智慧教育发展规划，我国正式迈入了智慧教育理论和实践的研究元年。

第二阶段为 2012—2014 年。该阶段出现的关键词大致划分为两大类，一类是"智慧学习""智慧学习环境""智慧教室"等关于智慧学习环境建设的研究；另一类是"课堂教学""教学模式""电子书包""虚拟现实""微课"

等关于信息技术辅助教学的实践研究。2012 年教育部印发的《教育信息化十年发展规划（2011—2020 年）》开启了我国教育信息化 1.0 时代，信息技术支撑下的学习环境建设和教学模式设计成为这一阶段的研究主题。值得注意的是，该规划中明确提出要"注重信息技术与教育的全面深度融合"，表明此阶段技术对教育的支持开始由辅助教学向融合变革转变。

第三阶段为 2015—2016 年。该阶段出现的关键词除了"互联网 +"也大致划分为两类，一类是"创客""翻转课堂""MOOC""晒课"等关于新型教学模式的设计；另一类是"学习分析""个性化学习"等关于教育与技术深度融合之下学习需求的分析。2015 年，国务院印发的《国务院关于积极推进"互联网 +"行动的指导意见》为各行各业带来了"互联网思维"。教育领域也在此影响下从封闭走向开放，不同以往传统的课堂教学，取而代之的是一系列新型教学方式。同时，开始注重学习者个性化和差异化的学习需求，个性化学习帮助学习者打破时间和空间上的限制，通过互联网和移动终端，使学习活动可以随时随地进行。

第四阶段为 2017 年至今。此阶段出现的关键词"人工智能""机器学习""教育大数据""智能教育"等都与人工智能息息相关。2017 年被《华尔街日报》《福布斯》杂志称为"人工智能元年"，各行各业在人工智能的影响下成果颇丰。2017 年，国务院印发了《新一代人工智能发展规划》。依托人工智能的发展，教育领域持续摸索创新。2018 年，北京师范大学发布了《人工智能 + 教育》蓝皮书，为人工智能解决教育问题提供了各种方案。同时，这一阶段高等教育领域开始注重"智能教育"，培养创新型人才，推动智能技术和教育的深度融合。

1.5　智能信息技术对教育应用创新的意义

在《关键：智力资本与企业战略重构》一书中，马化腾把关键驱动要素分为三大类：资源、客户、创新。延伸至教育领域，这三大类关键驱动要素即教育资源、教育用户、教育创新。目前，我国教育现状仍以教育资源驱动为主，教育用户驱动为辅，教育创新驱动不足。然而，"智能信息技术 + 教育"带来了一股改变这种教育现状的强大力量，它通过智能信息技术在教育应用上的创新，如基于语音识别技术的语音教学、基于图像识别技术的智能评卷等，推动教育自身的不断变革与创新。

1.5.1　信息技术与教育教学实践深度融合

信息技术与教育教学实践的深度融合是教育信息化的重要特征之一。党的十八大以来，我国的教育信息化工作取得了巨大成就，这些成就不仅总体上超过预期，在某些方面更是大大超过预期，因而成为我国教育发展历史性成就的重要组成部分。

1.5.2　人工智能加速未来教育变革

人工智能日益成为社会、教育热点话题。教育的现代化发展必定离不开现代科学强有力的支撑。教育信息化也正在经历这一个过程。2010 年，国务院颁布的《国家中长期教育改革和发展规划纲要（2010—2020 年）》指出"信息技术对教育发展具有革命性影响，必须予以高度重视"，使大众对教育信息化有了比较深刻的认识。

人工智能作为信息技术发展的重要技术，将为未来教育的变革带来重要影响。信息时代与智能时代存在本质区别。一般认为，智能时代是信息时代的自然延伸和发展，并将智能时代称为第四次工业革命，或称为第二次机器革命，或其他的名称。首先，信息是物理概念，过去的工业革命是由机器主导的，智能是拟生物概念。其次，过去的工业革命将信息技术的使用作为解决、替代体力或提升、扩展人类体力的工具，显然智能技术解决的是替代和提升脑力的问题。

因此，要让学生摆脱纯理论教学的桎梏，快速融入实战式学习中，大幅提高学习效果与就业水平。

第 2 章　教育大数据：精准个性化教育新时代

2015 年，国家大数据战略与"互联网 +"行动计划的推出，为大数据理念与技术在教育领域的快速渗透和应用推广提供了强有力的保障。"十三五"规划期间，大数据与教育核心业务的融合将成为驱动新一轮教育改革与发展的创新动力。

2015 年度基础教育信息化应用现场会在广东省佛山市南海区召开，教育部向全国推介南海教育信息化应用工作经验。广东省佛山市南海区是全国教育信息化强区，是建设教育大数据中心的成功案例之一。南海区建立了包括教育资源、行政管理、教师发展、学生发展、幼教、职教在内的 6 大数据中心，并汇聚共享各级各类教育数据于"南教云""朝阳学堂""学前教育网" 3 大平台，拥有"全国教育信息化创新应用典范区域"称号。

未来教育在互联网等技术的作用下变得越来越个性化，大数据技术的应用有利于个性化教育，标准化的学习内容由学生自主组织学习，学校和教师更多地关注学生的个性化培养，教师由教学者逐渐转变为助学者。

2.1　教育大数据定义与特征

数据（Data）一般指通过科学实验、检验、统计等方式所获得的，用于科学研究、技术设计、查证、决策等目的的数值。通过对这些数据进行大规模、长期测量、记录、存储、统计、分析，获得的海量数据就是大数据（Big Data）。"大数据"一词是 2008 年维克托·迈尔·舍恩伯格及肯尼斯·库克耶在《大数据时代》这本书中首次提出的。

在学校教育中，数据成为教学改进最为显著的指标。通常，这些数据主要指考试成绩。当然，也包括入学率、出勤率、辍学率、升学率等。对于具体的课堂教学来说，数据应该能说明教学效果。比如，学生识字的准确率，作业的正确率，回答问题的次数、时长与正确率，师生互动的频率与时长。具体而言，如每个学生回答一个问题所用的时间是多长，不同学生在同一问题上所用时长的区别有多大，整体回答的正确率是多少，这些数据经过专门收集、分类、整理、统计、分析就成为大数据。

教育大数据（Big Data in Education，BDE）指整个教育活动过程中所产生的及根据教育需要采集到的，一切用于教育发展并可创造巨大潜在价值的数据集合。在当前国际形势下，教育大数据从战略高度应定位为推动教育变革的新型战略资产、推进教育领域综合改革的科学力量及发展智慧教育的基石。教育大数据的最终价值应体现在与教育主流业务的深度融合及持续推动教育系统的智慧化变革上，具体表现为驱动教育管理科学化、驱动教学模式改革、驱动个性化学习真正实现、驱动教育评价体系重构、驱动科学研究范式转型、驱动教育服务更具人性化。

教育大数据的特征：教育大数据的采集呈现高度的复杂性；教育大数据的应用需要高度的创造性。教育大数据不仅注重相关关系，更强调因果关系。

2.2 教育大数据与互联网、物联网大数据的区别

互联网时代，搜索引擎已经成为人们寻找日常解决方案的重要渠道。特别是智能手机的普及，使搜索数据随时随地都在产生。据 Smart insight 估计，目前全球每天有 50 亿次搜索，其中 35 亿次搜索来自 Google，占全球搜索量的 70%，相当于每秒处理 4 万多次搜索。而在 2000 年，Google 一年的搜索量仅 140 亿次。智能手机让人们的社交生活彻底数字化，人们每天在社交网络上花费的时间越来越多，产生的数据量也相应地不断增长。

随着物联网基础设施及智能手机、可穿戴设备的普及，我们每个人时刻都在产生着大量的数据。我们已完全成为数字化的个体。

无处不在的物联网设备正在将世界变成一个"数字地球"。据 HIS 的数据预测，到 2025 年，全球物联网连接设备的总安装量将达到 754.4 亿，而这些联网设备也会产生大量数据。

互联网大数据和物联网大数据的最大区别是互联网大数据的来源更加广泛，数据也更加多样；物联网大数据的数据格式比互联网大数据更加规范标

准；互联网大数据的产生者主要是人，物联网大数据的产生者是物。

2.2.1　互联网大数据具有多样性和复杂性

2019 年 8 月 30 日，中国互联网络信息中心（CNNIC）在北京发布第 44 次《中国互联网络发展状况统计报告》（以下简称《报告》），《报告》中详细分析了中国的网民规模及结构，截至 2019 年 6 月，中国网民规模达 8.54 亿，这个数字约占据中国人口总数的 61%，而我国网民还在不断增加。

今天，互联网极大地方便了人们的生活，人们可以在网上购物、聊天、浏览新闻、发送微博、观看视频、玩游戏等。我们可以通过多种方式上网，如手机、电脑、平板电脑、电子手表等。随着人们上网入口的逐渐丰富，上网行为所产生的数据也会越来越复杂。

此外，人们在上网时还会生成大量的行为数据。例如，购物订单、新闻、视频、查看的商品、通知之类的数据最终将存储在互联网公司的数据库中，且数据量非常大。

2.2.2　物联网设备产生的数据格式更具规范性

物联网的最大特点是各种物联网设备相互连接以实现信息共享。物联网会实时上报监测到的环境指标，如在智慧农业中，通过土壤湿度传感器，可以监测到土壤的相对含水量，从而确定是否需要浇水。

由于物联网大数据来自物联网设备，物联网采集什么样的数据及数据格式在物联网设备开发和部署之前都已经指定好，采集数据的程序也已经部署在物联网设备中，物联网设备只需要实时按照程序的命令执行。因此，物联网设备产生的数据没有复杂的数据格式，相较于互联网数据，格式也更加标准。

2.2.3　教育大数据具有分层性

教育领域中大数据分析的最终目的是提高学生的学习成绩。教育大数据直接产生于各种教育活动（如教学活动、管理活动、科研活动、校园活动等），每个教育利益相关者既是教育数据的生产者，又是教育数据的消费者。

教育数据相较于其他领域中的数据，有其独有的特征，即教育数据是分层的（hierarchical）。美国教育部教育技术办公室在《通过教育数据挖掘和学习分析增进教与学（公共评论草案）》的第 18 页中写道："教育数据是……分层的，有键击层（keystroke level）、回答层（answer level）、学期层（session level）、学生层（student level）、教室层（classroom level）、教师层（teacher level）和学校层（school level），数据就寓居在这些不同的层之中。"

教育大数据具有明确的目标指向性，即指向教育发展，能在提升教育质量、促进教育公平、实现个性化学习、优化教育资源配置、辅助教育科学决策等方面发挥积极作用。

2.3 教育大数据对教育的价值与意义

2.3.1 教育大数据的价值

任何领域只要有了人的活动，都可以持续不断地产生大数据，教育领域也不例外。我国教育规模位居世界首位，如此大规模的教育必将产生世界量级的教育大数据，如何发挥这笔"资产"的价值则成了我国教育赶超欧美的关键。广大教育工作者已充分认识到大数据在推动教育决策科学化、实现个性化教育、加快区域教育均衡发展、提升教育质量等方面具有重大的战略及应用价值。

1.战略层价值

（1）教育大数据是一种无形的战略资产、是一座可以无限开采的"金矿"，对其进行充分的挖掘与应用是实现数据"资产"增值的唯一途径。

（2）教育改革不仅要有胆魄，更要有科学依据，教育大数据是推动教育领域全面深化改革的科学力量。

（3）教育大数据汇聚、存储了教育领域的信息资源，这些信息资源是发展智慧教育最重要的基础。智慧教育是依托物联网、云计算、无线通信、大数据等新一代信息技术打造的物联化、智能化、感知化、泛在化的教育生态系统，是数字化教育的高级发展阶段。

2.应用层价值

（1）开展数据驱动的教育决策，实现教育设备与环境的智能管控，提升教育危机预防与安全管理的能力。

（2）持续优化教与学，辅助教师开展精准教学，帮助学生实现个性化学习。

（3）促使教育评价从"经验主义"走向"数据主义"、从"宏观群体评价"走向"微观个体评价"、从"单一评价"走向"综合评价"。

（4）教育数据的合理、合法、有效、创新应用，不断催生越来越多样化且越来越智慧化的教育服务。

（5）推动社会科学的研究范式从抽样模式走向全样本模式，使社会科学成为一门实实在在的实证科学。

2.3.2　建立统一标准的教育大数据

对于国家层面的教育大数据而言，刘庆峰认为有三个要点需要注意。

第一，建立统一标准的教育大数据：首先建立大数据的标准，使各省、各校、各个学生之间的数据可以共享；各个教师的优质课程都可以进行传播；让每天都在产生的教育数据得以储存，用于未来的分析。

第二，将大数据向全行业开放：在建立大数据之后，应该将其用合理的方式开放给全行业。让平台的建设者、学习资源的上传者获得奖励，鼓励所有人为教育大数据和学生的个性化学习做贡献。

第三，建立监控管理体系：教育大数据应当建立账号认证及评价体系，只允许优质内容进入。

大数据不应该只体现在数据量的"大"上，海量的题库与微课视频并不代表有效。当同一个知识点有上百万个教学视频可供学习时，"大"反而意味着无效。由系统精准分析，哪道题目、由哪个教师录制的哪一个教学视频，是符合学生认知水平与知识掌握进度的，才是有效的"教育大数据"。为了做到这一点，同样需要注意以下三个问题。

第一，过程化数据的收集：对学生的作业、单元测试、期中期末考试成绩等学习过程数据进行收集。

第二，基于数据的自动分析：基于知识图谱（知识点的认知顺序）对数据进行分析，明确学生对每个知识点的掌握情况。

第三，个性化的学习推荐：根据分析结果，推荐针对性的学习方案。

2.4　教育大数据的广阔市场前景

近些年来，许多教育科技公司纷纷开始抢滩大数据学习分析的市场，竞争极为激烈。

美国的一些企业已经成功地商业化运作教育中的大数据。全球最大的信息技术与业务解决方案公司 IBM 就与亚拉巴马州的莫白儿县公共学区进行大数据合作。结果显示，大数据对学校教学工作具有重要作用。

在美国的教育大数据领域，除了处于领先地位的 IBM，还有像希维塔斯学习（Civitas Learning）这样的新兴企业。希维塔斯学习是一家专门聚焦于运用预测性分析、机器学习从而提高学生成绩的新兴企业。该公司在高等教育领域建立起最大的跨校学习数据库。通过海量数据，能够看到学生的分数、出勤率、辍学率和保留率的主要趋势。这家公司的软件能够让用户了解到导致辍学和学习成绩不良的警告性信号，还允许用户发现那些导致无谓消耗的特定课程，并且看出哪些资源和干预是最成功的。

在加拿大，总部位于安大略省沃特卢的教育科技公司"渴望学习"（Desire 2 Learn）已经面向高等教育领域的学生，推出了基于他们自己过去的学习成绩数据预测并改善其未来学习成绩的大数据服务项目。"渴望学习"的产品通过监控学生阅读电子化的课程材料、提交电子版的作业、通过在线与同学交流、完成考试与测验，能让其计算程序持续、系统地分析每个学生的教育数据。教师得到的不再是过去那种只展示学生分数与作业的结果，而是像阅读材料的时间长短等更为详细的重要信息，这样教师就能及时诊断问题所在，提出改进的建议，并预测学生的期末考试成绩。

在 2012 年国际消费电子展的高等教育技术峰会上，世界最大的教育出版公司培生教育集团（Pearson）与适应性学习领域里的先行者纽顿公司共同发布了主要由培生教育集团开发的适应性学习产品——"我的实验室 / 高手掌握"（MyLab/Mastering）。

纽顿的创办人、首席执行官何塞·费雷拉和培生高等教育分公司的总裁格雷格·托宾共同出席了"我的实验室 / 高手掌握"的发布会并介绍了合作的细节，讨论了高等教育的未来。托宾说："个性化学习是未来教育的一个关键点。我们把纽顿的技术整合到'我的实验室 / 高手掌握'这个产品中是整个行业进入个性化教育新时代的引领风气之举。"

2.4.1 大数据让考试变得更科学

教育中的数据挖掘是迈向大数据分析的一项主要工作。教育中最新的趋势是允许研究者积累大量非结构化数据（unstructured data）。结构化数据（structured data）是从教育部门多年的数据——特别考试成绩和出勤记录那里收集而来的。互动性学习的新方法已经通过智力辅导系统、刺激与激励机制、教育性游戏产生了越来越多的非结构化数据。这些丰富的数据能给研究者创造出比以往更多的探究学生学习环境的新机会。

教育数据是分层的（hierarchical），数据寓居在不同层之中。当某个学生回答一个问题时，就需要将一些变量放在一起进行分析。例如，学生回答正确率低的问题就是好问题吗？此外，时间也是重要因素。比如，一个学生在考试的第一部分耗时太多，是否意味着其接下来就会飞速、凌乱地答题。一道问题的答题顺序、结果、具体情况，都给研究者提供了许多前所未有的大量数据。运用这些数据，研究者能揭示学生的学习模式。研究者利用所有数据能获悉构成学生最好的学习环境的要素是什么。理解这些重要的问题有助于教育工作者给学生创造一个个性化的学习模式。

监测学生是"如何"考试的，能让研究者对学生的学习行为进行有效定型。大数据要求教育工作者必须超越传统，不能只追求正确的答案，学生是如何朝着正确答案努力的过程也同样重要。在一次考试中，学生个人和整体在每道题上花费了多少时间？最长的是多少？最短的是多少？平均时间又是多少？通过监测这些信息，形成数据档案，能够帮助教育工作者理解学生为了掌握学习内容而进行学习的全过程，并有助于向他们提供个性化的学习模式。

监控学生的每一个学习行为是可能的。为了提高学生的学习成绩，我们需要知道他们回答一个问题用了多少时间、回答这个问题使用了哪些资源、哪些问题被跳过了、为了回答这个问题做了哪些研究工作、这个问题与其他已经回答了的问题之间存在什么联系。此外，教师对每个学生提供什么样的建议才是最佳的？学生写作业和答题的信息能立即被自动监测到，教师能在第一时间将这些信息反馈给学生。

利用学生学习的行为档案创造适应性的学习系统能够提高学生的学习效果。利用学生是"如何"学习的重要信息，考试的出题者就能为学生量身定制出适合学生的个性化问题。通过分析大数据，研究者发现从教育的效果上看，当被问到一系列难度递增且互相关联的问题时，学生的表现要好于围绕一个共同的知识点而随机挑选出的问题。美国标准化的研究生入学考试（GRE）中的这种适应性考试已经有这方面的趋势。

2.4.2 美国教育运用大数据助力教学改革

美国教育部门对大数据的运用主要是创造了"学习分析系统"——一个数据挖掘、模化和案例运用的联合框架。这些"学习分析系统"旨在向教育工作者提供了解学生到底是在"怎样"学习的更多、更好、更精确的信息。举例来说，一个学生成绩不好是由于周围环境而导致分心了吗？期末考试不及格是否意味着该学生并没有完全掌握这一学期的学习内容，还是他请了很多病假的缘故？利用大数据的学习分析能够向教育工作者提供有用的信息，从而帮助其回答这些不太好回答的现实问题。

大数据助力教学改革，让教育焕发出新的活力。全球最大的电脑软件提供商微软公司（Microsoft）的创始人、前首席执行官比尔·盖茨（Bill Gates）2013年3月7日在得克萨斯州首府奥斯汀举行的一个教育会议上说，利用数据分析的教育大数据能够提高学生的学习成绩，提出教育技术未来发展的关键在于数据。在这次大会上，5 000多名参会者讨论了教育数据应用的前景。

2.5　五大技术利用教育大数据

需要特别注意的是，如何收集数据对它们未来的使用非常重要。接收数据汇入背后的挑战是从一开始就要标准化，以便今后对数据进行仔细分析。这样做并不意味着将非结构化数据转化为结构化数据，而是用直观的方法对接收的数据进行分类。

应该说，获得相关数据并不是一件容易的事。对于大学阶段的学生而言，数据的收集并不是主要问题。然而，对于中小学阶段的学生而言，挑战却很大，因为有些数据的收集存在法律问题，有的则存在伦理道德的问题。

数据收集者的人数和技能也是一个问题。对于公司而言，一般通过网络上的小型文本文件（cookies）来收集用户的相关信息。但是对于美国联邦政府教育部而言，需要依赖全国众多学区和研究者的网络提炼和确认数据。

教育工作者和研究者已经开发出从大数据中提取价值的五种主要技术。

（1）预测。觉知预料中的事实的可能性。例如，要具备知道一个学生在什么情况下有意回答错误的能力。

（2）聚类。发现自然集中起来的数据点。这对把有相同学习兴趣的学生分在一组很有用。

（3）关系挖掘。发现各种变量之间的关系，并对其进行解码以便今后使用。这对探知学生在寻求帮助后是否能够正确回答问题的可靠性很有帮助。

（4）决策支持。建立可视的机器学习的模式。

（5）模型发现。通过使用大数据分析开发出的模式进行"元学习"（meta-learning）。

通过实施技术，大数据能够创建为提高学生成绩提供支持的学习分析系统。研究者相信这些技术将帮助教育工作者更加有效地指导学生朝着更加个性化的学习进程迈进。

通过对大数据进行学习分析能够为每一位学生创设一个量身定做的学习环境和个性化课程，还能创建一个早期预警系统以便发现开除和辍学等潜在的风险，为学生提供一个富有挑战性而非逐渐厌倦的学习计划。因此，有识之士预言，未来的学习将是大数据驱动的新时代。我们应该积极迎接这个新时代，通过大数据分析学习，进一步改善教学方式与方法，促使学生提高学习成绩。

2.6 教育大数据的应用实例

大数据技术允许中小学和大学分析从学生的学习行为、考试分数到职业规划等所有重要的信息。许多这样的数据已经被类似美国国家教育统计中心之类的政府机构储存起来用于统计和分析。

网络在线教育和大规模开放式网络课程横空出世，也使教育领域中的大数据获得了更为广阔的应用空间。大数据将掀起新的教育革命，如革新学生的学习、教师的教学、教育政策制定的方式与方法。

教育领域中大数据分析的最终目的是提高学生的学习成绩。学生作业和考试中的一系列重要信息往往被我们常规的研究所忽视。通过分析大数据，我们能发现这些重要信息，并利用它们为改善学生的成绩提供个性化的服务。

2.6.1 教育大数据影响课堂教学

课堂教学互动方式是指在课堂上，教师与学生之间的一种信息交流方式。在传统的课堂中，师生之间的互动交流方式比较单一。一种观点认为，上课就是教师在讲，学生在听，是一种单方向的传导过程。可以理解为，教师就是知识的搬运工，课堂上很少有师生之间的交流。

另一种观点认为，教师提问，学生回答，就是师生互动。显然，这两种认识是肤浅的，这将使师生互动流于形式。师生互动的根本目的是要引导和培养学生的高阶思维。因此，真正的师生互动应该定义为思维的碰撞、智慧火花的生发之源。

近些年来一直被提及的可汗学院的教学与学习方式之所以受到关注，恰恰就是因为它基于大数据分析，解决了课堂教学互动这个难题。大数据之所以能实现课堂教学互动，是因为它具有三个主要特征：反馈、个性化和概率预测。

传统的课堂教学是一种单回路的学习，即教师给予，学生接受。教师对学生的学习水平考核和评价却不会通过学生的成绩来反思自己的教学内容或者方式是否是恰当的。教师不能从学生身上获得真正有用的反馈信息以改变自己的教学内容和行为。所以说，传统的课堂教学是一种单回路的方式，根本无法实现师生之间的良性互动。

此外，在教学内容的编排上，教师考虑的是处于平均水平的学生，而这种水平的学生其实在现实中可能根本是不存在的。换句话说，传统教学可能既没有照顾到"好"学生，也忽略掉了那些"差"学生，而中等水平的学生也是虚构出来的群体。所以，传统教学根本没有针对学生做出个性化设计，这是教育大众化不得不做出的取舍。

传统的教学是没有反馈或反馈较少（没有时间或实在照顾不到，分身乏术）的，缺乏个性化，更谈不上概率预测，而大数据下的新的课堂教学互动方式可以改变这种状况。

2.6.2　课堂教学互动方式变革案例

1. 可汗学院个性化学习方案

维克托·迈尔·舍恩伯格及肯尼斯·库克耶编写的《与大数据同行——学习和教育的未来》一书中，举了可汗学院的例子。

2004 年，可汗是一个刚从哈佛商学院毕业一年的基金分析师，他的表妹是一位学生。由于他们生活在不同的城市，他在互联网上为她进行辅导。从此，永远地改变了教育的世界。

他编写了若干程序来协助教学，这些程序能生成数学习题，并显示学生提交的答案是否正确。同时，可以追踪每个学生答对和答错的习题数量，以及他们每天用于作业的时间多少等。

在此基础上创建的可汗学院之所以闻名于世，是因为它收集有关学生行为的数据，从中获取有用的信息以改变教学内容的设计，从而为每个学生制定个性化的学习方案。可以说，数据是可汗学院运作的核心所在。教育大数据的支撑和互联网技术的飞速发展，使相隔千里的师生之间形成了有效的课堂教学互动。它打破了我们必须面对面才能达成互动的传统认识。

2. 机器学习课程实现教学反馈案例

斯坦福大学的吴恩达将课程放到网上，追踪学生与视频互动的行为。比如，在什么地方按了暂停键、在什么地方按了重复键、在什么地方放弃了继续听课等。他的目的不是督促学生学习，而是反思学生在学习过程中卡在了什么问题上，以及哪些教学内容难以理解，从而对课程进行调整。

例如，他发现学生本来都是正常地按顺序进行网上学习，但是很多学生在学习第 7 课时，会去回看第 3 课的一个关于数学知识的复习课。经过查看，他发现，原来是因为在解决第 7 课某个问题时，需要用到第 3 课复习到的一个数学公式，而很多学生并没有记住。因此，他就对第 7 课的教学视频做了改动，会自动弹出一个弹窗帮助学生复习第 3 课的数学公式。

还有一次，他发现学生在学习第 75 课到第 80 课时，正常的学习秩序被打乱了，学生以各种各样的顺序反复观看这几节课。他通过反复分析，发现学生的行为是在反复理解概念，于是他将这部分的教学内容制作得更加精细，更有助于帮助学生理解概念。

这是一个典型的教育大数据分析下，课堂教学互动变革实现了教学反馈的例子。传统的教学只是每天批改一下学生的作业、看一看他们的考试成绩，这是无法得到这些动态数据，更无法得到改变教学内容与方式的有价值的信息的。所以，传统教学可能几年甚至几十年都在重复相同的内容和动作，因为教师不知道学生究竟是如何进行学习的。

3. "半岛大学"的暑期班实现个性化教学

还有一个例子是关于"半岛大学"的暑期班项目，该项目的对象是可汗学院的数学课程教授和来自旧金山湾区贫困社区的中学生。

在课程开始的时候，一个七年级女生的成绩在班里一直垫底，在整个暑期的大部分时间中，她一直是学得最慢的学生，但是在课程结束后，她的成绩是班上的第二名。

可汗对此感到好奇，于是调取了她完整的学习记录，查看她每一道习题和解题的时间，系统科学地对她的学习进行了分析，发现她很长时间都徘徊在班级的底部，直到在某个事件点上突然直线上升，超过了几乎所有的学生。这充分说明，当学生以自己最适合的步调和顺序进行学习时，即使一个被看似没有能力的"差生"也可以变为优等生。

可汗学院的课程利用数据监控了她的所有的学习过程，时间是一个连续的变量，针对她的特点设计了适合她的习题，循序渐进，激发出了她潜在的能量。她可以根据这种个性化的定制，按照自己的学习节奏进行学习，不用去关注其他人的学习进度与成绩。

在反馈与个性化的基础上，大数据更大的优势就体现在概率预测这个方面。例如，教师可以针对学生个体为提高其学业成绩需要实施的行为进行预测。比如，选择最有效的教材、教学风格、反馈机制等。其实，在传统教育时代，教师跟学生家长所说的某些建议，如您的孩子应该加强数学这方面的学习、您的孩子适合去学文科等建议，其实也不是肯定的事实，也只是概率性的干预。因为可能根据教师所谓的经验，这个学生选择学习文科，将来考上重点大学的可能性更高。而大数据与过去最大的区别是，大数据是通过对事物加以量化，以更高的精确度进行预测。

比如，大学的选课方面，学生可以根据以往的学习基础及学习行为，预测出选哪门课的通过率会更高，未来的职业规划怎样进行才会更加顺利等。

大数据实现的这种概率预测，似乎与课堂教学互动方式的变革没有直接关系。但是仔细分析不难发现，这种预测其实是师生间互动的一种延续，教师对学生的影响不能仅局限于课堂上，而要延续到未来选择的层面上，使互动交流迈上一个新台阶。

2.6.3　教育大数据指导课堂教学变革的建议

1.利用数据反馈信息调整课堂教学策略

以高考备考为例：追踪某高中三年所有学生高考数学各知识点得分率的情况，我们可以看出，其中一部分知识点的得分率维持在高位。这就说明学校一贯的培养策略与日常教学方法是正确的，只需要保持即可，无论教师还是学生不需要过于焦虑，因为大数据反馈的结果对未来的教学效果有一定的预测功能。

2.关注学生的个性化发展

大数据不仅能对规模庞大的数据进行全样本分析，得出一般规律，更重要的是能体现出个性化。它可以记录下每一个学生的变化，方便教师针对每一个学生调整课堂教学方式。

教育大数据分析系统给出的某一个学生在一次考试中的情况显示，数学与物理是这个学生的优势学科，英语是这个学生最薄弱的学科，那么在进行改进策略制定时，要多听取英语教师的建议。

大数据可以帮助教师的课堂教学行为不像传统课堂那样，针对的是所谓的"平均水平"的学生，而是能照顾到每一名学生。例如，利用信息技术监控学生的课堂测试与课堂练习情况，随时调取任意学生的过程进行点评，统计每一名学生在学习过程中出现的问题，这样教师对课堂进程的判断就不是根据经验，而是根据实际情况随时调整。

课堂教学互动方式的变革，不应该只是技术层面上的变革，媒体技术、网络平台的建设已经非常成熟，我们需要的变革是组织变革，是思想变革。

　　现在流行的微课、慕课其实就是大数据渗透到教学互动领域的冰山一角，形式并不重要，重要的是隐藏在这些形式下的数据所反映出来的学生行为，以及反馈给教师的教学信息，从而引起他们的思考和改变，形成双向的回路，实现真正的"互动"，这才是大数据真正的价值。

　　大数据下的教师要成为"数据脱盲者"，要通过读取数据追踪学生的进步，通过概率预测解释什么是对学生最有效的学习方式。

　　笔者认为，这意味着现代教学需要建立一套完善的系统，在这套系统中，有数据处理的专家，有解读数据、分析数据的分析师，有利用数据、改善教学的教师。只有在这个良性循环的系统中，才能真正实现课堂教学互动，呈现个性化的教学，让教育做到因材施教。

第3章 云计算教育：数据与计算中心

　　云计算（Cloud Computing）经过十多年的发展已经成为不可阻挡的技术潮流，并逐渐深入各行各业、不同规模的组织中，帮助用户以更低的运营成本获得完善高效的 IT 服务。云计算能够帮助教育系统建设高质量的教育资源库、高效的网络学习平台，以及高集成化、高科技化的教学管理系统，同时云计算可以通过整合资源为教育机构解决很多问题，为教育机构未来的发展指明方向。

　　云计算可以解决各个地区、各个学校的资源分布不均状况、学校与学校之间的重复建设情况、资源孤岛现象，以及相互协作的缺乏等问题。

3.1　云计算的基本原理与分类

3.1.1　云计算的基本原理

　　云计算是由大量的计算机阵列组成的大型服务器集群。即所谓的"云"，以共享基础架构为方法，将所有的计算机资源集中起来，采用软硬件相结合的方式进行自助管理，向全球用户提供个性化计算机服务的一种新型计算模型，用户只需要一个能够上网的设备，就可以获得自己需要的一切计算机服务。

　　云计算工作的基本原理是，用户所处理的数据并不是存储在本地，而是保存在互联网上的数据中心。提供云计算服务的企业负责管理和维护这些数据中心的正常运转，保证足够强的计算能力和足够大的存储空间供用户使用。用户只需要在任何时间、任何地点，用任何可以连接至互联网的终端设备访问这些服务即可，而无须关心存储或计算发生在哪朵"云"上。

3.1.2　云计算服务的不同类型分类

按照服务类型，云计算服务主要可分为三类。

第一，基础设施即服务（Infrastructure-as-a-Service，IaaS）：这是云计算服务的最基本类别，用户可以通过即用即付的方式从服务提供商处租用 IT 基础结构，如服务器和虚拟机、存储空间、网络和操作系统。人们可以将其形象地理解为，供应商给某用户提供一台云服务器，用户可以在上面运行一个数据库，然后运行某个软件。

第二，平台即服务（Platform-as-a-Service，PaaS）：这种类型可按需提供开发、测试、交付和管理软件应用程序所需的环境，旨在让开发人员更轻松地快速创建 Web 或移动应用，而无须考虑对开发所必需的服务器、存储空间、网络和数据库基础结构进行设置或管理。人们可以将其形象地理解为，供应商给用户提供一个云数据库，用户准备在这上面运行某个软件。

第三，软件即服务（Software-as-a-Service，SaaS）：这是指通过互联网交付软件应用程序的方法，通常以订阅为基础按需提供。这种情况下，云提供商托管并管理软件应用程序和基础结构，并负责软件升级和安全修补等维护工作。用户可以通过任何设备借助互联网直接连接到应用程序。人们可以将其形象地理解为，供应商通过网络为用户提供在供应商的云上运行某某软件。

如果按照部署类型来划分，云计算服务也可以分为三类。

第一，公有云（亦称公共云）。公有云为第三方云服务提供商所拥有和运营，它通过互联网向用户提供计算资源。在公有云中，所有软硬件和其他支持性基础结构均为云提供商所拥有和管理。咨询机构 IDC 发布的《中国公有云服务市场（2018 下半年）跟踪》报告显示，国内公有云市场份额：阿里云领先，腾讯云、中国电信、AWS、金山云紧随其后。

第二，私有云。私有云是指专供一个企业或组织使用的云计算资源。私有云可以实际位于公司自己的数据中心内，或托管在第三方服务商处。计世资讯（CCW Research）发布的《2017—2018 年中国私有云市场现状与发展趋势研究报告》中显示，目前国内私有云领域市场份额：华为领先，新华三、VMware、华云、EasyStack 紧随其后。

第三，混合云。混合云将公有云和私有云连接在一起，在两者间共享移动数据和应用程序。混合云可以为企业提供更大的灵活性和更丰富的部署选项。

3.2 云计算的特点与优劣势

3.2.1 云计算的特点

云计算的核心思想就是服务，通过云计算来实现的服务即称为云服务，由云计算的基本原理可知，云计算的特点表现在以下方面。

1. 数据在云端

"云计算"将大规模的计算机阵列连接成一个向全球用户提供计算机服务的社会化机构，这将是信息科技发展的一个重要转折，云计算的发展使互联网的计算架构由"服务器 + 客户端"向"云服务平台 + 客户端"演变，"云计算"将改变传统的以个人计算机为基础的生产模式，以及人们获取信息、分享内容和互相沟通的方式，个人是否拥有计算机已不再重要，也不需要购买和在电脑中安装大量套装软件，只需要接入"云服务"。

2. 高可靠性和通用性

"云"使用了数据多副本容错、计算节点同构可互换等措施来保障服务的高可靠性，同时云计算不针对特定的应用，在"云"的支撑下可以构造出千变万化的应用，同一个"云"可以同时支撑不同的应用运行。

3. 高可扩展性和按需服务

"云"的规模可以动态伸缩，满足应用和用户规模增长的需要，同时用户可以按需购买，可以像自来水、电、煤气等那样计费。

4. 低廉的价格和便捷性

由于"云"的特殊容错措施可以采用极其廉价的节点来构成"云"，"云"的自动化集中式管理使用户无须负担日益高昂的数据中心管理成本，"云"的通用性使资源的利用率较之传统系统大幅提升，因此用户可以充分享受"云"的低成本优势。同时，云计算对终端设备的要求非常低，使用起来很方便，用户无须购置昂贵的终端设备。

5. 数据共享

云计算可以轻松实现不同设备间的数据与应用共享。云计算拥有无限潜力，有待于人们开发挖掘，只要克服云计算现阶段所存在的问题和风险，其必将会取代当前传统的计算模式，成为下一代 IT 技术的核心。

3.2.2 云计算的优势

1. 对社会

（1）降低全社会的 IT 能耗，减少排放，真正做到"绿色计算"。

（2）提高全社会的 IT 设备使用率，并降低电子产品的数量，从而减少因设备淘汰而产生的电子产品垃圾，对保护环境大有裨益。

（3）信息技术产业进一步合理分工——由资金雄厚、技术过硬、专业人士众多的机构负责建设并管理云端，从而提高了整个社会信息技术处理环境的可靠性。换言之，也就降低了因天灾人祸导致的生命财产损失。

（4）形成新的云计算产业。

（5）有利于全社会共享数据信息，打破信息孤岛。尤其是涉及公民的身份信息、档案信息、信用信息、健康信息及教育工作信息等的全国性公共云平台，带来的社会效益更是巨大的。

2. 对云计算消费者

（1）降低了信息技术成本：前期投入和日常使用成本得到大幅度降低，同时降低了因各种 IT 事故导致的损失。

（2）提高了数据的安全性。

（3）提高了应用系统的可靠性。

（4）提高了用户体验：当今网络无处不在，云计算消费者可以随时随地采用任何云终端接入云端并使用云中的计算资源，真正实现移动办公。

（5）大型昂贵软件平民化：诸如可靠性工程软件、ERP（Enterprise Resource Planning）系统、CRM（Customer Relationship Management）系统、商业智能系统等云化之后以 SaaS 模式出租，这些以前只有大型企业使用的软件系统，现在广大中小型企业和个人都能用得起。

（6）从复杂的 IT 技术泥潭中摆脱出来，专注于自己的核心业务和市场。

（7）能快速响应消费者对计算资源的弹性需求，从而及时满足企业的业务变化需求。在传统 IT 系统中，一项新业务对 IT 资源的扩容要求往往在数月或者一年后才能得到满足，这往往使市场人员和管理层难以接受，因为市场是瞬息万变的。

（8）有利于企业之间或者个人之间共享信息，打破信息孤岛。

（9）使个人、中小企业和机构也用得起高性能计算。

总之，云计算的优势主要集中在利用各种技术打破原有的空间时间壁垒，统一管理和使用信息资源，整合并优化之前松散的和不完整的各种资源，并通过各个终端将这些整合后的资源送到每一位需要的人手中。

3.2.3 云计算的劣势

1.严重依赖网络

没有网络的地方，或者网络不稳定的地方，消费者可能根本无法使用云服务或用户体验很差。但这并不是云计算固有的缺陷，随着网络的日益普及、网速的日益加快，甚至城市无线 Wi-Fi 全覆盖、国家无线 Wi-Fi 全覆盖的到来，网络将不再是问题。

针对这个问题，现在有一些胖终端云产品，它们会把一些常见的应用程序驻留在本地，同时缓存数据，当网络良好时，数据自动与云端同步。

2.数据可能泄密的环节增多

云端、灾备中心、离线备份介质、网络、云终端、账号和密码，这些都有可能成为信息的泄密点，但云计算使数据信息遭到非人为因素破坏的概率大大降低了。比如，在传统的 IT 系统中，存储设备损坏、机房火灾、地震、雷劈、洪水等都会破坏数据，而云计算环境没有这些隐患。总之，云计算消除了一些数据泄密和破坏点，但是又带来了一些新的不安全因素。

3.风险集中

相对于传统的分散计算，云计算把计算资源集中在一起，因而，风险也被集中在一起。云端成了单点故障，如果云端发生事故，则影响面非常巨大。目前，常见的应对措施是数据冗余存储、建立灾备中心、建立双活数据中心等。

4.用户对数据和技术的掌控灵活度下降

对于 IaaS 云服务，用户无法掌控基础设施层；对于 PaaS 云服务，用户无法掌控基础设施层和平台软件层；而对于 SaaS 云服务，用户失去了对基础设施层、平台软件层和应用软件层的掌控。

另外，数据存放在云端，如果数据量巨大，那么用户移动数据耗时又耗力，如果网速慢，则势必会严重影响数据的掌控灵活性。不过，对技术掌控的降低反过来表示用户可以脱离繁杂的技术陷阱，从而专心关注企业的核心业务和市场，因此这也是一个优势。

3.3　云计算的四种部署模型

云计算有四种部署模型，分别是私有云、社区云、公共云和混合云，这是根据云计算服务的消费者来源划分的。

如果一个云端的所有消费者只来自一个特定的单位组织（如微算科技公司），就是私有云。

如果一个云端的所有消费者来自两个或两个以上特定的单位组织，就是社区云。

如果一个云端的所有消费者来自社会公众，就是公共云。

如果一个云端的资源来自两个或两个以上的云，就是混合云。目前，绝大多数混合云由企事业单位主导，以私有云为主体，并融合部分公共云资源。也就是说，混合云的消费者主要来自一个或几个特定的单位组织。

3.3.1　私有云

私有云的核心特征是云端资源只供一个企事业单位内的员工使用，其他人和机构都无权租赁并使用云端计算资源。至于云端部署何处、所有权归谁、由谁负责日常管理，并没有严格的规定。

1.云端部署位置

私有云的云端部署位置有两种可能，一种是部署在单位内部（如机房），称为本地私有云；另一种是托管在别处（如阿里云端），称为托管私有云。

由于本地私有云的云端部署在企业内部，私有云的安全及网络安全边界定义都由企业自己实现并管理，一切由企业掌控，所以本地私有云适合运行企业中关键的应用。

托管私有云是把云端托管在第三方机房或者其他云端，计算设备可以自己购买，也可以租用第三方云端的计算资源，消费者所在的企业一般通过专线与托管的云端建立连接，或者利用叠加网络技术在因特网上建立安全通道，以便降低专线费用。

托管私有云由于云端托管在公司之外，企业自身不能完全控制其安全性，所以要与信誉好、资金雄厚的托管方合作，这样的托管方在面对意外情况时的能力更强。

2.云端所有权

云端所有权存在两种可能，一种是归企业自身所有；另一种是归他人所有，企业租用。绝大多数本地私有云属于第一种情况，而对于托管私有云来说，租赁计算设备更具成本优势，云端规模伸缩也更加自如。

3.云端日常管理负责人

一个云端的日常管理包括管理、运维和操作。管理是指制定规章制度、合规性监督、定期安全检查、灾难演练、数据恢复演练、SLA制定与落地检查等，侧重制度和人员层面。运维指日常运行维护，具体包括机器性能监控、应用监控、性能调优、故障发现与处理、建立问题库、问题热线坐席、定期输出运维报告、产能扩容与收缩、应用转产与退出等，侧重设备层面。

云端的操作不是指云服务消费者的操作，而是指云端的例行日常工作，包括数据备份、服务热线坐席、日常卫生、与消费者的一些操作互动等。云端的日常管理可以完全由自己承担，也可以完全外包出去或者部分外包出去。

私有云的规模可大可小，小的可能只有几个或者十几个用户，大的会有数万个甚至十几万个用户，但是过小的私有云不具备成本优势且计算资源配置的灵活性体现不出来。比如，家庭和小微型企业直接采用虚拟化即可，技术简单、管理方便。就像智能照明系统不适合三口之家的小居室一样，因为只有几盏灯、几个开关，手动操作简单、方便，成本也低。

企业私有办公云现在被很多大中型单位组织采用，用云终端替换传统的办公计算机，程序和数据全部放在云端，并为每个员工创建一个登录云端的账号，账号和员工一一对应，相比传统的计算机办公有如下好处：

（1）员工可以在任何云终端登录并办公，实现移动办公。

（2）有利于保护公司的文档资料。

（3）维护方便。终端是纯硬件，不用维护，只要维护好云端即可。

（4）降低成本。购买费用低，使用成本低，终端使用寿命长，软件许可证费用降低。

（5）稳定性高。对云端集中监控和布防，更容易监控病毒、流氓软件和黑客入侵。

3.3.2 社区云

社区云的核心特征是云端资源只给两个或者两个以上的特定单位组织内的员工使用，除此之外的人和机构都无权租赁和使用云端计算资源。参与社区云的单位组织具有共同要求，如云服务模式、安全级别等。具备业务相关性或者隶属关系的单位组织建设社区云的可能性更大一些，因为一方面能降低各自的费用，另一方面能共享信息。

比如，深圳地区的酒店联盟组建酒店社区云，以满足数字化客房建设和酒店结算的需要；又如，由一家大型企业牵头，与其提供商共同组建社区云；再如，由卫计委牵头，联合各家医院组建区域医疗社区云，各家医院通过社区云共享病例和各种检测化验数据，能极大地降低患者的就医费用。

与私有云类似，社区云的云端也有两种部署方法，即本地部署和托管部署。由于存在多个单位组织，本地部署存在 3 种情况：

（1）部署在一个单位组织内部。

（2）部署在部分单位组织内部。

（3）部署在全部单位组织内部。

如果云端部署在多个单位组织，那么每个单位组织只部署云端的一部分，或者做灾备。

当云端分散在多个单位组织时，社区云的访问策略就会变得很复杂。如果社区云有 N 个单位组织，那么对于一个部署了云端的单位组织来说，就存在 $N-1$ 个其他单位组织如何共享本地云资源的问题。换言之，就是如何控制资源的访问权限问题，常用的解决办法有"用户通过诸如 XACML 标准自主访问控制""遵循诸如'基于角色的访问控制'安全模型""基于属性访问控制"等。

除此之外，还必须统一用户身份管理，解决用户能否登录云端的问题。其实，以上两个问题就是常见的权限控制和身份验证问题，是大多数应用系统都会面临的问题。

3.3.3　公共云

公共云的核心特征是云端资源面向社会大众开放，符合条件的任何个人或者单位组织都可以租赁并使用云端资源。公共云的管理比私有云的管理要复杂得多，尤其在安全防范方面，要求更高。公共云的一些例子：深圳超算中心、亚马逊、微软的 Azure、阿里云等。

3.3.4　混合云

混合云是由两个或两个以上不同类型的云（私有云、社区云、公共云）组成的。它其实不是一种特定类型的单个云，其对外呈现出来的计算资源来自两个或两个以上的云，只是增加了一个混合云管理层。云服务消费者通过混合云管理层租赁和使用资源，感觉就像在使用同一个云端的资源，其实内部被混合云管理层路由到真实的云端了。

假如用户在混合云上租赁了一台虚拟机（IaaS 型资源）及开发工具（PaaS 型资源），那么用户每次都是连接混合云端，并使用其中的资源。用户并不知道自己的虚拟机实际上位于另一个 IaaS 的私有云端，而开发工具又在另一个公共云上。

由于私有云和社区云具有本地和托管两种类型，再加上公共云，共有 5 种类型，所以混合云的组合方式有很多种。

混合云属于多云这个大类，是多云大类中最主要的形式，而公 / 私混合云又是混合云中最主要的形式，因为它同时具备了公共云的资源规模和私有云的安全特征。

1. 公 / 私混合云的优势

（1）架构更灵活：可以根据负载的重要性灵活分配最适合的资源。例如，将内部重要的数据保存在本地云端，而把非机密功能移动到公共云区域。

（2）技术方面更容易掌控。

（3）更安全：既具有私有云的保密性，又具有公共云的抗灾性（在公共云上建立虚拟的应急灾备中心或者静态数据备份点）。

（4）更容易满足合规性要求：云计算审计员对多租户的审查比较严格，他们往往要求云计算服务提供商必须为云端的某些（或者全部）基础设施提供专门的解决方案。这种混合云由于融合了专门的硬件设备，提高了网络安全性，更容易通过审计员的合规性检查。

（5）更低的费用：租用第三方资源来平抑短时间内的季节性资源需求峰值，相比自己配置最大化资源以满足需求峰值的成本，这种短暂租赁的费用要低得多。

2. 公 / 私混合云的构成

（1）私有云：这是混合云的主要组成部分，企业部署混合云的步骤一般是先"私"后"公"。

（2）公 / 私云之间的网络连接：一般为公共云提供商提供的高速专线，或者是第三方的 VPN。

（3）混合云管理平台：这是用户的统一接入点，实现资源的自动化、费用结算、报表生成、云端日常操作及 API 调用等，可以进一步细化为数据管

理、虚机管理、应用管理等几个层面的软件。目前，混合云管理平台产品有
VMware vRealize，Microsoft System Center，RightScale 等。

3. 公 / 私混合云的功能

混合云可以做多个层面的事情，基本可以分为数据层面和业务负载层
面。在这两个层面有一些典型的应用场景，具体如下。

（1）数据备份：将私有云的数据备份到更便宜和更可靠的公共云上。

（2）灾备：在私有云出现故障时，由公共云上的灾备环境提供服务。

（3）负载延伸：当私有云无法提供新增负载所需要的资源时，通过在公共
云上创建虚拟主机来支持新的负载，当负载下降后再删除这些虚拟主机回到纯私
有云。

（4）使用公共云作为开发测试云。

3.4 云计算架构参考模型

美国国家标准与技术研究院（National Institute of Standards and Technology，
NIST）定义的通用云计算架构参考模型如图 3-1 所示，其中列举了主要的云
计算参与者以及各自的分工。

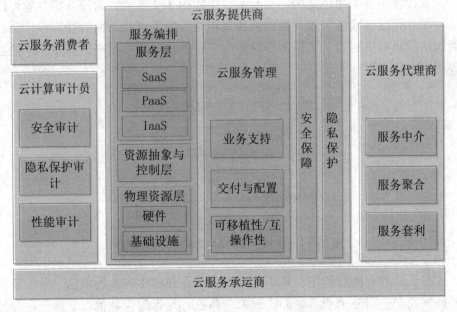

图 3-1 云计算架构参考模型

NIST 云计算架构参考模型定义了 5 种角色，分别是云服务消费者、云服务提供商、云服务代理商、云计算审计员和云服务承运商。每个角色可以是个人，也可以是单位组织。每个角色的具体定义见如表 3-1 所示。

表3-1 角色定义

角　色	定　义
云服务消费者	租赁云服务产品的个人或单位组织
云服务提供商	提供云服务产品的个人或单位组织，如中国电信天翼云、阿里云、腾讯云等
云服务代理商	代理云服务提供商向消费者销售云计算服务并获取一定佣金的个人或者单位组织
云计算审计员	能对云计算安全性、云计算性能、云服务及信息系统的操作开展独立评估的第三方个人或者单位组织
云服务承运商	在云服务提供商和云服务消费者之间提供连接媒介，以便把云计算服务产品从云服务提供商那里转移到云服务消费者手中，如中国电信，但是广域网商和因特网商不属于云服务承运商

云计算中各个角色之间的交互示意图如图 3-2 所示，云服务消费者可以从云服务代理商或者云服务提供商那里租赁云服务产品，而云计算审计员必须能从云服务消费者、云服务提供商和云服务代理商那里获取信息，以便独立开展审计工作。

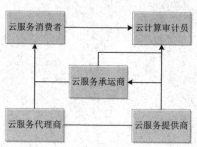

图3-2 云计算中各个角色之间的交互示意图

在具体的实施过程中，并不是每个云计算都包含这 5 种角色，但是云服务提供商和云服务消费者是必需的两个角色，是否包含其他 3 个角色，与具体的业务要求相关。下面是一些例子。

例 1 : 只有云服务消费者和云服务提供商, 如图 3-3 所示。

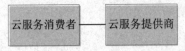

图 3-3　包含云服务消费者、云服务提供商

例如, XYZ 公司把数据备份到亚马逊公共云上, 那么 XYZ 公司就是云服务消费者, 亚马逊是云服务提供商。

例 2 : 云计算包含云服务消费者、云服务代理商和多个云服务提供商, 如图 3-4 所示。

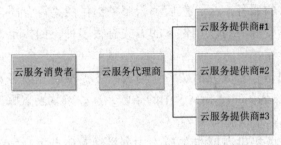

图 3-4　包含云服务消费者、云服务代理商和多个云服务提供商

例如, 一家私有企业 XXX 利用第三方的云计算代理咨询公司发现并租赁最经济的 Linux 云主机, 那么云服务消费者是 XXX 企业, 云服务代理商是第三方的云计算代理咨询公司, 云服务提供商是亚马逊、谷歌、阿里巴巴。在本例中, 云服务消费者只与云服务代理商打交道, 其并不知道真正的云服务提供商是谁。

例 3 : 云计算包含云服务消费者、云服务提供商和云计算审计员, 如图 3-5 所示。

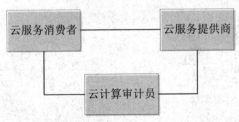

图 3-5　包含云服务消费者、云服务提供商和云计算审计员

例如, 云服务消费者使用公民档案 SaaS 云服务, 那么社会公民是云服务

消费者，公民档案 SaaS 云服务提供商是云服务提供商，而人社部和云计算国家安全管理部门是云计算审计员。

3.5　用户如何使用云服务产品

云服务消费者（用户）从云服务提供商或者云服务代理商那里租赁云服务产品，在合同期内和云服务提供商保持一种供需业务关系。

首先，准消费者浏览云服务提供商的官方网站，在云服务分类中找到能够满足自己需求的服务产品，然后和云服务提供商签订合同，最后按照合同条款使用云计算资源并付款。付款的方式有很多种，如按年、按季、按月付款及按次数付款等。

需要注意的是，云服务消费者应与云服务提供商仔细落实服务水平协议（Service Level Agreement，SLA）中的条款，这些条款涵盖服务质量、安全保障、应用中断的弥补措施等内容。

另外，云服务提供商可能在 SLA 中列举针对所有用户的承诺条款，以及云服务消费者必须接受的限制和义务条款。

通常一个云服务提供商的报价和 SLA 条款是不可以讨价还价的，除非用户是一个令他们心动的大客户，一般客户只有在货比三家后挑选信誉良好、财力和技术雄厚、报价实惠、服务条款更具吸引力的云服务提供商。

不同云服务类型的消费者使用云服务产品的活动和流程也有所区别，不同类型的消费者可能使用到的云服务产品如图 3-6 所示。

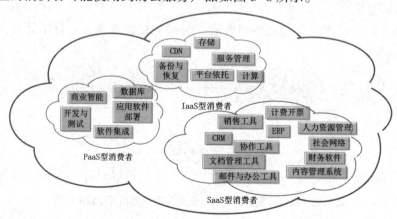

图 3-6　不同类型的消费者可能使用到的云服务产品

SaaS 型消费者通过网络访问云端的 SaaS 型应用程序。如果消费者是一个单位组织，那么它的内部成员才是真正的 SaaS 程序操作者，不过有的成员是使用软件的最终用户，有的成员是为最终用户配置软件的管理员。SaaS 型消费者付款的计算因素包括最终用户数、使用时间的长短、消耗的网络带宽、存储的数据规模或者数据保存期限等。

PaaS 型消费者使用云端的工具和计算资源来开发、测试、部署和管理驻留于云中的应用程序，因此消费者的具体角色可能是程序开发人员、软件测试工程师、应用程序部署人员或者应用程序管理员等。与 PaaS 型消费者付款有关的因素包括处理器消耗、网络带宽消耗、数据库存储规模及使用时间的长短等。

IaaS 型消费者使用云端的虚拟机、NAS 存储、网络设施及其他能部署和运行任何软件的基础计算资源，因此 IaaS 型消费者一般为系统开发人员、系统管理员或者热衷于掌控基础设施的 IT 部经理。计费的因素包括虚拟机使用 CPU 的小时数、存储的数据规模和时间、消耗的网络带宽，以及申请的公网 IP 地址的数量等。

3.6 云服务提供商的五大任务

云服务提供商是负责搭建云端并对外提供云服务产品的个人或者单位组织。支撑云服务的 IT 层可以由云服务提供商自己组建，也可以租赁其他人的云服务。比如，一个云服务提供商租赁其他人的虚拟机（IaaS 云服务），并在此虚拟机上部署 PaaS 云服务，然后再出租出去。

云服务提供商的五大任务包括服务部署、服务编排、云服务管理、安全保障和隐私保护，如图 3-7 所示。

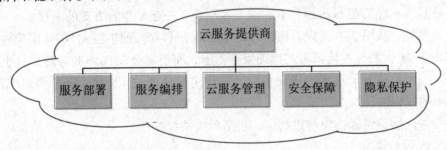

图 3-7 云服务提供商的五大任务

其中，服务部署任务可参考本章"3.3 云计算的四种部署模型"部分，下面重点介绍其余四大任务。

3.6.1 服务编排

服务编排是指把各种系统组件合理地整合在一起，以便向云服务消费者提供云服务产品。

从参考模型中单独截取出来的云服务编排模型如图3-8所示，全部系统组件分为3种类型，分别对应云服务编排模型中的3个叠加层，从下至上依次是物理资源层、资源抽象与控制层、服务层。

图3-8 从参考模型中单独截取的云服务编排模型

顶部的服务层定义了云服务消费者访问计算资源的接口（简称"访问接口"）——IaaS、PaaS 和 SaaS。

SaaS应用程序可以（但不是必须）搭建在PaaS组件上，PaaS组件可以（但不是必须）搭建在 IaaS 组件上，这三者层叠在一起是组合方式的一种。

另外，从图3-8可以看出，PaaS 和 SaaS 可以单独构建各自的底层架构。比如，SaaS云服务直接部署在物理服务器上，而不层叠在 PaaS 和 IaaS 组件上。对于一个具体的云服务提供商而言，其可定义全部的（3种）服务模式或者其中的一到两种。

中间层是资源抽象与控制层，包括两类系统组件。

1.抽象组件

抽象组件主要用于对物理计算资源进行虚拟化，虚拟化之后的资源就可以放入资源池中，以便将来供云服务消费者弹性租赁。抽象组件包括虚拟机管理程序（Hypervisor）、虚拟机（Virtual Machine，VM）、软件定义存储（Software Defined Storage，SDS）、软件定义网络（Software Defined Network，SDN）等，其中虚拟机是最常见的资源抽象组件。无论如何，抽象组件必须能确保高效、安全和可靠地运用底层的物理资源。

2. 控制组件

控制组件主要负责资源分配、访问控制和监控资源使用等。总之，本层的主要功能是把物理资源池化并有效管理被池化后的资源。

底层是物理资源层，包含所有的物理计算资源——物理服务器（主要包含 CPU、内存计算资源）、网络设备（路由器、防火墙、交换机、网卡等）、存储设备（如硬盘、存储阵列），以及其他物理的计算设施，也包含基础设施资源，如加热器、空调、通风设备、供电设备等。

三层叠加在一起，上层依赖其下层。资源抽象与控制层利用下层的物理资源，向上层暴露资源池，而顶部的服务层利用下层的资源池向云服务消费者暴露服务接口，云服务消费者不能直接操纵底层的物理资源。

3.6.2　云服务管理

云服务管理是指云服务提供商必须履行的一套流程和任务，以便圆满地把云服务交付给消费者。这些流程和任务分为三大类：业务支持、交付与配置、可移植性与互操作性，具体如图 3-9 所示。

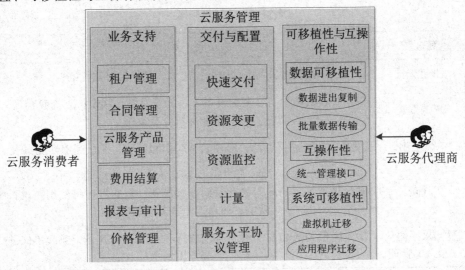

图 3-9　云服务管理

1. 业务支持

这是与客户有关的活动和服务，具体内容如表 3-2 所示。

表3-2　业务支持

名　称	说　明
租户管理	管理租户账号、激活 / 禁用 / 终止账号、管理用户资料、解决租户提出的问题、处理投诉等
合同管理	管理服务合同、洽谈 / 签订 / 关闭 / 终止合同等
云服务产品管理	建立和管理云服务产品目录，以便用户浏览和选择等
费用结算	生成发票并送交客户，回收款项，尽量做到现收现付
报表与审计	监视用户消耗资源状况，产生有关报表，履行事后监督和审计
价格管理	给云服务产品建立价格点和价格分层，监视竞争对手的报价并及时调整产品价格以确保竞争力。云服务提供商通常会给大客户提供价格折扣或者信用消费（先消费后付款）

2. 交付与配置

这是与资源有关的管理活动，具体内容如表 3-3 所示。

表3-3　交付与配置

名　称	说　明
快速交付	能快速响应用户的弹性需求，最好是自动化响应
资源变更	包括替换故障设备、升级设备、添加新设备，从而扩充资源容量，以及重新配置现有设备
资源监控	发现和监视虚拟资源，监视云端操作和事件，并且产生性能报表
计量	定义付费的计量方法。比如，根据某类资源（如存储、CPU、内存、网络带宽等）的使用量和时间长短计费，也有按照每使用一次计费的，还有的是较复杂的公式
服务水平协议（SLA）管理	具体涵盖 SLA 定义、SLA 实施监督和 SLA 执行评价，目的是保证服务质量

3. 可移植性与互操作性

云计算能节约成本，快速满足用户对资源的弹性需求，这使一些潜在的云服务消费者有兴趣把计算迁入云端。然而，这些潜在的云服务消费者能否变成真实的云服务消费者，在很大程度上依赖于云服务提供者如何对待用户关心的安全、可移植性和互操作性问题。

关于可移植性，潜在的消费者非常想知道他们是否能够以较低的成本和最小的中断时间在多个云端之间迁移数据或应用程序。对于互操作性，用户关心在两个或多个云端之间的互通能力。

为了便于用户进行数据移动、服务交互和系统迁移，云服务提供者应该提供一些有利机制（包括策略和工具），而不是故意设置障碍，以便黏住用户。

数据移动是指把数据复制到云端，或从云端复制出来，或进行批量传输。

理想的服务交互能力是指用户能够通过统一的管理接口使用他们横跨多个云端的数据和服务。

系统迁移是指将一台完全关闭的虚拟机从一个云服务提供商的云端迁移到另一个云服务提供商的云端，或者在不同云服务提供商的云端之间迁移应用、服务和相应的内容。但是要特别注意的是，不同的云服务模式（IaaS、PaaS、SaaS）在可移植性和互操作性方面的侧重点不同。

例如，IaaS 模式侧重迁移虚拟机并能在新的云端启动，因此为了能迁移一台虚拟机镜像到另一个采用不同虚拟机技术的云端，必须移除云服务提供商加入虚拟机镜像文件中的特有的扩展技术。如果这种扩展技术非常好且被广泛接受，那么云服务提供商应该公开这种技术细节，从而使所有的 IaaS 云服务提供商都接受并把该技术融入自己的虚拟机镜像中。SaaS 则侧重数据的可移植性方面，因此最好按照业界通行的标准进行数据抽取和备份，以便保证数据的可移植性。

3.6.3　安全保障

我们必须清晰地认识到安全性问题涉及云计算参考模型的各个方面，纵向上从最底层的基础设施到最顶层的应用，横向上包括全部的参与角色，如云服务提供商、云服务消费者、云服务代理商等。

基于云的系统仍然需要满足这些传统 IT 系统中的安全要求，如认证、授权、可用性、保密性、身份管理、完整性、审计、安全监控、事件响应及安全策略管理，由于对这些技术展开详细论述超出了本书的范围，下面着重讨论一下云计算特有的一些安全问题。

1.3 种云服务模式蕴含的安全问题

云计算的 3 种服务模式 IaaS、PaaS 和 SaaS 为用户提供了不同类型的接入云端的接口，也不可避免地成为不怀好意者的攻击入口。因此，在设计和实施云计算的过程中，需要充分考虑这 3 种云服务模式的内部机制和各自侧重的安全性问题。

例如，人们通常使用网页浏览器通过因特网访问云端的 SaaS 应用，那么在考察 SaaS 的安全性时，就需要重点关注网页浏览器的安全性。而 IaaS 消费者一般是远程登录并使用云端的虚拟机，那么在设计 IaaS 云服务时，就要重点关注虚拟机软件的隔离效果，因为运行在同一台物理机上的虚拟机相互之间的隔离效果越好就越安全。

2.4 种部署模型蕴含的安全问题

4 种部署模型也蕴含着安全问题，其中从租户的隔离程度来考察部署模型中的安全问题是一个不错的方法。

因为私有云只供一个单位组织内部的员工使用，所以在租户隔离方面就没有公共云那么重要。公共云上的租户来自五湖四海，身份复杂且不可预测，所以公共云上的租户必须严格隔离开来。

另一个观察部署模型所蕴含的安全问题的方法是采用安全边界（在本章"3.3 云计算的四种部署模型"部分介绍过）。例如，一个本地私有云的云端就不必再额外增加一道安全边界，因为云端本身就在消费者单位组织的网络安全边界之内，但是人们更倾向给托管私有云的云端再建立一道安全防护边界。

3. 安全职责共担

由于云服务提供商和云服务消费者对云端的计算资源栈具有不同的控制范围，与传统 IT 系统完全由一家单位组织控制不同，云计算系统要求云服务提供商和云服务消费者在设计、建设、部署和操作云系统时必须通力合作，只有双方共同努力才能构建一个安全的云计算环境。我们必须仔细分析每一项安全控制措施，再结合具体的云服务模式，确认其最佳的责任方（云服务提供者或云服务消费者）。

比如，对于 IaaS 云服务模式来说，具备初始系统权限的用户账户管理通常由 IaaS 云服务提供商负责，而部署在 IaaS 环境（如虚拟机）中的应用程序的账户管理由云服务消费者负责。

3.6.4　隐私保护

上一小节的"安全保障"涵盖了隐私保护的内容，但是在云计算时代，个人信息、操作行为和习惯都存储在云端或者在云端留下印迹，所以隐私保护的重要性是前所未有的，有必要单独拿出来讨论。

隐私是指关于个人或者单位组织本身的信息，信息的主体不愿意公开而且法律没有规定必须公开的信息。隐私包括个人信息（PI）和个人身份信息（PII），PII 描述了个体的静态信息，如姓名、年龄、性别、住址、电话等，而 PI 描述了与个体关联的周边信息，如家庭、存款、社会关系、行动路线、驾照号码等。

主体的身份不同，隐私的具体内容也不尽相同。比如，普通民众的个人财产是隐私，但是公务员的财产就不是隐私（法律规定必须公开）；再如，企业的财务报表是隐私，但是上市公司的财务报表就不是隐私。

如果云服务提供商收集了消费者的身份信息或者操作行为和习惯模式，那么他们必须确保这些隐私信息能得到可靠保护，除消费者本人外，其他任何人都不能获取这些信息。对于全球性的或者跨国经营的云服务提供商来说，隐私保护的问题变得异常复杂，因为各国关于隐私保护的法律都不尽相同。

3.7　云计算审计员、云服务代理商和云服务承运商

3.7.1　云计算审计员

云计算审计员能对云计算利益相关者开展独立检查并发布评估结果，审计的核心任务就是通过对客观证据的审查来评估是否符合预设的标准。针对云服务提供商的审计主要包括安全审计、隐私保护审计和性能审计等。

1. 安全审计

云计算审计员评估云服务提供商是否具备足够的且准备妥当的安全控制措施，以及是否严格遵守切实可行的安全流程。例如，云计算审计员要审查云服务提供商是否遵守了 ISO 27001 信息安全标准。

2.隐私保护审计

隐私保护审计主要检查云服务提供商是否保护了个人信息（PI）和个人身份信息（PII）。

3.性能审计

云服务提供商必须满足在服务水平协议中列举的服务质量（Quality of Service，QoS）的要求，但是云服务消费者往往抱怨其利益受到损害，而云服务提供商也常常表示无辜，只有通过第三方独立开展性能审计才能消除供需双方的分歧。

3.7.2　云服务代理商

随着云计算的不断发展，云服务公司提供的产品越来越多，如何整合这些产品以满足用户的需求也变得越来越复杂。例如，登录亚马逊官方网站，我们会发现有上百种云服务产品，有的产品可以单独租赁，但有的需要整合其他产品才能发挥最佳效果。所以，不少潜在云服务消费者宁愿把需求告诉云服务代理商，由云服务代理商全权负责选购产品并做出最佳整合，也不愿耗费时间和精力直接跟众多云服务提供商打交道。

云服务代理商管理云服务的使用、性能和交互，并且协调云服务供需双方的关系。随着云服务市场的繁荣，可以预计将来还会出现云服务一级代理、二级代理，甚至更多级代理的现象。

通常，云服务代理商的主要工作包括以下3个方面。

1.服务中介

云服务代理商处于云服务提供商和云服务消费者之间，既是云服务提供商的客户，又充当云服务消费者的云服务提供商。云服务代理商应尽可能改善一些云服务产品并给消费者提供增值服务，这些改善措施包括但不限于强化安全、完善性能报告、优化身份管理、做好本地化（语言、本地人的习惯、本地法律法规等），以及增强用户的交互体验等。具体如图3-10所示。

图3-10　服务中介

2.服务聚合

云服务代理商把多个服务整合成一个或几个新的服务，以满足用户复杂的需求，同时提供数据集成，使云服务消费者和多个云服务提供商之间的数据移动是安全的。具体如图 3-11 所示。

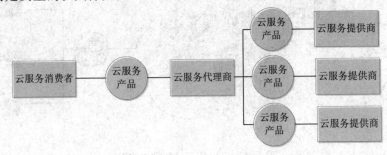

图 3-11 服务聚合

3. 服务套利

"套利"意为快速买卖以赚取差价。这里的服务套利类似于服务聚合，但是被聚合的服务是不固定的，云服务代理商可以随时在多个云服务提供商的产品中筛选最好的服务。比如，云服务代理商可以使用信用评分措施来衡量和挑选分数最高的云服务提供商。

3.7.3 云服务承运商

云服务承运商负责在云服务提供商和云服务消费者之间建立连接媒介，以便把云计算服务产品从云服务提供商那里转移到云服务消费者手中。

云服务的分发工作通常由网络和电信运营商或者专门的传输代理机构完成。传输代理机构是指提供诸如大容量磁盘这种物理的传输存储媒介的业务机构。为了保证服务质量，云服务提供商会和云服务承运商签订服务水平协议（SLA），还可以要求云服务承运商提供专线，以保证云服务供需双方的连接安全。

3.8 IaaS 云计算教育解决方案

目前，最主要的云服务产品是 IaaS 虚拟机，一套完整的对外出租虚拟机的 IaaS 云计算解决方案（图 3-12）必须解决下面这个问题：如何运行和管理大量的虚拟机并让远方的用户自助使用这些虚拟机？

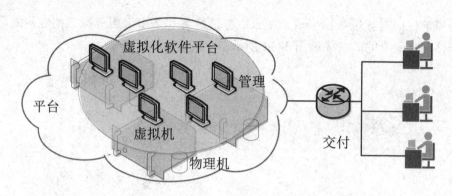

图 3-12　IaaS 云计算解决方案

问题中的 3 个动词"运行""管理"和"使用"意味着一个 IaaS 云计算系统包含以下 3 部分。

1.虚拟化平台（硬件、虚拟软件）

虚拟化平台中的硬件部分主要指服务器、存储和网络，其解决的是如何运行虚拟机的问题。对于服务器，大的云计算提供商倾向自己定制，这种针对特定应用定制的服务器具备更高的计算效率和更低的成本，因此目前的通用服务器硬件厂商面临着很大的市场压力。

有一些云计算厂商推出云计算一体机，即把平台和管理两部分打包成一台服务器出售，用户购买这样的一体机后，可以直接向员工交付计算机桌面。

平台中的虚拟软件安装在物理机器或者操作系统上面，然后通过它创建若干个虚拟机并运行这些虚拟机。当然，虚拟机中还要安装操作系统，如Windows10、Linux 等。一个云端可能有很多台服务器，每台服务器上又有很多个虚拟机，那么如何管理这些虚拟机呢？这就是云管理平台的任务了。

2.管理工具

管理工具解决如何管理大量虚拟机的问题，包括创建、启动、停止、备份、迁移虚拟机，以及计算资源的管理和分配。管理工具就是一套软件，是用来管理云端的资源（服务器、存储、网络）和虚拟机的。虚拟机是资源申请的基本单位，因此管理平台的核心任务就是管理虚拟机，即进行创建、销毁、启动、关闭、资源分配、迁移、备份、克隆、快照及安全控制等操作。

这一点非常类似于传统操作系统的进程管理，所以有人说云管理工具就是云操作系统，即用来管理云端资源（计算、存储、网络），虚拟机是云端资源分配的主体，而传统的操作系统是用来管理计算机资源（CPU、内存、硬盘等）的，进程是计算机资源分配的主体。但是，把云管理工具称为云操作系统不太恰当，称其为平台也稍显勉强，所以还是称其为虚拟机管理工具比较合适。

3. 交付部分

交付部分解决的是如何让远端的用户使用虚拟机的问题。云计算的本质是计算与输入/输出分离，那么处于远方的云端资源如何交付给用户呢？换句话说，就是用户如何使用云端的计算资源（如电脑桌面），这是很关键的问题。

交付主要由以下 3 个部分组成：通信协议、访问网关、客户端。

（1）通信协议。通信协议就是终端与云端的通信规则。比如，中国香港警匪片的警察用对讲机通话时，以"Over"作为本人说话的结束语，对方听到"Over"后开始说话，这是一种最简单的通信协议。协议的好坏与终端用户的体验息息相关，也是最具技术含量的部分，目前也就三四家大企业才有能拿得出手的协议。

（2）访问网关。访问网关相当于云端的大门，终端用户必须由此"门"进入云端。

（3）客户端。客户端是指安装在云终端上的软件，专门负责与云端的通信——接收用户的输入并发到云端，然后接收云端的返回结果并显示在云终端屏幕上。一台云终端上可以安装多个不同公司发布的客户端，不同的客户端一般通信协议也不同，这样的云终端具备接入多个由不同提供商运营的云端的能力。

比如，笔者开发的云终端，既可以接入微软的 RDP 协议云端，也可以接入 VMware 的 PCoIP 协议云端，还可以接入 Citrix 的 HDX 协议云端，以及红帽的 SPICE 协议云端。

上面提到的是云计算系统的 3 个"主心骨"，其实现了云计算的基本功能，但是在生产环境中还必须满足性能和产能的要求，因此负债均衡、故障转移、身份认证、权限控制、入侵检测等附加部分也是不可或缺的。

无论如何，云端本身还是一个 IT 系统，仍然遵循九层逻辑架构，每一层都由若干组件构成。

3.9 教育云

教育云是指云计算在教育领域中的迁移，是未来教育信息化的基础架构。其包括教育信息化所必需的一切硬件计算资源，这些资源经虚拟化之后，向教育机构、教育从业人员和学员提供一个良好的平台，该平台的作用就是为教育领域提供云服务。

构建教育云是一个庞大的系统工程，由一个国家层面的公共教育云和成千上万的学校私有教育云组成，而且私有教育云建设要先行启动，教育管理部门制定标准，由各个学校自己主导建设。

公共教育云应该由中央政府牵头完成，承载共性教育资源和标杆教育资源，同时作为连接各个私有教育云的纽带。各个学校的私有教育云承载着各种特色资源，履行"教"与"学"的具体任务。

每个学校运营自己的私有云端，而云终端发放到每个教师和学生的手上，形态上可以是固定云终端（放置在教师办公室、机房、多媒体教室、图书馆的多媒体阅览室等）、移动云终端（给教师和学生）、移动固定两用云终端及多屏云终端。

在私有教育云的基础上再抽取共性资源，形成全国性的公共教育云，同时引入虚拟现实技术，实现远程教育，使偏远地区的广大农村受益。

教育云包括云计算辅助教学（Cloud Computing Assisted Instructions，CCAI）和云计算辅助教育（Clouds Computing Based Education，CCBE）等多种形式。

云计算辅助教学是指学校和教师利用云计算支持的教育"云服务"，构建个性化教学的信息化环境，支持教师的有效教学和学生的主动学习，促进学生的高级思维能力和群体智慧发展，提高教育质量。也就是要充分利用云计算所带来的云服务为我们的教学提供资源共享、存储空间无限等便利条件。

云计算辅助教育或者称为"基于云计算的教育"，是指在教育的各个领域中利用云计算提供的服务来辅助教育教学活动。云计算辅助教育是一个新兴的学科概念，属于计算机科学和教育科学的交叉领域，它关注未来云计算时代的教育活动中各种要素的总和，主要探索云计算提供的服务在教育教学中的应用规律、与主流学习理论的支持和融合、相应的教育教学资源和过程的设计与管理等。

第4章 人工智能教育：引领教育系统性变革

联合国教科文组织发布的《教育中的人工智能：可持续发展的挑战与机遇》预测，人工智能教育可能在未来10年呈指数性增长。人工智能已经开始赋能在线教育行业。比如，通过人脸识别技术识别、分析学生的微表情，及时反馈学生的课堂表现和学习状态。再如，利用大数据和个性化推荐算法更精准地为学生匹配教学风格和知识点，利用人工智能技术为学生批改作业、答疑解惑等。教师从传统的知识传授者转变为帮助学生建构知识体系的协助者、教学活动的组织者。人工智能的融入可以帮助教师提高教学效率，引领教育系统性变革。

4.1 人工智能教育是颠覆传统教育的变革

2017年，国务院印发《新一代人工智能发展规划》，提出加快人工智能高端人才培养，建设人工智能学科，发展智能教育。2018年，中华人民共和国教育部发布了《高等学校人工智能创新行动计划》，从高等教育领域推动落实人工智能发展。2019年2月，《中国教育现代化2035》发布，提出加快推进信息化时代的教育变革，建设智能化校园，统筹建设一体化智能化教学、管理与服务平台，利用现代技术加快推动人才培养模式改革。在这些政策文件的指引下，各学校开始了人工智能与教育教学融合的探索。

人工智能正在改变着世界，也改变着教育。教育是未来的事业，是为未来社会培养合格的公民。教育必须适应由科学技术变革引起的社会经济的变革。在这个变革的时代，学习者的生活方式和思维方式已经大大不同于上一代人。因此，对他们的培养方式也必须改变。

教育是一种特殊的活动，"为了人的发展"始终是教育的基本出发点和落脚点，如何最大程度地发挥人工智能应有的教育价值，正确认识人工智能技术在学校教育中发挥作用的前提、条件和限制是教育工作者首要考虑的问题。因此，人工智能融入教育始终应以促进"人的发展和成长"为基本立场，通过找到两者之间的契合点，将人工智能技术有效融入学校教育。

4.1.1　人工智能教育的应用场景

人工智能＋教育的核心目标是帮助学生提高学习效率和规模。"收集大数据→建立学习模型→输出学习建议"是实现人工智能自适应学习的基本步骤。

第一，大量的数据是人工智能的基础，需要有多维度、大量级的数据采集，包括语音、图像、运动等，让我们获得更多的信息。然后是知识点的相关性，从点到点，所有信息被收集在一起，以建立个性化的知识地图。

第二，有智能的数据处理方式，对这些数据进行解读并建立学习模型，为学生提供个性化的学习建议。

第三，有自然人机界面，包括 VR/AR、数据可视化、机器人和 3D 打印等技术融合于教育的应用场景。

目前，人工智能教育有以下应用前景。

1. 个性化学习

个性化学习包括自适应练习、分级阅读等细分应用。例如，智慧超人K12①人工智能教育只有 8 ～ 12 道题目，但可以精准测评数十个知识点的掌握情况，实时监测学生的知识状态，不断分析学生的学习问题，像名师一样快速发现学生的薄弱知识点。

2. 虚拟学习助手

虚拟学习助手包括拍照搜题和对话机器人等场景。

3. 商业智能化

商业智能化是指把原来商业里面的智能技术应用到教育里来，帮助学校和机构更好地解决教学效率和运营效率的问题。

4. 专家系统

专家系统是包括像高考的升学规划、职业规划、留学咨询等复杂决策在内的系统。

---

① K12 是 kindergarten through twelfth grade 的英文简写，是一种教育类专用名词，是学前教育至高中教育的缩写，现在普遍被用来代指基础教育。

现在基于深度学习的人工智能技术依赖更多的数据、更好的性能和更优秀的算法，其背后的原因是计算能力的提高和成本的下降。全球的数据也在不断上升，所以更多的数据、更低的成本和更快的性能会带来更好的人工智能教育。

4.1.2　人工智能教育带来的变革

人工智能改变着教育的概念、生态环境、教育形态、教育方式、师生关系、家庭关系等方面。

1. 教育概念的变化，学习渠道的拓宽

以往的学习主要是指学校教育，在学校进行。现在可以在网上学习，在虚拟世界学习。正如联合国教科文组织 2015 年发布的报告《反思教育：向"全球共同利益"的理念转变？》（下称《反思教育》）所说的："我们在生活中学习到的许多知识并非有意为之，这种非正式学习是所有社会化经验的必然体验。"学习已经打破了时域和空域限制，不限于学校，处处可学，时时可学。

2. 对教育本质的新认识

《反思教育》提出，要重新定义教育、知识和学习。教育应该以人文主义为基础，以尊重生命和人类尊严、权利平等、社会正义、文化多样性、国际团结和为可持续的未来承担共同责任；要超越狭隘的功利主义和经济主义，将人类生存的多个方面融合起来，采用开放灵活的全方位学习方法，为所有人提供发挥自身潜能的机会，以实现可持续的未来，过上有尊严的生活。

教育的本质可以概括为提高人们的生活质量和生命价值。提高人们的生活质量，使人们能过上幸福的生活；提高人们的生命价值，使人们能为社会和人类做出应有的贡献。

教育要将人类生存的多方面融合起来，将受到歧视的那些人吸收进来，包括妇女、土著人、残疾人、移民、老人等。

把教育和知识视为全球共同利益，强调人人参与教育过程，知识必然成为人类的共同遗产。这意味着知识的创造、控制、获得、习得和运用向所有人开放，是一项需要社会集体努力的活动。知识是人类共同的财富，应该人类共享；个人的发展也不是孤立的，是在人类社会共同发展进程中进行的。

3. 教育培养目标的转变

以往教育只是传授书本知识，而且只重记忆，不重能力；只重结果，不重过程。现在是智慧时代，是创新的时代，科技日新月异，只有培养创新人才，才能适应未来的社会变化。因此，要改变培养目标，就需要培养学生的批判思维、创造思维，提高学生的实践能力。思维改变一切。教育的本质，从某种意义上讲，就是改变人的思维。

4. 课程内容的综合变化

未来课程不仅要增加新的知识内容，还要把课程内容整合起来，使学习者从整体上认识事物。许多科学家认为，未来科技发展是在认知科学、生命科学、信息科学、材料科学的综合点上。当下正在流行的 STEAM 教育，即基于问题的学习（PBL），把科学、技术、工程、美学、数学等结合起来。

人工智能正在改变人们学习的方式。如果说工业革命使机器代替了人的部分体力，那么信息革命使电脑代替了人的部分脑力。人工智能则把个人的脑力联系起来，扩大了人类的大脑，变成了人类共有的大脑。

5. 为个性化学习提供技术基础

人工智能为个性化学习、个别化学习提供技术基础。智能信息技术在教学中的应用，可以使教师更好地根据学生的学习兴趣和爱好为每个学生制订个性化的学习计划。这将促进课程和学习方式的多样化，增加学生选择的机会。

6. 师生关系的改变

教师已经不再是知识的唯一载体、知识的权威了，学生也已经不是只依靠课堂上教师的知识传授，而是可以通过各种媒体获得信息和知识。教师主要是要为学生的学习营造智慧的环境，指导学生正确获取信息、处理信息的策略和方法；为学生制订个性化的学习计划；帮助学生解决一些疑难问题。

目前，人工智能在教育领域的应用处于从教学辅助阶段向价值创造阶段过渡的时期，已在语言学习、教学辅助等场景实现落地应用并形成了一批可复制、可推广的解决方案。在政策鼓励、资本驱动下，随着知识图谱、认知计算、自然语言处理等技术的发展，人工智能将覆盖教学流程的更多场景，接入更多教学核心环节，从而提升教学效率，改善教学质量，促进教育公平。

4.2　人工智能与教育结合的历程与意义

4.2.1　人工智能简史及范围

对于人工智能（Artificial Intelligence，AI），目前还没有一个统一的定义能准确描述，而科学家对此也存在分歧，因为不同的定义指向不同的研究方向。

在人工智能发展史上，有传统人工智能方法、经典机器学习与深度网络学习这几种技术路线。

追溯到 1999 年，那时一部分科学家认为可以用简单的人工神经网络来模拟人脑，只要模拟的数量足够多，达到人脑神经元数量，就可以实现泛化的人工智能，这部分科学家属于传统人工神经网络学派。另外，还有一部分科学家认为，就算机器达到了人脑的神经数量也实现不了像人一样的智能，他们推崇的是经典机器学习路线。在 2000 年的时候，人们认识到机器可以模拟人脑细胞，却无法训练出合理搭配的神经元，更谈不上训练完之后能拥有智能。通过神经网络实现泛化人工智能被认为是无法实现的，浅层机器学习派便在这两个对抗的学派中占了上风。

2009 年至 2012 年间，人工智能"三驾马车"，即杰弗里·辛顿（Geoffrey Hinton）、延恩·勒昆（Yann LeCun）和约书亚·本吉奥（Joshua Bengio）分别在世界顶级期刊 *Nature* 上发表了几篇文章，其中有一篇关于深度信任网络的训练方法，提出可以采用某种方式对复杂的深度网络进行训练。传统人工智能的核心是机器按照人定的规则运转，而这篇论文提出，网络在运转过程中，可以自己进行发现，不需要受人控制。在科学家看来，这类突破才是新的生产力，否则只是生产力的代替。由此出现了深度网络学习学派。

那么，目前我们所说的 AI 是什么？AlphaGo 不就是 AI 吗？这么说没有错，只是并不具体。AlphaGo 是人工智能系统，但准确来说是深度学习系统，而深度学习只是人工智能的一个分支。

人工智能、机器学习与深度学习三者的关系，如图 4-1 所示，人工智能在这三者中范围最大，可以被视为最外侧的大圆，最核心的是深度学习，中间的是机器学习。深度学习是机器学习的子集，机器学习又被包含于最广泛意义的人工智能中。

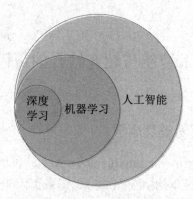

图 4-1　人工智能、机器学习与深度学习三者之间的关系

范围最大的人工智能，其实还可以划分为强人工智能与普通人工智能两部分。我们运用人类对事物认识的深度来说明他们的区别，现在人类掌握的特征有三类：第一类是所谓的表象特征，即人类看到或者听到的事物，包括图像、形状、声纹等；第二类是联系特征，与语义特征有关。比如，汉字"我"和"们"，可以组成有意义的词语"我们"，这两个字的连接性很大。而"我"与另外一个汉字，如"一"的连接性就很小；第三类是科学特征，如宇宙万物运行的规律可以总结成公式。

人类掌握的表象特征及联系特征都属于普通人工智能，而科学特征属于强人工智能。如果机器能够掌握科学特征进行深度学习，就意味着机器可以代替数学家工作，可以创造科学奴役人类。当机器可以自动感知科学，甚至创造科学的时候，就已经跨过红线进入强人工智能领域。

4.2.2　人工智能与教育结合的历程

1996 年，Brusilovsky 等人开发出第一个自适应教学系统。

2006 年，代表性的深度学习算法诞生。

2011 年，韩国教育科学技术部颁布《推进指挥教育战略》规划；教育行业里像硅易这样的作文批改网站上线。

2012 年，深度学习算法在语音和视觉识别方面取得了突破，准确率达到了 98% 以上。

2013 年，MIT Ehsan Hoque 等人研发社交技能训练系统 MACH；学霸君和英语流利说出现，它们运用图像识别教学生怎么样扫题看答案，运用语音识别完成了新应用，教学生怎么说英语。

2016 年，阿尔法狗战胜了李世石，成为人工智能领域的标志性事件。

2017 年，国务院印发了《新一代人工智能发展规划》，提出实施全民智能教育项目。

事实上，人工智能教育的关键是知识点的分裂。传统教育的知识点可以通过人工智能技术分为更多、更细的小知识点。知识点越精细，学习效果越好。就像从中药脉冲到 CT 再到核磁场的发展过程一样，肿瘤的直径可以更清楚地被看到。

近年来，人工智能不断升温，其在教育领域的实际应用逐渐显现。人工智能适应性教育作为人工智能与教育互融共生的产物，开始得到更多人的认可。随着大数据和人工智能的不断发展，传统领域的大数据和智能化将成为必然的发展趋势。

4.2.3　人工智能与教育结合的意义

人工智能是未来教育的一个重要发展趋势。目前，人工智能与教育产业的整合正成为人工智能应用的热点。那么，人工智能和教育结合起来有什么意义呢？

1. 教育领域有许多要点可以与人工智能应用相匹配

例如，知识的清晰度和内容的重复性，这些只是人工智能擅长的领域。人工智能可以解决教育领域的几个痛点，如教育资源分配不均、创新能力不足等。它们在人工智能技术基础上将会有一些很好的参考方案。

2. 人工智能与教师之间的关系是一种合作关系

人工智能与教育结合并不是用人工智能产品取代传统教师。人工智能产品可以帮助教师纠正作业、试卷、基本知识解释等，同时教师可以花更多的时间和精力开发出更有意义的事物，如儿童的创造力和价值观。以智慧超人 K12 人工智能教育为例，它由五位教育学博士联合发起成立，以科技改变教育，让学习更有效率为使命，以人工智能、大数据分析等尖端科技为基础，以互联网为载体，打造 K12 全科智能化教学课程体系。该系统只有 8 ～ 12 道题目，但能精准测评定位数十个知识点的掌握情况。开始测评后，系统会根据孩子做每道题时的状态，智能推出下一道题目。当系统认为孩子是猜对题目，或不小心做错的时候，连续给出相似的题目，来判断孩子对知识点的掌握情况，直到系统能够判断学生的知识状态为止。

人工智能教育可以使学生更多地关注问题认知的分析和推理过程，压缩记忆、复述和再生产的低级教育的生存空间。可以说，人工智能与教育的结合可以为从根本上实现素质教育提供新的思路。智慧超人 K12 人工智能教育学习系统能够实时动态地监测学生的知识状态，不断分析学生的学习问题，像名师一样快速精准地发现学生的知识薄弱点。

3.人工智能与学生之间的关系是一种互动关系

人工智能教育应该改变一种思维方式，即将学生的被动学习作为主动学习的逆转，突出学生的主体地位。人工智能可以实现传统教育难以实现的一对一教育过程。

4.2.4 实现一对一的个性化教学

人工智能技术的发展，让智慧超人 K12 人工智能教育有机会实现千百年来"千人千面，因材施教"的教育梦想。

人工智能产品与学生之间的沟通非常重要。通过与人工智能系统的沟通，学生可以了解自己当前知识的掌握情况，从而制订有针对性的学习计划。

智慧超人 K2 人工智能教育降落伞式闭环教学法是利用人工智能系统进行教学和学习的，其从本质上改变了传统教育题海战术的模式。由智能测评、智能课堂、智能学习、名师视频讲解、在线互动、真人老师答疑等部分组成的"测学练测辅"闭环式教学模式，通过人工智能扫描知识漏洞，然后再逐步消除知识漏洞，达成闭环。系统可以完成有经验教师的 80% 以上的功能，教师只需按照系统规划路径进行教学即可，减少了教师的工作量，大大提高了教学效率与质量。

智慧超人 K12 人工智能教育利用大数据和算法推演学生的知识漏洞。在传统的教学模式下，最大的难点就是无法快速判断每个学生的知识点掌握情况，况且就算判断出来了，也无法给每个学生单独讲解，只能根据班级整体情况进行教学。而智慧超人的降落伞式闭环教学法基本解决了千人一面的教学难题，非常值得大力推广。

当前，教育最迫切要解决的问题是大班制教学与个性化因材施教之间的矛盾。智慧超人对这些问题的解决无疑是非常有效的，数据采集实现了从数字化到数据化的转变，为教师减负增效，减少了教师简单重复的工作时间，实现对学生的个性化分析、指导，提升了学习的效率与质量。

4.3　人工智能比较流行的几款开源框架

4.3.1　人工智能的开源框架

目前，我们听到最多的人工智能其实是深度学习，深度学习因其框架的开源、计算能力的大幅提高，而得到了突破性进展。公司可以在各种开源框架的基础上搭建特定环境的解决方案。接下来，我们先来了解一下目前比较流行的几款开源框架，如表 4-1 所示。

表4-1 比较流行的几款开源框架

名称	公司	成立时间	简介	开发语言	支持语言	优点	缺点	应用
TensorFlow	Google	2015.11	一个采用数据流图（data flow graphs），用于数值计算的开源软件库	Python, C++	Python, C++, Java, Go, R, JavaScript, Lua, Haskell API 的 alpha 版本	①支持异构设备分布式计算；②在各平台自动运行模型；③可在各种服务器和移动设备上部署训练模型；④进行可视化的 TensorBoard	①每个计算流都必须构造为一个静态图，并且缺乏符号式循环（symbolic loops），这会带来一些计算困难；②没有对视频识别很有用的三维卷积（3-D convolution）；③执行性能方面，落后于竞争对手	神经机器翻译系统、强化学习 API、视频物体识别系统、语音识别、词汇嵌入、文本处理、图像处理、人脸识别、计算机视觉、图像搜索引擎、图像识别、文本
Torchnet	Facebook	2015.12	一个为简化深度学习而设计的开源软件	Lua	C、Lua	①支持模块化编程方法；②减少程序员工作量，降低错误率；③简化深度学习模型训练过程；④可以轻松应用到其他框架中，如 TensorFlow、Caffe；⑤有训练成熟的模型	训练模型速度较慢	图像识别、自然语言处理、机器聊天

续表

名称	成立时间	公司	简介	开发语言	支持语言	优点	缺点	应用
PaddlePaddle	2016.9	百度	源于百度的一个深度学习平台，让开发者聚焦于构建深度学习模型的高层部分	C++	C++、Lua	①具有高质量的GPU代码；②非常好的RNN设计；③可以实现CPU并行运算；④支持大量神经网络架构和优化算法；⑤易用	①网络结构基于层，灵活性较差；②增加新功能麻烦	搜索、图像识别、语音语义识别理解、情感分析、用户机器翻译、图像推荐
CNTK	2016.1	微软	通过一个有向图将神经网络描述为一系列计算步骤	C++	Python、C++	①代码质量高；②速度快；③擅长语言领域	易用性差	在处理图像、手写字体和语音识别问题上，它是很好的选择

4.3.2 人工智能布局

一个合适的框架可以减少程序员的工作量、降低错误率、提高工作效率，并且可以快速培养数据模型等。根据统计数据，Google 开发的 TensorFlow 是目前使用量最大的开源框架，在此基础上，Google 已研发出 Google 翻译、无人驾驶汽车、AlphaGo 等产品。如今，市面上流行的开源框架基本由 Google、Facebook、微软、百度等巨头开发而成，可以看出，各巨头已将下个目标瞄准了人工智能，争夺各专家人才，开展研发工作。

那么，他们都在人工智能方面有哪些布局？我们可以通过基础层、技术层和应用层 3 个层面来了解一下，如表 4-2 所示。

表4-2　人工智能布局

公司	基础层	技术层	应用层	
	硬件	平台 / 框架	产品	解决方案
Amazon	Annapurna ASIC	AWS	智能音箱 echo、Alexa 语音助手、Amazon go……	Amazon Lex、Amazon Polly、Amazon Rekognition
Apple	Apple Neural Engine	—	siri、iOS 照片管理……	—
Facebook	人工智能硬件平台（Big Sur、Big Basin）	Torchnet	聊天机器人 Bot、人工智能管家 Jarvis、智能照片管理应用 momnets……	人脸识别技术（DeepFace）、文本理解引擎（DeepText）、图像分割工具（DeepMask、SharpMask、MultiPathNet）
Google	TPU、量子计算机	TensorFlow	谷歌无人车、inbox、Google Photos、Google Home、Google 翻译、AlphaGo……	voice、intelligence api、Google Cloud

续　表

公司	基础层	技术层	应用层	
	硬　件	平台/框架	产　品	解决方案
IBM	类脑芯片 TrueNorth	机器学习平台 SystemML	—	Watson、Bluemix、Ross
微软	FPGA 芯片	CNTK	聊天机器人（小冰）智能助手 Cortana、Skype 即时翻译……	微软认知服务
阿里	—	机器学习平台 PAI2.0	智能音箱天猫精灵、智能客服"小蜜"……	城市大脑、工业大脑、电商大脑、医疗大脑
百度	DuerOs 芯片	PaddlePaddle	百度识图、百度无人车、度秘……	Apollo、DuerOS
腾讯	—	深度学习平台 DI-X	Dreamwriter 新闻写作机器人、围棋机器人"绝艺"、天天 P 图……	文智中文语义平台、优图

基础层的硬件设施给深度学习提供了强大的计算能力（TPU 是 Google 专门为机器学习研发的特制芯片），技术层的框架和算法帮助深度学习得到更好的数据模型，使最终结果越来越精准。中美都在积极布局人工智能产业链，争夺行业顶尖人才。

4.3.3　人工智能在教育场景中的几个应用

随着人工智能的发展，"AI+ 教育"也越来越火，教育公司纷纷开始拥抱人工智能，希望通过技术手段，不断优化教学质量，帮助学生更科学地学习。纵观整个教育行业，目前发展较为成熟的几个主要场景包括自适应学习、智能测评、语音处理、视觉与图像、机器人，如表 4-3 所示。

表4-3　人工智能+教育

场　景	公　司
自适应学习	乂学教育、魔力学院、猿辅导、大讲台、蓝笔提分宝、十六进制、懂你英语、朗播网、Knewton、学吧课堂、作业盒子、Epiphany、盒子鱼英语
智能测评	ceceSAT、知心高考、准星云学
语音处理	口语100、驰声科技、Vlink、科大讯飞、先声教育、凌声芯语音、嘿哈科技
视觉与图像	学霸君、金惠科技、汉王科技、盛开互动、科萠
机器人	妙手机器人、易致机器人、小鱼在家、奥松机器人、小萝卜机器人

　　可以看到，大部分公司都打出了"自适应学习"标签。一直以来，"因材施教，个性学习"是教育从业者希望达到的目标，但是在应试教育的大环境下，加之人口众多、资源分配不均匀，要根据每个孩子的学习能力、学习进度和认知水平来定制专属学习方案真的很难。但有了人工智能，因材施教成为可能。因此，教育公司开始抢占人工智能市场，纷纷使自己的产品与人工智能接轨，打造适合学生的个性化平台。

　　智能测评可以进一步使教师将更多精力放在与学生的交流沟通上，还可以根据每个学生的情况提供个性化的反馈，为个性化教学提供基础，从测评方面掌握学生知识的薄弱点，进行专攻。

　　语音处理、视觉与图像都为降低资源分配不均衡、优秀资源量产化、让不同地方的学生都能享受优质教育做准备，进而实现"千人千面"。

　　总的来说，教育行业与人工智能的结合，可以从一定程度上缓解资源分配不均衡的问题，传递师资能力，并有助于实现学生的个性化学习。

　　也有人工智能专家表示，实际上当前许多打着 AI 旗号的公司采用的都是传统人工智能方法，达不到深度学习的层面。声称基于人工智能完成的评测，实际上大多数（甚至绝大多数）可能仅仅是 SVM（SVM 在机器学习领域是一个有监督的学习模型，通常用来进行模式识别、分类及回归分析）及其他类似方法。"因为人工智能很泛化，所以说是人工智能也有道理。"专家说。在他们看来，市面上许多应用其实都不够智能。

　　最常见的一个应用人工智能的例子是人脸识别，以往机器就可以做人脸识别，但识别率不高。近年来，已经出现了精准度非常高的人脸识别案例，其原理是从机器学习迁移到了深度学习层面。

4.4　人工智能教育面临的挑战

4.4.1　高质量数据的采集

人工智能在教育行业的应用，仍处于"雷声大雨点小"的阶段。深度学习要在一个行业跑通，需要大量高质量数据和强大的计算能力作为前提，而在教育行业则需要对学生数据进行采集、处理，进而训练数据模型，提出解决方案。但目前来说，数据采集还存在一定的问题。

教育行业的公司虽然很多，但大多数属于中小型企业，真正能够收集到大量数据的公司少之又少。而人工智能的核心前提便是高质量数据，只有这样才能训练合适的模型。就目前的教育行业人工智能产品来说，虽然大家都贴上了人工智能的标签，但能否真正达到自适应学习，还是要打个问号。

目前的大部分产品主要是利用大数据做穷举运算，事先将各种可能的情况及对应的解决办法输入系统中，系统在接收到信息后会在数据库中查找映射内容，提取内容并返回。这种方式的"人工智能"是很受限制的，机器中所有的内容都是基于人类所知范围内，无法做到应对多变的情况，所以无法实现真正的"因材施教"。

对于人工智能教育如何突破？专家表示，数据是一个必需条件，只有具备足够的数据、对机器学习的理解、跨界人才的加入，才能真正实现突破。在人工智能教育上，不能单单依靠外部技术能力，或者教育公司的数据，而需要教育数据与技术的完美融合，只有两股力量很好地实现交互，才能真正得到发展。

4.4.2　人才需求与培养

除数据外，人工智能在教育行业催生的需求还体现在人才上。

创新工场执行董事张丽君曾阐述了她对此的看法：人工智能人才可分为几个层次。最高层次是大学里研究人工智能的专家、教授，这是金字塔的顶层，这类人才数量偏少；第二层是能懂、会做算法、会做模型的人才；第三层是工程应用型的人才，具体而言，是把算法变成在某些场景下工程化应用，这类人才的数量会多一些；第四层是能将这些应用写成 API 或结构化模块的人才；再往下就是常见的会写代码的人才，这层的人才数量相对来说有很多，并且可以批量化培养。

有人工智能业内科学家表示，当前国内需要高精尖的人工智能人才，但缺口可能并不是很大。人工智能人才需要具备这样 3 个能力：搭建框架、调节参数、把握应用方向。

人工智能数据涉及迁移学习。例如，国外英文方面的语义研究并不能很好地迁移到国内中文语义环境下。一个公司搭建框架实现人工智能的过程看上去很简单，实则很麻烦。在迁移过程中，框架可以搭建，硬件可以用资金购买，但最难的是调节参数。调节参数不受人数多少的影响，但需要一个漫长的过程，经过反复对比、训练、调节等环节来实现。

国内人工智能高端人才主要在国家实验室和一些巨头科技公司，如BAT。高校培养人工智能人才有难度，需要做漫长的人工智能项目，硕士阶段是无法解决问题的。那意味着要找专门做人工智能的博士，而国内做人工智能的博士很少，更别说参与过项目运作。而企业本身如果拥有人工智能人才，也会采取防御战略，留住人才，这让人工智能人才的获取变得更加困难。

人工智能教育是必然事件，人工智能的加入将为教育行业注入新的活力，日后也将深刻地改变和影响教育行业。如何不浅浮于表，触及深度学习，实现真正的人工智能且获得相应人才，也是有意布局人工智能的教育机构在追逐热度之余必须要考虑的问题。

4.4.3 人工智能教育解决现代教育难题

近年来，科学技术极大地改变着教育的形态，人工智能逐渐成为在线教育的行业风口。从 K12 教育到高等教育，再到企业培训，教育行业将面临一次巨大的技术革新。目前在 K12 阶段，结合人工智能技术升级的在线教育产品如何解决用户痛点？相应的教育产品落地面临哪些难点？未来，人工智能技术在 K12 赛道还有哪些想象空间？

1. 人工智能教育让个性化学习成为可能

当学生写完第一道题目时，系统能够自动识别对错，如果答题错误，系统会自动推送相应知识点的题目让学生练习；如果都答对了，今天的作业就全部完成。因为不同学生对知识点的掌握情况有所不同，经过系统的智能化处理后，每位学生的作业都不一样……随着人工智能等互联网"黑"科技的发展，此前想都不敢想的智能化、个性化学习成为可能。

据了解，作为一门研究、开发用于模拟、延伸和扩展人的智能的理论、方法、技术及应用系统的技术科学，人工智能涉及语音识别、图像识别、自然语言理解、预测分析、内容生成等领域，当这些技术与特定行业深度进行有效结合时，就会产生行业领域内的人工智能应用。

教育行业的特点使人工智能在该领域的爆发受到广泛关注。一方面，教师的工作从某种程度上具有"劳动密集型"的特点，这种场景正适合用机器替代人的一部分工作，将教师从阅卷、评分、记录等繁杂重复的工作中解放出来。

另一方面，人工智能教育产品的推出将充分发挥优质师资的效能，让教育资源相对薄弱的地区有机会享受到优质的教育资源。人工智能背景下，不少教育机构和科技公司纷纷发力，K12 领域逐渐涌现不少教育产品，涉及语言学习、课外辅导、课堂教学等多个方面。

2. 人工智能教育产品升级潜能

互联网教育研究院创始人吕森林认为，目前人工智能教育行业的现状是"山雨欲来风满楼"，行业普遍认识到人工智能教育有巨大的发展空间，在政策支持下，将会掀起新的投资高潮。但相应的教育应用没有达到理想程度，成熟应用预计在未来 3～5 年之内产生。

比起巨大的投资空间，不少业内人士还是表示，不能为了"跟风"而忽略掉教育的本质。《新一代人工智能发展规划》曾提出建立以学习者为中心的教育环境，提供精准推送的教育服务，实现日常教育和终身教育定制化。张凯磊表示，人工智能本身不是目的，不同于单纯的互联网科技类公司，作为教育机构，其诉求应是以提升教学效果为出发点的。"人工智能教育未来的发展方向是如何进一步提升核心技术，持续不断地做数据优化、推荐功能，助力个性化教学。"

鲸媒体创始人迟耀明认为，未来人工智能在素质教育领域存在机会。"随着产业化的提升，行业头部能力变成行业通用能力，会激发行业内不同领域的潜力，人工智能就会遍地开花。"

与之相反，清睿教育董事长朱奇峰则相信教育信息化就是引领教育发展的核心引擎，可以主动通过产品设计提升学生的核心素养。"解决教育资源分配不均问题和个性化教育是最基本的产品功能，而通过产品设计可以真正提高学生的学习效率。从育人的角度出发，向正确的方向全方位地培养和塑造学生则是对人工智能教育产品更高的期望和要求。"

吕森林则认为技术本身是中性的，只能根据需求点看，跟着指向性走。"如果未来中国教育以素质教育为主，人工智能的应用自然会转到这个方面，但大环境如果是应试的，那么它还是会停留在为应试服务的层面上。"

4.5　人工智能教育产业化瓶颈

尽管众多教育机构和科技公司都在致力人工智能教育产品的研发，但实际诞生的产品极少，能够实现盈利的更是寥寥无几，不少业内人士仍然觉得找不到突破口，中小学的真实教育场景和教学环节仍然可以说是传统教育和在线教育结合的模式，极少看到人工智能的身影。现阶段阻碍人工智能与教育行业的结合快速落地，走向产业化的难点和瓶颈是什么？对于这一问题，行业内众说纷纭。

1. 数据或成最大壁垒

创新工场美国高级投资经理包蓓蓓曾公开表示，随着大厂商开放数据框架，技术门槛在降低，结构化的数据将成为真正的秘密武器。

迟耀明指出，没有数据样本，机器无法学习训练。因此，人工智能在拥有闭环和数据的大公司可能会先跑通。

阿凡题联合创始人兼CTO李启林认为，数据是很大的壁垒，"科大讯飞语音识别的引擎和小型企业的模型差不多，但是最终效果差很多，这就是数据量不同导致的。"针对数据来源，以辅导类产品为例，单单依靠学生的练习数据远远不够。"学生如果只在免费平台做了5道题，数据就没有很大意义。要获取系统的而非零散的数据，可能需要一些强制性方法。"

2. 从业者需要真正理解教育

如果从业者不能真正理解教育，就无法创造出符合教育规律的有效产品。吕森林认为，智能教育产品研发的核心是帮助教师提高教学效率，帮助学生更好更快地学习，而不是用机器替代人。例如，与人工智能解题类产品相比，人工智能辅导可能是更有效的应用。

朱奇峰强调，教育领域的特殊性要求公司创始人改变观念。"不能套用互联网模式，把用户吸引上来再转化，而是要把产品的教育价值做实。"

又学教育创始人栗浩洋表示，教育是一项高单价的重大决策，还涉及学生的时间成本，"绝对不可能随手买个教育产品，一定要经过考察和深思熟虑。"在他看来，许多公司不舍得投入上亿资金做内容是限制优秀产品落地的原因，"不做内容就不能做教学，只能停留在智能题库的阶段。"

迟耀明认为，每一个新的技术浪潮都可能会带来一波"伪需求"。比如，当年的 O2O 上门按摩。"一些科技人才在教育领域探索是好事，但是对教育场景的理解可能不是特别准确，在商业进步过程中难免会走弯路。"

4.6　人工智能教育案例

人工智能技术在教育行业的应用才刚刚开始，不过已经有了一些可圈可点的案例，这些应用都解决了传统教育上的某些痛点。

4.6.1　人工智能教育辅导类产品及实践效果

代表产品：阿凡题、学霸君、乂学智适应系统等。

1. 阿凡题

2015 年面世的阿凡题 –X 是基于 Deep Learning CNN 的 OCR 光学识别技术原理开发的手写识别计算机。用户使用阿凡题 –X 拍摄一元一次方程、一元二次方程和二元一次方程组等的任何变形，无论手写体还是印刷体，可以在 0.4 秒内给出解题步骤和答案。

实践效果：阿凡题引入人工智能技术的目的主要是提高图像识别准确度和突破题库的限制。此外，在线上一对一辅导中增加了智能诊断类产品，学生通过拍摄试卷照片，可以在秒级别反馈诊断报告得出学习建议和最短学习路径。

2. 学霸君

学霸君发布的 B 端产品"人工智能学"包括老师端、学生端和智能手写笔套装。

利用原笔迹搜集与识别技术，学生在纸张上记录的笔记可以自动同步上传到移动设备上。系统搜集学生的手写识别笔记，记录学生的作业结果、学习习惯等反馈，并自动批改学生的作业，针对学生的知识点掌握情况，个性化推荐与学生学习情况、学习能力相匹配的习题。

实践效果："人工智能学"已经落地到安徽的 100 多个普通班级，经过一个学期的使用，基本上能够做到高中年级在降低 30% 作业量的前提下，班级单科平均分数提升 15 分到 20 分。

3. 义学智适应系统

由义学教育发布的义学智适应系统主要根据学生对知识点的掌握情况，推荐个性化的解决方案。这是一种策略性人工智能技术，通过为学生建立精准的画像实现因材施教。

具体应用到场景中，学生先在系统中完成半小时左右的测试，系统会判断出学生掌握得不好的知识点并有针对性地推荐 5 分钟的短视频课程，然后再通过小测验测试学习情况。智适应教育将学生画像 + 内容侧写、机器学习 + 概率图模型结合进行个性化学习内容和路径相匹配，为不同学生推荐最为精准的学习路径。

实践效果：传统教学中，学生接受老师传播知识内容的时间是一致的，信息量也是一致的。上课 45 分钟的时间里 10 个知识点，前 20 分钟有些学生已经学到了 10 个知识点，而剩下的时间里，学会的学生可能开始懈怠，下课后仍然有学生没掌握 10 个知识点。智适应学习根据每个学生所掌握一个知识点所需的时间不同，进行因材施教。

4.6.2 人工智能教育语言学习类产品及实践效果

代表产品：口语 100 网络学习空间等。

口语 100 网络学习空间包括听、说、读、写、单词、协作学习、互动学习、区域教研等模块。

其中，口语 100 网络学习空间的 AI 口语教练 Ms Aryn 可以模仿老师提供一对一个性化教学服务。例如，通过语音识别等技术，可以对学生进行口语评测，纠正发音不标准问题，提高英语水平。此外，Ms Aryn 还在虚拟校园中扮演助教角色、组织学生活动、批改作业等。

实践效果：清睿教育承担了三项国家课题，通过对 25 个学校的跟踪，研究学生使用口语 100 前后的情感态度、学习动机和学习成绩变化，发现人工智能技术的信息化教学对学生英语学习有促进作用。例如，天津南开大学附属中学的实验结果显示，学生在课堂中的发言更加积极了，口语考试成绩达到 35 分以上（满分 50）的人数提高了 46％。广东省东莞市济川中学结果显示，使用后班级平均分提高近 16 分。

4.6.3 基于人脸识别的魔镜系统

魔镜系统是一款智能教育产品，是利用人脸表情识别等技术判断学生上课时的举手、练习、听课、发言等课堂状态和面部情绪变化，生成每个学生专属的学习报告的人工智能辅助教学系统，目前已应用在好未来旗下的学而思课堂上。

魔镜系统对于老师来说，可以做到精准地掌握每一个孩子的学习状态差异，进而因材施教；对于家长来说，可以看孩子的全课时学习报告，进而了解孩子的学习状态；对于学生来说，则可以使其更加专注，提高学习效率，并感受到自己获得了更多的关注，进而增强自信心。

魔镜系统通过人工智能技术取代教师的眼睛和耳朵，更有效、更精细、更准确地把握课堂上每一个学生的学习状态，其本质是用机器收集课堂数据。基于此，未来它还可以结合大数据分析给老师提供智能课程推荐、提示需特别关注的学生、提示哪些授课环节容易让学生走神这样的辅助服务。

4.6.4　基于语音技术的英语教学

英语流利说是比较具有代表性的基于人工智能技术开展英语教育的平台，其通过语音识别、语义理解、自然语言处理等技术帮助用户提高口语能力。比如，在其 App 上有一个叫"情景实战课"的功能，通过智能对话技术可以与用户模拟特定场景下的对话，不只是可以自由对答，还可以对用户的发音、语法、表达方式等方面提供建议，目前已支持免税店购物、酒店入住、餐厅点单等日常高频场景。

简而言之，通过语音技术，英语流利说直接取代了外教陪练，让学生可以低成本获得对话练习、口音纠正。目前，许多地区英语老师口语都比较薄弱，有哑巴英语的问题，英语流利说的探索很有意义。可以想见，语音技术不只是可以用在英语口语教学上，未来外语、普通话、播音甚至演讲教学都可以应用语音技术来提供类似服务。

4.6.5　基于机器视觉的自动批改

2017 年 11 月，新东方与科大讯飞联合成立的东方讯飞发布了一款 RealSkill 智能教育产品，其可以为雅思、托福考生的作文和口语作业进行智能批改，支持"智能评分、逐句精批、行为分析、范文精讲、学习记录"五大环节的学习闭环，口语作业批改是语音技术，作文则是机器视觉技术，学员只需对自己的文章拍照，便可以完成文字的上传和识别，并获得即时反馈。

另一个人工智能教育平台阿凡题则瞄准"作业"这个痛点，基于图像识别技术上线了题库标签化功能，并且正在研发智能批改作业机器人，目前已经实现了作业自动批改的四大关键技术（题目切分、答案匹配、手写识别和语义理解）的突破。

可以预见，未来学生手写的作业、试卷的批阅都会更多地应用人工智能技术，特别是机器视觉技术，进而减少教师的重复工作，让教师专注于教育本身，也可以让学生的作业得到更精准的反馈。

4.6.6 基于大数据的自适应学习

学生负担大，原因之一是要进行许多重复知识点的学习，事实上学生能力不同，不能采取统一的课程进度，至少不需要做同样的作业。通过图像识别、表情识别等手段收集了学生学习大数据后，可以针对学生进行个性化的教育，包括课程和练习。美国的 Knewton 就是自适应模式的领先者，其通过数据收集、推断及建议三部曲来提供个性化的教学方案，依靠的是大数据技术。

4.7 人工智能带来教育的创新和变革

4.7.1 人工智能与教育的必然融合

人工智能和教育的进一步融合，会带来教育领域更多创新和变革的可能性，而且我们相信未来实际上人工智能也会像今天的互联网一样，在教育中像空气一样无处不在。

现今，绝大多数线上教育的模式还是机器与人的模式，无论是直播还是录播，学员所面对的只是平板、手机或者电脑，老师无法感知学员真正的理解程度，而学员在没有集体学习氛围和督促下，也容易出现学习效率不高的问题。理想的线上教育模式应该和传统的课堂教育模式一样，是人与人可以沟通交流的学习模式。智慧超人 K12 人工智能教育首创的降落伞式闭环教学法解决了这些问题。老师利用系统精准降落到所有知识漏洞，每天对每个小知识漏洞进行针对性梳理，逐个击破，解决小漏洞后再对全部漏洞进行大闭环。

因此，人工智能对于教育来讲，正是"以其所长，补之所短"，人工智能会在教学和管理过程中起到"穿针引线"的作用，给教师和校长等做辅助或者决策性的分析。将来，利用人工智能技术带来的便捷，是教师、校长们的主要工作方式之一。

相信人工智能会在教育的供给侧发力，使教育的供给侧变得更加智能化。这种智能化的教育会给课堂供给的形式带来更多的可能性，也会更加丰富、有趣、好玩，让孩子们更加感兴趣。

4.7.2 人工智能给教育带来的转变

追本溯源，"人工智能＋教育"可以视为"互联网＋"在教育行业的深度融合。"互联网＋"这个概念早在 2012 年就有人提出，并且自 2014 年开始大火，本书先从"互联网＋"的理解开始。

教育科技的发展经历了 4 个阶段，从早前的"PC 互联网＋教育"到"移动互联网＋教育"，再到"微信＋教育"及如今的"人工智能＋教育"，互联网教学服务载体在不断演进。但是需要指明的是，科技毕竟只是一种手段，从最早的录播课程到现在探索的"人工智能教育"虽然技术在不断革新，但是教育的思维并没有太多变化。未来，人工智能将带来更大的变化，在技术层面切入，最大程度优化教育事业的服务能力。

人工智能在教育中的应用会给教育带来 4 个方面的转变，即"高质量、低负担、大规模、个性化"。

1．高质量、低负担

人工智能在教育层面的融合会使教师队伍出现分化，有一部分教师最擅长做主讲老师，他们的表现力非常强，我们可以把他们作为人工智能老师的原型；还有一部分教师擅长与孩子进行沟通交流，他们比较适合做现场的辅导老师。同时，人工智能可以解决教育中教的问题，但是在育的方面帮助会比较少，育的方面可能更需要真人老师，也就是说，和孩子心与心的沟通可以给孩子更多的爱和关注。这些真人老师的作用是人工智能老师不可替代的。人工智能老师会让教这个环节变得更有效率、质量更高，从而达到给真人教师减负的目的。

2．大规模、个性化

早在 2017 年，国务院印发的《新一代人工智能发展规划》在提及"智能教育"时要求"利用智能技术加快推动人才培养模式、教学方法改革，构建包含智能学习、交互式学习的新型教育体系""建立以学习者为中心的教育环境，提供精准推送的教育服务，实现日常教育和终身教育定制化"。

关于教育的政策密集出台，并且都对今后教育行业发展具有重大影响。其中，《中国教育现代化 2035》指出，加快信息化时代教育变革，建设智能化校园，统筹建设一体化智能化教学、管理与服务平台。利用现代技术加快推动人才培养模式改革，实现规模化教育与个性化培养的有机结合。创新教育服务业态，建立数字教育资源共建共享机制，完善利益分配机制、知识产权保护制度和新型教育服务监管制度。推进教育治理方式变革，加快形成现代化的教育管理与监测体系，推进管理精准化和决策科学化。

具体落实的《加快推进教育现代化实施方案（2018—2022年）》更是提出了关于"大力推进教育信息化"的落地措施。

可以预见，未来人工智能教育一方面会从技术切入，最大限度优化服务能力。教育公司会借助人工智能技术为学生提供更为个性化的内容推荐、更快速的个性化效果反馈，学生也会对自己的学习路径拥有更为深刻的认知，构建个人在各领域的知识图谱，实现真正意义上的"因材施教"。

另一方面，积累了海量数据的线上教育巨头在"人工智能＋互联网"赛道上更容易发力。未来教育将进入教师与人工智能协作共存的时代，教师与人工智能将发挥各自优势，协同实现个性化的教育、包容的教育、终身的教育和公平的教育，促进人的全面发展。如果把未来的教师进行定位，我们可以界定为"人工智能教师与人类教师"协作完成教书育人任务。

4.7.3　人工智能教师未来承担的角色

人工智能教师未来可以承担的角色，包括如下内容。

1. 成为可自动出题和自动批阅作业的助教

人工智能教师可以根据知识图谱，基于人工神经网络，甚至能对主观题进行自动判别。实验证明，人工智能教师打分与普通教师打分的一致率竟然高达92.03%。

2. 成为学生学习障碍自动诊断与反馈的分析师

人工智能教师可以知道学生的学习问题在哪儿，怎么改进，能够对学生的学习问题进行描述性统计和诊断性分析，并基于机器对学生的学习进行障碍诊断。

3. 成为解决测评问题，并进行素质提升的教练

人工智能教师可以借助技术，将学生掌握的知识融入仿真情境中，让学生尝试解决各种问题，并对学生留下的数据进行分析。而且，人工智能教师可以根据次序特征、时间特征和交互特征，对学生进行系统评价和素质提升。

4. 成为学生身心素质测评与改进的辅导员

人工智能教师可以辅助心理教师关注学生的异常行为，采集学生各种网络数据，对他们的心理健康进行预测；基于学生社交网络的人格与情绪分析，基于定位技术进行学生行为分析；根据语言特征预测风险，对学生的

心理健康进行监测预警与干预。人工智能教师通过学生的"心理地图"采集情绪数据，为学生提供私信服务；还可以成为学生体质监测与提升的保健医生，形成学生健康素养的体质监测报告；等等。

5. 成为反馈综合素质评价报告的班主任

评价报告的内容包括学生的核心素养、在学科领域中掌握核心知识的情况等基于数据的综合素质评价，对学生的认知能力、学习风格、知识素养形成全面而客观的评价。

6. 成为个性化智能教学的指导顾问和学生个性化问题解决的智能导师

人工智能教师通过将学生答疑的问题汇总在一起，形成专家知识库；搜集学生的问题，分析其背后的教育学、社会学、心理学原因，开发出知识地图，并基于优秀教师的解决案例，让这些专家的知识库成为学生的"智能学习伴侣"，成为学生在校学习和家庭学习的助手。

7. 成为学生成长发展的生涯规划师

人工智能教师基于学生个人数据，如学科水平、能力特征、心理状态、学习行为、传感数据，根据招生与录取政策、专家知识库等建立模型，并基于学生自主调整和专家建议等维度，形成对学生学业发展的推荐平台，辅助学生做好成长与发展规划，让学生能够实现全面而有个性的发展。

8. 成为精准教研中的互助同伴

人工智能教师根据传统教师的备课、听课、评课、课例分析、班级知识图谱，基于大数据形成智能协同教研工具，配合教师形成数据驱动下的精准教学。人工智能教师还能成为个性化学习内容生成与汇聚的智能代理，成为数据的教育决策助手。

人工智能教师能够连接正式学习和非正式学习环境，使教育更开放，泛在学习会逐渐成为基本学习形态。知识不再单纯依赖学校教师的传授，所以人工智能支持下的未来教师角色将发生极大转变：教师知识性的教学角色将会被人工智能所取代，教师的育人角色将越来越重要，我们将迈向教师与人工智能协作的教育时代。

如果今天的教育和教师不生活在未来，未来的学生必将生活在过去。教师要激发学生的求知本性，让学生在人工智能时代更富有创新性，学习更具高品质，内心更丰盈。

未来，人工智能时代的教育应该是更加幸福、更加以人为本的教育。面向未来的教育应该更加尊重和关爱学生，以学生为本，为学生一生的幸福和成长奠基。

第5章 "互联网+教育"：教育质量的均衡提升

从2015年到2019年，政府工作报告连续5年提及"互联网+"。

2015年，首次提及"互联网+"战略。制定"互联网+"行动计划，推动移动互联网、云计算、大数据、物联网等与现代制造业结合，促进电子商务、工业互联网和互联网金融健康发展，引导互联网企业拓展国际市场。

2016年，落实"互联网+"行动计划。提出制定实施创新驱动发展战略纲要和意见，使创新驱动发展战略持续推进，互联网与各行业加速融合，新兴产业快速增长，大力推行"互联网+政务服务"，发挥互联网+集众智汇众力的乘数效应。

2017年，对"互联网+"模式进行了扩充。在政府事务领域，全面推行"双随机、一公开"，推进"互联网+政务服务"。在创新创业方面，提出要深入推进"互联网+"行动和国家大数据战略。

2018年，"互联网+"模式进一步完善。深入推进"互联网+农业"，多渠道增加农民收入，促进农村一、二、三产业融合发展。加强全方位公共就业服务，大规模开展职业技能培训，运用"互联网+"发展新就业形态。

2019年，全面推进"互联网+"战略，并提出了"互联网+监管""互联网+督查""互联网+教育"等新概念。深化"互联网+政务服务"，各地探索推广一批有特色的改革举措。深化大数据、人工智能等研发应用，培育新一代信息技术、高端装备、生物医药、新能源汽车、新材料等新兴产业集群，壮大数字经济。

5.1 一种新的教育发展形式与意义

"互联网+教育"是随着当今科学技术的不断发展，互联网科技与教育领域相结合的一种新的教育形式。学者余胜泉认为，"互联网＋教育"是以互联网为代表的新一代信息技术与教育领域的跨界融合，将对教育模式产生深远的影响。

5.1.1 "互联网＋教育"宁夏试点情况

2018 年 7 月，教育部批复同意宁夏组织开展"互联网＋教育"示范试点建设。为有序推进示范区建设，实现教育发展水平和人才培养质量跨越式发展，宁夏配套制定了 2018—2022 年的建设规划和建设实施方案。

2018 年 11 月 22 日，作为首个获批的"互联网＋教育"示范区，宁夏回族自治区正式启动建设工作，计划在 5 年建设期内多措并举实现在教育资源共享、创新素养教育、教师队伍建设、学校党建思政和现代教育治理 5 个方面的引领示范，形成一批可复制可推广的"互联网＋教育"模式。

2019 年 6 月 25 日至 26 日，宁夏回族自治区教育工委、教育厅在银川召开全区"互联网＋教育"示范区建设现场推进会。示范区建设过程中宁夏回族自治区初步形成了部区合作高位推进模式、资源共享共用有效机制、建立政企联动提速增效的有效途径、实施"1+3+N"合作模式、建立专家支撑体系五条经验，具有一定的借鉴意义。

2020 年 2 月 5 日至 16 日，宁夏回族自治区通过宁夏教育电视台"空中课堂"为学前幼儿开设亲子游戏、优秀动画片、儿童剧、启蒙教育等节目，指导家长科学育儿，开展室内游戏活动。同时，当地教学名师在网上空中课堂开展直播教学，学生登陆网上空中课堂虚拟班级便可进行在线学习。老师还将对学生开展在线辅导、互动答疑、作业辅导等教学活动。自开播以来，宁夏空中课堂累计访问量超过 3 亿人次，学生在线提交作业达到 1 亿份，开展线上测试突破 30 万次。

5.1.2 国内互联网教育发展历程

1. 萌芽阶段（20 世纪 90 年代中期—2000 年）

在这个阶段，我国互联网刚刚起步，在电脑及网络普及程度都较低的情况下，互联网教育开始萌芽，国家支持的高等学历互联网教育得到了较快发展。1996 年，清华大学率先提出发展现代远程教育，并于 1998 年推出了网上研究生进修课程。1998 年，教育部正式批准清华大学、北京邮电大学、浙江大学和湖南大学为国家现代远程教育第一批试点院校。1999 年，教育部制定了《关于发展现代远程教育的意见》。2000 年，教育部将现代远程教育试点院校范围扩大到 31 所，并准许高校开设网络教育学院，颁发网络教育学历文凭，这一举措大大推动了高等学历互联网教育的发展。同时，民营培训机构开始涉足高等教育，如 1999 年弘成教育与 40 多家高校合作，为学生提供高等学历教育服务。此外，基础教育领域也出现了为数不少的互联网教育企业，1996 年，101 远程教育网成立，成为国内首家中小学远程教育网校；2000 年，新东方在线成立。这一阶段的互联网教育形式主要以文本为主，用户体验一般。该阶段末期，音频、视频等数字教育资源开始出现。

2. 稳步提升阶段（2000—2010 年）

在稳步提升阶段，个人电脑和互联网在我国快速普及，互联网教育具备了良好的基础，取得了长足进步。高等学历互联网教育继续受到国家政策的支持，2001 年教育部将现代远程教育学院试点范围扩大至 45 所，2007 年又扩大至 68 所，高等学历互联网教育作为刚需教育，保持着稳定增长。基础教育领域的互联网教育在这一阶段可谓波澜起伏。政策层面，国家加大了对基础教育信息化的支持力度。2000 年 11 月，教育部发布了《关于在中小学实施"校校通"工程的通知》，对基础教育的互联网教育发展起到了推动作用。2003 年 12 月，教育部等三部门联合下发了《农村中小学现代远程教育工程试点工作方案》，推动了我国农村教育信息化的进程。企业方面，2001 年开始，随着互联网泡沫破裂，以企业网校为代表的互联网教育出现衰退。2003 年，"非典"爆发后学校大面积停课，企业网校出现短期回暖，为互联网教育普及提供了契机，互联网教育在摸索中前进。其后，互联网教育企业陆续上市，如 2007 年弘成教育、2008 年东大正保分别在美国上市，提升了行业的社会关注度。这时，互联网教育进入了多媒体阶段，一定程度上提升了用户体验，但交互性、趣味性仍然欠缺，用户黏性不高，不少企业仅将互联网教育作为线下培训机构的补充，或是宣传推广和资讯展现平台，整体盈利能力仍然较弱。

3. 快速发展阶段（2010 年至今）

这个阶段移动互联网的发展及智能终端快速普及，新一代信息技术的发展为互联网教育赋能，互联网教育爆发出新潜能。国家陆续出台文件，促进教育信息化发展。2012 年 3 月，教育部印发了《教育信息化十年发展规划（2011—2020 年）》，大力推进信息技术与教育全面深度融合；2012 年 9 月，刘延东提出，"十二五"期间，要以建设好"三通两平台"为抓手，也就是"宽带网络校校通、优质资源班班通、网络学习空间人人通"，建设教育资源公共服务平台和教育管理公共服务平台；2013 年 10 月，教育部印发了《关于实施全国中小学教师信息技术应用能力提升工程的意见》。这些文件为互联网教育的普及创造了良好的政策环境。2010 年以来，可汗学院和美国 MOOC（大规模开放在线课程）等互联网教育新模式引发了全世界的广泛关注，其注重教育的交互性与个性化的特性对我国互联网教育的发展产生了启发。在我国，基础教育、职业教育和语言学习等领域的互联网教育企业如雨后春笋般出现。这一阶段，互联网教育模式出现颠覆式创新，形成了全新的知识传播模式和学习方式，教育形式呈现多媒体化、互动化趋势。

5.1.3 "互联网＋教育"发展的重要意义

北京师范大学陈丽教授提出："互联网＋教育"并不是单纯的在线教育，而是一种教育变革思路，即以互联网为平台，变革创新现有教育的组织、服务、教学等模式，构建数字时代的新型教育生态体系。它的发展具有以下重要的意义。

1. 助力教育公平

全国人大代表、山东省临沂北城小学校长张淑琴指出，信息技术与教育教学深度融合，让很多乡村学校享受到优质的教育资源，使学生的学习效果得到明显提升，城乡教育鸿沟进一步缩小。

通过智能互联实现教育资源共享、利用大数据分析推动教学效率提升……信息技术正在改变传统的教学模式，为实现教育公平创造了更加便利的条件。

教育公平不仅在于打破地域教学资源限制，更在于帮助每个学生找到适合自身的学习方法，实现因材施教。全国人大代表、江西省委教育工作委员会书记叶仁荪说，信息技术正逐步优化教学方式，让精准施教成为可能。

全国政协委员、江苏省锡山高级中学校长唐江澎介绍，学校高一年级应用教育智能软件，一个学期以来，教师在网上协助学生解决问题 4 949 个，并根据学生的不同特点进行个性化的辅导。

"通过大数据对每个学生的知识薄弱点进行分析，准确发现问题，有效讲解，极大地提升了教学质量。"一起教育科技创始人刘畅认为，智能算法和知识图谱等还可以用于构建智慧学习系统，使学生透过"叶子"看见"森林"。

今天，应用信息技术的能力已成为教师和学生必须掌握的能力。教育行业加快人工智能等在教育领域的创新应用，有利于推动人才培养模式的创新、教学方法的改革、教育治理能力的提升。

2.让"育"的分量更重

教育信息化并非简单地做技术的"加法"。人们期待技术带来更多"溢出效应"，通过创新让"育"的分量更重，推动实现从教书到育人的转变。

（1）建立科学的评估体系，将其作为提高教学质量的"标尺"。利用信息技术对学生进行有针对性的培养。全国人大代表、山东省教育厅一级巡视员张志勇认为，传统的方式只能实现定性分析，无法定量研究，引入人工智能、大数据等技术，利用精准的数据分析，可以为教育决策提供参考。

（2）提升自我管理意识，让学习成为一种能力。需要构建政府、企业、学校、科研机构合作机制，开展新型教学模式理论和实践研究，利用信息技术开展启发式、探究式、讨论式、参与式教学，培养学生的学习能力。

（3）创新互联网学习平台，激发学习兴趣。信息技术可以助力学生综合素质的提高和潜力的发挥。高校大力推动"创客"教育，加强学生课内外一体化的信息技术知识、技能、应用能力培养。

发展"互联网＋教育"至关重要，围绕"互联网＋教育"的技术模式创新方兴未艾。随着产业的快速发展，应用范围的快速扩大，一些问题也逐步凸显出来。要将技术用好，释放更多效益，还需要创造良好的产业发展环境。

5.2 "互联网＋教育"的优缺点

5.2.1 "互联网＋教育"的优点

"互联网＋教育"以网络技术为基础，结合院校优秀教育资源，将院校最优秀的教师、最好的教学成果传播到四面八方，使学生无论是在近处还是远方，只要拥有网络及一定的计算机操作能力，就可以学习知识。

"互联网＋教育"使学习突破时空限制。学生随时随地可以学习，想学哪个课程就学哪个课程。"互联网＋教育"一般为在线辅导和面授相结合。在线辅导，老师在线授课，学生在线学习，同时可以通过平台进行交流、解答疑问、完成作业、考试等，同传统的教学模式相比，其更注重学生的主动性及教育与学生、学生与学生之间的互动性，拉近了教师与学生的心理距离，增加了师生的交流机会。

"互联网＋教育"利用网络特有的数据库管理和双向交互功能，让系统跟踪记录每个学生的资料、学习过程和阶段情况等，同时根据不同学生的资料提出不同的个性化学习建议或计划，更利于学生的发展。

"互联网＋教育"的教学管理平台具有自动管理和远程互动处理功能。学生的咨询、报名、缴费、选课、查询、学籍管理、作业与考试管理等均可通过院校的"互联网＋教育"服务平台进行。从咨询到最后的毕业整个过程都由专门的管理系统自动处理，弥补了人工操作工量大、效率低的缺点。

"互联网＋教育"降低了教育成本。开源节流是现今社会发展所需，也是我们一直倡导的，网络教育通过平台进行教授、学习，很大程度上积累了成本，而这些费用可以用在为学生提供性价比更高的服务资源上，如招募更多的授课老师、使用更多更好的教学设备、降低学生的费用等。

5.2.2 "互联网＋教育"的缺点

1. 学习者难以适应"互联网＋教学"方式

"互联网＋教育"缺少监管、缺少互动性和真实性。尤其是遇到问题时不能及时地与老师进行面对面的沟通，而有些知识是一环套一环的，第一个问题没有解决，可能会直接影响接下来的学习。有时授课老师与在线答疑老师不是同一个老师，在一些问题上可能会出现争议。

2. 可能会使人的群体意识和集体观念渐趋淡薄

社会性是人的本质属性，这就要求人必须融入社会。人与人之间需要语言的交流、信息的传递、情感的沟通。而在"互联网＋教育"中，学生与学生之间、学生与老师之间仅仅通过互联网工具进行交流，人们所建立的关系只是一种虚拟环境中的人际关系，人与人之间交往逐步由直接走向间接、由多样化走向单一化，缺少传统同学之间的直接交往，群体意识逐渐淡薄。通过这种方式教育出来的学生，会在一定程度上缺乏集体观念和团结协作的精神，不利于个人融入社会和社会的发展。

3. "互联网＋教育"难以得到社会的普遍认可

绝大多数用人单位都误认为"互联网＋教育"就是在网上随便学一下，不像全日制教育能使学生获得真才实学，所以社会上普遍认为"互联网＋教育"并不可靠，学生的能力并不能得到普遍认可。

5.3 "互联网＋教育"新模式下的发展趋势与影响

"互联网＋"就是"互联网＋各个传统行业"，这不是简单地把互联网和传统行业强加在一起，而是运用互联网平台和信息技术，使互联网和传统行业深度融合，充分发挥互联网在社会资源配置中的优化和集成作用，提升全社会的创新力和生产力，形成更广泛的以互联网为基础设施和实现工具的经济发展新形态。

在教育行业中，传统教育模式目前仍占据主导地位，教育行业虽然受到了互联网技术的一些影响，但是相对于其他被互联网改造的行业，仅仅是前进了一小步而已。究其原因，还是在融合的过程中存在一些难点。教育领域中，一场信息化的颠覆性变革正在悄悄发生，用著名经济学家汤敏的话来说，就是如果没有赶上这场教育变革，就会像工业革命被甩出一样，非常危险。

科技在进步，时代在变迁，教育是面向未来的事业，如果我们用昨天的方式培养今天的新人，就可能让他们失去明天。所以，我们应该尽力应用互联网技术帮助学习者解决一些传统教育模式下所不能解决的问题，做一些传统教育模式下做不到的对学习者有益的事情。

如今，互联网在中小学生学习和生活中发挥着越来越重要的作用。在学校网站上下载作业、在QQ群里讨论功课及上网搜寻资料等已成为中小学生学习和生活的习惯。可以说，随着时代的变迁和高科技的发展，以及家庭电脑和网络的普及，网络已成为中小学生学习和生活中的好帮手。通过网络，不但可以提高学生上网学习和交流的能力，帮助孩子增长知识、开阔视野、启迪智慧，满足孩子们的求知欲和好奇心，使中小学生养成独立思考、勇于探索的良好行为习惯，全面培养祖国未来的建设者和接班人，而且可以进一步增强学生与老师及父母之间的理解、沟通与交流，让学生健康茁壮地成长。

5.3.1 "互联网＋教育"的发展新趋势

"互联网＋教育"是随着当今科学技术的不断发展，互联网科技与教育领域相结合的一种新的教育形式。信息化技术已经渗透到社会的各个方面，教育领域同样受到了信息化技术发展的影响。

1.教学模式多样化

基于"互联网＋教育"是一种创新型的教学模式，是信息科技与现代化教学的有效结合，它能够有效地把网络信息资源融入现代教学中，是对传统学习模式与教育体系的重新建构。

在互联网和教育的融合过程中，教师在互联网技术的辅助下向学生传授知识，并以最有时效的方式把丰富的知识资源传递给学生，让学生能够更好、更快地接收学科知识资源，并能对这些资源优化利用，使学生的自主学习能力和创新能力在无形之中得到增强。

"互联网＋"的出现，实现了线上线下教育模式的融合，有效降低了学生对教师的依赖性，为学生的个性和能力发挥提供了基础。

2.教育中心明确化

"互联网＋"对教育体系的优化，不仅明确了教育中心，确定了以学习者为中心的授课模式和教学方法，还为学生提供了全面的学习内容，脱离了传统授课模式下教师的灌输式教学。"互联网＋"下的教育模式，教师不再是课堂的主导者，而是以教学辅助者的身份出现，为学生提供服务。

此外，教师还能够利用互联网教育的优势，对各项教学信息进行汇总，并对学生的学习行为和各项资料进行总结，进而有针对性地制定教学方案，做到因材施教，以满足学生的个性化发展。

3.移动学习便捷化

伴随着智能手机的快速普及和 App 应用开发行业的高速发展，移动终端设备正颠覆式地改变着人们的行为和生活方式，这将推动移动学习模式的进一步发展，并使其在"互联网＋教育"体系中逐步占据重要地位。移动学习模式的变化，主要体现在学习者可以利用移动终端实现随时、随地学习上。

"互联网＋教育"模式下的移动学习并不是简单地把 PC 端的教学资源搬到移动设备上来，而是结合教学实际，以学习者的个体差异性、个性化需求为基点，满足学习者的学习需求

4.数据应用价值化

现阶段正处于大数据产业的上升发展期，大数据时代已悄然而至。

教育过程中教师的教学行为、教学过程，以及学习者的学习行为、学习过程等大量数据都会被准确记录下来，利用这些教育数据对教学进行综合性分析，有助于帮助教师和学习者找出教学和学习中的不足，有助于提高教学质量。随着"互联网＋"的快速发展，以大数据作为支撑，未来教育教学将创造出更多的价值。

5.3.2 "互联网＋教育"带来的影响

"互联网＋教育"的发展带来了更加公平、更加有质量的教育，有利于推进城乡义务教育一体化发展，加快改善乡村学校办学条件，抓紧解决城镇学校"大班额"问题、保障进城务工人员随迁子女教育、促进优质资源共享。但是，也产生些许负面的影响。

（1）有助于促进教育公平。在一些教育水平较低的区域和学校，近年来出现了一批与优质校结对子的"直播班"，课堂上学生们对着投影屏幕观看名校教师讲课的实时直播。通过一段时间的学习，"直播班"的应试成绩得到了明显提升。不过，公众对于此类"直播班"也存在着过于急功近利、盲目追求成绩提升的质疑。

对此，中国教育科学研究院研究员储朝晖表示，我国目前的"互联网＋教育"发展水平还处于初级阶段，相对于互联网的普及水平而言，仍具有较大的提升空间。储朝晖认为，"互联网＋教育"对促进教育公平能起到一定的积极作用，不过发展"互联网＋教育"还必须综合考虑"应试教育"与"素质教育"这两个方面的内容，"从教育主管部门到学校，互联网在教学中还只是一种手段，在学校学习到的人际交往等其他方面的知识，都是互联网不能代替的"。此外，他建议，发展"互联网＋教育"需要这两个领域的工作者的深入合作，"利用互联网办教育，必须要分清楚办教育的意义，否则就会造成伤害"。

（2）"互联网＋教育"从封闭走向开放。在信息时代，知识和技术成为第一生产力，是社会生产力、经济竞争力的关键因素，知识本身的激增、剧变、更新，频率加快，周期缩短，同时知识本身的高度综合和学科渗透、交叉，使人类的一切领域都受到了广泛的冲击和影响。"互联网＋"打破了权威对知识的垄断，让教育从封闭走向开放，人人能够创造知识、共享知识，也都能够获取和使用知识。

在开放的大背景下，全球性的知识库正在加速形成，优质教育资源正得到极大程度的丰富，这些资源通过互联网连接在一起，使人们随时、随地都可以获取他们想要的学习资源。我们可以在网上观看国外大学免费的优质讲座视频，可以看到通俗易懂的可汗学院教学内容，我们获取知识的效率大幅提高，获取途径增多，获取成本大幅降低。

学会学习和终身学习是信息社会对公民的基本要求，互联网技术与教学的整合顺应了时代发展的要求，在培养学生树立终身学习的态度上有独到的优势。

这种整合使学生产生主动吸收知识的要求和愿望，并能付诸日常生活实践，能够独立自主学习，自我管理，制订并实施学习计划，调控学习过程，能对学习结果进行自我评估。这无疑是学习方法上的一种颠覆性变革。

（3）在"互联网 +"的冲击下，教师和学生的界限也不再泾渭分明。在传统的教育生态中，教师、教材是知识的权威来源，学生是知识的接收者，教师因其拥有知识量方面的优势而获得课堂控制权。

但是在"互联网 +"时代，学生获取知识的方式已变得非常便捷，教师不一定在知识量上占据优势。此时，教师必须调整自身定位，让自己成为学生学习的伙伴和引导者。所以，未来的教师很可能分为两种：一种是线上讲公开课的明星教师，一种是线下的辅导教师。

（4）"互联网 +"对教育资源重新配置和整合。一方面，互联网极大地放大了优质教育资源的作用和价值，使传统的一个优秀老师只能服务几十个学生扩大到一个老师能服务几千个甚至数万个学生。

另一方面，互联网"联通一切"的特性让跨区域、跨行业、跨时间的合作研究成为可能，这也在很大程度上规避了低水平的重复，加速了研究水平的提升。在"互联网 +"的冲击下，传统的因地域、时间和师资力量导致的教育鸿沟将被逐步缩小。

（5）"互联网 +"对教育的负面影响。"互联网 +"对教育产生了深入骨髓的影响，会促进新教育生态的形成，对教育自身也产生了一系列的影响，主要体现在以下方面。

①在"互联网 + 教育"中，师生之间更多的是进行知识和信息层面的交互，教育面临着育人功能被弱化的危险。

②一些低龄学习者由于缺乏一定的道德判断能力，在没有教育者引导的情况下，独自面对鱼龙混杂的互联网信息，可能会对他们正确人生价值观的形成产生不利的影响。

③互联网提供碎片化知识内容，降低了学习难度，如此，学习者的学习深度很难得到保证。

④在海量的信息数据和知识面前，学习者可用的资源虽丰富却也鱼龙混杂。这对学习能力和信息加工与处理能力不足的学习者而言，将是一个巨大的挑战。

5.4 国内"互联网 + 教育"主流商业模式与典型个案

中国目前涌现的"互联网 + 教育"主流的商业模式分为 MOOC 平台、B2B 平台、B2C 平台、C2C 平台、SNS 平台、O2O 模式 6 类，各类模式的特点及核心资源如下。

5.4.1 MOOC 平台

（1）模式特征。MOOC（Massive Open Online Course）即大规模开放在线课程。大规模指的是参与课程的学生人数及课程的活动范围；开放性体现在授权开放、课程结构开放、学习目标开放及课程注册和退出自由上，还体现在信息、知识、观点和思想的自由共享等方面；在线是指通过网络的形式进行课程学习及知识的交互和共享。

MOOC 平台盈利要点主要来自学习者付费和其他组织或个人的赞助。

（2）模式优势。

①互动性强：网上课程的实际运行，学生参与有课程团队提供教学过程管理的学习，有经常性的小测验、预习阅读、课后作业等教学活动。

②获得证书：学生达到课程要求可以获得证书。实际上是提供了一个网上课程交易平台，由平台认可（或将来发展为认证）的大学及其教师提供课程。

（3）典型个案有学堂在线、顶你学堂。

5.4.2 B2B 平台

（1）模式特征。在线教育机构将研发的课程或服务直接提供给机构客户，机构客户在此基础上，利用课程进行教学或利用服务（如相关在线课程系统软件、服务和解决方案）建立在线教育体系，在线教育机构和机构客户从学费或者课程收益中进行分成。

B2B（Business-to-Business）平台盈利要点主要有如下方面：平台广告、平台交易、自销产品、平台搜索、增值服务、线下服务、商务合作。

（2）模式优势。B2B 平台的主要客户是学校及培训机构，相对于学习者而言更集中和稳定，带来的利润空间更大。公司可以为学校量身定制在线课程体系，学生能在学校的监督下获取最优质的教学内容。公司可以为学生提供个性化在线测试模块，供学生模拟测试，这样可以提高学生的学习效率，拓宽学习思路，增强师生沟通，从而形成浓厚的学习氛围。

（3）典型个案有能力天空。

5.4.3 B2C 平台

（1）模式特征。B2C（Business-to-Customer）即在线教育机构提供优质的教育资源服务，把教学资料和视频等内容都上传到其服务器上，以出售学习卡的方式将上述学习内容销售给学习者的过程。

其盈利点主要是会员收费、产品返点收费、增值广告收费、注册会员信息投递收费。

（2）模式优势。以学员为中心，学员可以根据需要随时随地学习所需课程，充分体现了现代学习理论中以学习者为中心的理念。学员遇到问题可以随时在线向老师进行提问，在线教育机构所聘任的老师提供在线实时答疑服务，及时解决学习者在学习方面遇到的问题。

（3）典型个案有沪江网。

5.4.4 C2C 平台

（1）模式特征。C2C（Customer-to-Customer）模式以即时通信工具为技术环境，通过网络和即时通信相结合的模式打造学习者、教师之间的互动交流平台。在这个平台上，教师可以随时随地进行教学和答疑，可以与学习者和其他教师进行交流合作，习者之间也可以讨论交流。

C2C 平台的盈利点主要为会员费、交易提成、广告费、搜索排名竞价、支付环节收费。

（2）模式优势。以学习者为中心，充分满足其个性化的需求。C2C 模式最大程度体现了在线教育的个性化特征，如为学习者量身定制个性化学习内容，为学生进行一对一的教学辅导。此外，C2C 模式还可以提供相应的增值服务，如学生心理健康服务、亲子交流活动等形式多样的教育服务，从而拓展在线教育机构更多的利润生长点。

（3）典型个案有第九课堂。

5.4.5 SNS 平台

（1）模式特征。社会性网络服务（Social Networking Services，SNS）是指帮助人们营造和构建社会性交互网络的互联网应用服务。SNS 网络是根据真实社会关系和人际关系而建立的 VR 网络社区。利用 SNS 网络，可以打破网络教育的时空限制，建立网络学习新情境，使教师和学生之间的交流更加实时、开放、有效，使学员间的交流更快捷畅通，形成完全开放化、民主化、自由化的符合建构主义学习理论要求的新的学习环境。

（2）模式优势。SNS 的互动性可以给学习者与学习者、学习者与教师、学习者与学科专家之间提供更有效畅通的交流协作空间，信息分享可以帮助学生在获取资源的同时更好地进行知识的传播。一方面，学习者在 SNS 上还可以训练协作能力，别人的点评和建议甚至批评可以给学习者带来动力或者让学习者发现自己在学习上存在的主要问题。另一方面，SNS 的社会性还可以极大地帮助学习者提高自己的应变能力和社会认知能力。

（3）典型个案有学习宝、爱考拉。

5.4.6　O2O 模式

（1）模式特征。例如，清大学习吧首创了教学 O2O（Online-to-Offline）模式。其在线上开设班级圈、线下发展体验店，让来自全国各地的优秀教师利用班级圈实现课程本地化，通过学习终端连接线上课程和班级圈，构成清大世纪的教育 O2O。由于教育 O2O 刚起步，还难以有平台像大众点评那样建立起顾客与商家的关系。

教育 O2O 的盈利模式还不清晰，但就目前来看，移动教育要产生规模收入，还是要靠闭环，即通过 O2O 方式对互联网和传统资源进行对接、配置，做个性化教育。

（2）模式优势。本地化教育模式，方便不同地区学生的学习。在线视频解决了地市级城市培训机构师资力量不强、一对一师资质量参差不齐的教学状况。在线教育既可以降低学生对机构和老师的依赖性，又能保证向学生提供优质的教学资源，在北上广以外的城市和地区有着对其强烈的需求。线上与线下全方位的服务保障提高了学生的学习兴趣和满意度，当然也提高了学习效果。

（3）典型个案有爱学堂、清大学习吧。

5.5　"互联网＋教育"应用案例

凭借大数据、云计算、移动互联等技术优势，利用信息通信技术及互联网平台，让互联网与传统行业进行深度融合，创造新的发展生态，互联网在教育领域掀起了一股革命性的浪潮。

适应社会经济需求变化，在互联网技术的东风下，"互联网 + 教育"应运而生。它满足了层次教育的需求，给教育界带来了新的生机。可以看到，"互联网 + 教育"行业目前已经进行了各种探索，主要是利用自然语言处理、人脸表情动作识别、机器视觉、语音识别、大数据等技术来帮助孩子提高学习效率，这些应用只是智能教育的"前菜"，更多人工智能会被应用到课堂、课后、课外、考试等教育环节。

5.5.1　全通纸笔王网上阅卷系统

教育测评信息化软件——全通纸笔王网上阅卷系统（简称 APMS）能完成考试阅卷及成绩统计分析的工作，并率先以互联网形式实现了网上阅卷。

网上阅卷是指以计算机网络技术和电子扫描技术为依托，实现客观题自动阅卷、主观题网上评卷的一种现代阅卷方式。互联网阅卷无须固定使用某台电脑，而只要电脑可以上网教师就可以在任何地方完成主观题的阅卷工作。

APMS 采用了领先的技术，其扫描后的主观题答卷的图片都是 TIFF 格式的，大小在 20 ～ 30 K（注：A4 单面）。以一般的网络速度，教师评完一份试卷后，不用 1 秒就能立即评阅下份试卷（如果对 A4 答卷图片进行题目切割，用时则不到半秒），使互联网阅卷实现无缝链接。

APMS 不但让互联网阅卷成为现实，而且在阅卷完成后，系统可以根据教学的实际情况，自动生成各类详细的成绩统计分析报表，如针对学生个人、班级、年级的统计分析报表，针对科目、题目、小题（知识点）的统计分析报表等。学校依据这些全面、详细的报表，可以科学诊断教学情况，发现教学中的漏洞或不足之处，据此改善教学方法，提高教学质量。

除此之外，APMS 还有有效确保阅卷质量、提高阅卷效率、减轻教师负担、降低考试用纸成本、接轨高考网上阅卷模式等突出作用。

5.5.2　农村教学点数字学校

以智能信息技术为支撑，遵循"基于网络，实体运作，两级管理"的思路，建设农村教学点数字学校，彻底解决农村教学点"开不齐课，开不好课"的现实难题。

农村教学点数字学校教学主要有 3 种形式。

其一，实体课堂教学。实验区遴选一批在前期教师信息化教学能力培训中 TPACK 能力较强的教师，采用基于信息技术环境支持的课堂教学模式进行实体课堂教学，实现以点带面，全面提升实验区农村教学点教师信息化教学能力。在教学方式上，主要采用信息技术优化传统课堂教学，并利用信息技术转变学生的学习方式，实现农村教学点教育质量的整体提升。

其二，同步课堂教学。主要采用中心学校"拖一、拖二、拖三"的方式，由实验区各中心学校通过网络给下辖的 1 ～ 3 个农村教学点直接提供优质的同步教学。在同步课堂上，中心学校主讲教师不仅要关注中心课堂的教学，还要关注下辖教学点的教学，不仅要和中心课堂的学生互动，还要通过同步网络同教学点的学生密切交流，做到上下统一、步调一致。农村教学点教师需要转换角色，与中心学校的主讲教师密切配合，当好同步课堂教学的助教，具体负责教学点学生课前预习、课堂秩序维护、课堂效果反馈和课后作业批改的工作。中心学校学生和农村教学点学生要进行同步互动，共同回答主讲教师的提问和解决课堂上的疑难问题。

其三，专递课堂教学。农村教学点数字学校引入各类公开课和优质课程教学资源，依托云平台，充分利用各种移动学习设备，提供科学、自然、音乐、美术等学科知识，让实验区农村教学点的学生同样享受到优质的教育资源，进行自主学习。

建设"农村教学点数字学校"，能让农村教学点获得优质、稀缺的课程资源，通过共建共享方式，扩大优质教育资源的覆盖面，实现基础教育资源的合理配置，彻底解决农村教学点"开不齐课，开不好课"的现实难题，有利于促进县域义务教育均衡发展，让更多的农村教学点的孩子和城镇的孩子一样能享受到优质的课程资源，不让一个孩子掉队。

面对"互联网 +"时代给教育带来的机遇和挑战，我们需要冷静应对。无论技术如何发展，我们都要始终牢记教育是核心目标，互联网只是用来变革教育和提升教学水平的技术手段。

因此，我们要坚持"教育为体、互联网为用"的指导原则，从教育的核心需求出发合理使用互联网；要积极防止不良信息、网络犯罪、网络沉迷等现象对教育造成的负面影响；要及时通过健全法律、加强监管等方式净化互联网环境，让互联网更好地为教育所用。

5.6 "互联网＋教育"发展问题与建议

5.6.1 "互联网＋教育"发展的问题

1. "互联网＋教育"下的知识碎片化趋势明显

以微课这类课程为例，其仅仅教授一部分知识，虽然能够使学生方便快捷地了解到重点知识，但是对学生的整体思维能力及专注度的培养是不利的。现代化进程下，人们做事追求快、准、少，知识碎片化更会导致人们急功近利，难以专注于基础性的研究。

2. 教师教书育人的职能被弱化

在一些互联网技术和教育结合得很好的国家，教师和学生仅仅依靠电子课程和网络交流，这样虽然提高了课程知识的讲授效率，但是教师只做到了教书，由于与学生接触不多、网络环境虚拟化，育人的机会就少了很多。

3. 对于年龄较小的学习者来说是个挑战

一部分学习者由于年龄较小，还没有辨别是非的能力，自控能力较弱，如果没有教育引领者的带领，很容易被互联网纷繁复杂的信息所迷惑，弱化他们的思想道德意识，难以形成正确的人生观、价值观和世界观。诱导他们用"看"的思维方式来认知世界，而排斥"想"，因而对他们认知力的培养有一定的影响，使之思维有广度而缺乏深度，想象过于虚幻，与生活背离。

5.6.2 "互联网＋"教育发展问题的解决建议

政府应当做"互联网＋教育"的"领头羊"，为"互联网＋教育"的发展提供经济基础，做好物质保障工作。在思想上做好带领工作，为"互联网＋教育"的发展提供坚实的思想基础。教育为民，应当积极听取家长、教师、学生社会各界的心声，更好地引领教育事业的发展。政府应加强在"互联网＋教育"方面的立法，完善相关制度。

教师应从自身做起，善用互联网资源，与时俱进，不断提高自身的教育教学水平，通过互联网积极与优秀的教师互相交流、相互学习。

教师要不断加强自身的思想道德认识，教导学生善用互联网资源，提高学生的思想道德认识，做好教书育人的工作。此外，教师还需要积极联系家长，建立家校联系，发挥父母对孩子的监督提醒作用。

学生应充分发挥学习的自觉性和主动性，紧紧追随新时代的步伐，做自己思想的主人，做学习的主人。不被互联网的垃圾信息所迷惑，做到善用互联网资源，做真正会学习的人。

第6章 区块链教育：不可篡改的分布式教育

2016年10月，中华人变共和国工业和信息化部颁布了《中国区块链技术和应用发展白皮书》，指出"区块链系统的透明化、数据不可篡改等特征，完全适用于学生征信管理、升学就业、学术、资质证明、产学合作等方面，对教育就业的健康发展具有重要的价值"。2017年11月，欧盟委员会联合研究中心（European Commission's Joint Research Centre）发布了《教育中的区块链》（*Blockchain in Education*）报告。该报告对区块链技术在教育领域的应用进行了探索性回顾，并重点关注了欧洲教育领域区块链技术的运用，揭示了区块链技术在教育领域的巨大潜力。2018年教育部发布的《教育信息化2.0行动计划》更是明确指出加快面向下一代网络的高校智能学习体系建设，探索区块链、大数据等新技术在学习效果记录、转移、交换、认证等方面的有效方式，形成泛在化、智能化学习体系。

6.1 区块链的理解

区块链技术被认为是继蒸汽机、电力、信息和互联网技术后，引发第五次人类社会颠覆性变革的技术，也是互联网诞生以来人类社会最重要的发明之一。2018年，区块链成为最大风口，深刻影响着全球经济和金融的发展，以及各类机构、组织的运营业务模式，尤其是银行、保险、物联网、医疗等行业领域。区块链教育也随之迎来大爆发。

区块链技术作为比特币的底层技术，不仅在金融等领域的应用日趋完善，还有望在教育领域生态构建上发挥重要作用，推动教育体系的变革。

6.1.1 区块链的定义

区块链是将密码学、经济学、社会学结合起来的一门技术。区块链的"区块"类似于我们使用的硬盘的某一个地方，每个区块就是我们保存信息的地方。通过密码学技术进行加密，这些被保存的信息数据无法被篡改。

《区块链白皮书（2018年）》的定义：

第一，广义上的区块链是以区块结构存储数据、多方维护的、使用密码学技术保证传输和访问的实现数据存储的技术体系，代表了目前火热的比特币、以太坊背后的一种去中心化的记录技术。

第二，狭义上，当结合具体的产品谈区块链时，指的是以区块链连接而成的链式数据存储方式。简单来说，区块链是一个分布式的共享账本和数据库，具有去中心化、不可篡改、全程留痕、可以追溯、集体维护、公开透明等特点。使用区块链技术就是"记账+认账"的过程。

不管是官方的定义还是教科书式的概念定义，我们都要仔细揣摩才能理解其中真正的含义。以记账为例，假设有A、B、C、D、E 5个对象，每个对象都有路径可以到达其余4个对象，他们的网状结构如图6-1所示。

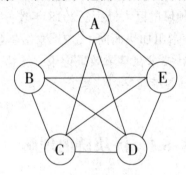

图6-1　网状结构图

每次发生记账事件，都由A到D中任意节点记录下来，假设其中一次记账由A记录下来，A用非对称加密技术将记录内容进行加密，并将加密内容同时分发到B、C、D、E节点，B、C、D、E将加密内容解密，将内容分别记录在自己的账本中。在这次记账事件的发生中有几个问题：

第一，B到D是如何保证A分发给他们的内容是一致的？

第二，假如B到D的节点有人合谋更改记账系统，怎么办？

针对以上问题，区块链是有解决办法的。第一个问题可以这样描述，A

可以分发给 B 到 D 的内容都不一致，面对这种情况，区块链是用共识机制来保证一致性的，至于共识机制是什么，这里不做过多描述。针对第二个问题，区块链是少数服从多数，若超过一半以上的节点叛变，我们将无法解决这个问题，所以区块链越大越安全，因为链越大，要达到一半以上节点叛变的难度将大大增加。

6.1.2　区块链的技术原理

从字面上看，区块链是由一连串使用密码学方法产生的数据块组成的分布式账簿，每个数据块都包含大量的交易信息，用于验证其信息的有效性并生成下一个区块，这些区块按生成顺序前后排列，每个区块都是一个节点。区块链的显著特点是没有作为中央服务器的第三方监管，区块中的交易信息不能被更改。区块中包含的信息可以是金融交易，也可以是其他任何数字交易，包括文档。而长期以来支配人类社会商业世界的互联网商业模式，成功依赖作为处理和调解电子交易的授信第三方的金融机构，授信第三方的作用是验证、保护并保存交易记录。

尽管如此，欺诈性在线交易仍大量存在，需要授信第三方居间调解，从而导致较高的交易成本。基于区块链技术的比特币使用加密证明，而非通过授信第三方，使愿意交易的各方均可以通过互联网实现在线交易。每一次交易都可以通过数字签名进行保护，并发送至使用发送者的“私钥”进行数字签名的接收者的“公钥”比特币，即加密货币的所有者需要证明其“私钥”的所有权才能在线消费、交易。接收数字货币的一方使用发送者的“公钥”在交易上验证数字签名，即对方的“私钥”所有权。每一项交易都被广播到比特币网络中的每个节点，并在验证后记录在公共账本中。每一项交易被记录到公共账本前，都需要对其进行有效性验证，因此验证节点需要在记录每一项交易前确保两件事情：第一，消费者拥有对其加密电子货币的签名认证；第二，消费者账户中有充足的加密电子货币。

区块链本质上是所有交易参与者已经执行并共享的交易或数字事件的分布式记录或分布式公共分类账数据库。公共分类账中的每个交易都是通过系统中大多数参与者的共识来验证的，并且交易信息一旦完成，就永远存在，也就是说，区块链包含每个交易的确凿的、可验证的记录。

6.1.3　区块链的特点

区块链的特点是去中心化、不可篡改、可追溯。

笔者认为区块链的去中心化只是狭义上的去中心化，广义上并没有去中心化的特点。下面要讲的是区块链的私有链、联盟链和公有链。众所周知，公有链的价值最高，联盟链的价值次之，私有链的价值最低。笔者认为这个价值是按照去中心化的程度来衡量的，如表 6-1 所示。

表6-1　私有链、联盟链和公有链的区别

	公有链	联盟链	私有链
定义	链上的所有人都可读取、发送交易且能获得有效确认的共识区块链。通过密码学技术和 POW、POS 等共识机制来维护整个链的安全	联盟链是指有若干个机构共同参与管理的区块链，每个机构都运行着一个或多个节点，其中的数据只允许系统内不同的机构进行读写和发送交易，并且共同记录交易数据	私有链是指其写入权限仅在一个组织手里的区块链。读取权限或者对外开放，或者被任意程度地进行了限制
参与者	任何人	预先设定或满足条件后进成员	中心控制者决定参与成员
中心化程序	去中心化	多中心化	中心化
是否需要激励	需要	可选	不需要
特点	①保护用户免受开发者的影响 ②所有数据默认公开 ③低交易速度	①低成本运行和维护 ②高交易速度及良好的扩展性 ③可以更好地保护隐私	①交易速度非常快 ②更好地保护隐私 ③交易成本大幅降低，甚至为零
代表	比特币、以太坊、NEO、量子链	RIPPLE、R3	企业中心化系统上链

从表 6-1 可以看出，私有链其实还是中心化的，联盟链是多中心化，而公有链才是去中心化的。所以说，区块链只有是公有链时，才具备去中心化的特点。

无论是公有链、联盟链，还是私有链，都完全具备不可篡改和可追溯的特点。

6.2　区块链教育的发展及其应用价值

6.2.1　区块链教育发展现状

作为分布式公共账本，区块链技术被认为是互联网诞生以来人类社会最重要的发明。其正在深刻地影响着全球治理、经济发展、金融及教育等机构或服务的运营理念、组织和业务模式，尤其是在银行、证券、保险、公证、音乐、分布式存储、物联网等行业和领域得到了积极实践与应用。

与此同时，区块链技术在教育领域得到了初步发展，对教育教学的影响也日益凸显。目前的研究显示，区块链技术在金融和其他商业领域的应用已日趋成熟，区块链教育的应用也在不断发展。从区块链技术教学、区块链技术教学平台建设和区块链技术校园传播 3 个视角，可以管窥区块链教育在欧美国家的发展现状。欧美大学及其他教育机构正积极传播区块链技术，加快区块链技术人才的培养，推动区块链技术在教育教学中的应用。区块链技术对社会和个人有着积极的影响，即增加受教育机会，提高不发达国家及发展中国家的教育投入，提升个人在劳动力市场上的竞争力和职业发展能力，进而促进社会创业等。

以去中心化、去信任为主要特征的区块链技术，能够满足受教育者在日趋技术赋能的学习时代去中心化的学习需要。就目前的研究来看，区块链技术去中心化的特点将去除中间商环节，让学习者与内容传播者之间信息不对称的问题得以解决；而通过分布式账本的技术，还将实现教学资源的自由填充、跨领域整合、提高资源的利用率；等等。

《福布斯》杂志曾经刊文，认为区块链是"未来新的改变人类生活的互联网"。此外，通过使用基于区块链技术的加密电子货币和"智能合同"，允许各类交易、商业合同和法律协议在线存储并执行，区块链技术应用已跨越金融行业，延伸至学分管理、学习认证、在线教学平台的开发及应用。随着技术的发展日趋式微，终生学习、在线学习、移动学习及基于项目或现实问题导向的分布式学习日益普遍。同时，近年来一些世界知名大学纷纷致力建设海外校园，以促进教育全球化的持久、深入发展，由此学习者有机会到更多的国家或地区进行国际化学习。因此，随着技术赋能的网络化、数字化、全球化学习环境的发展，传统教育机构在管理、认证学习者学习活动、过程和结果方面，往往力不从心，缺乏必要的手段、资源和能力去验证学习者的知识、技能和成绩。于是，有些研究人员认为，以去中心化、去信任为显著特征的区块链技术将能够有效解决上述问题，并提出了区块链技术在教育中的具体应用范围和模式。

在教育领域，随着以慕课为代表的全球开放教育资源运动的持续深入发展，人类学习呈现出模式数字化、内容多样化、机会民主化、场所分散化的日益多元的去中心化特征。因此，区块链技术在全球教育领域的发展和应用主要体现在区块链技术教学、区块链技术教学平台和区块链技术传播等方面。

基于此，从区块链技术教学、区块链技术教学平台和区块链技术校园传播 3 个视角全面呈现区块链教育在欧美教育领域的发展现状，进而探讨区块链教育的价值和意义。

6.2.2 区块链技术教学

1. 尼科西亚大学（University of Nicosia）区块链技术学位项目

目前，尼科西亚大学、斯坦福大学和普林斯顿大学等欧美著名大学分别开设了名为"数字货币入门"（数字货币介绍）、"CS251 比特币和加密电子货币"（CS 251 比特币和加密货币）、"比特币和加密电子货币技术"（比特币和加密货币技术）等课程，并以慕课的形式在 Coursera 等慕课平台上免费向学习者开放。由于比特币和区块链技术的快速发展，金融、计算机科学、物联网、SaaS（软件即服务）及教育机构日益发现，区块链技术正在变革、创新各自行业和领域中所存在的价值和潜能。然而，现实是比特币和区块链技术人才发展和培养方面缺乏系统、清晰、负责任并受到认可的教育服务，因此上述高等教育机构把握机遇，创新性地推出了区块链技术跨学科教育项目。

其中，尼科西亚大学是全球首家针对比特币和区块链技术进行慕课教学并授予加密电子货币理学硕士学位（数字货币理学硕士）的高等教育机构。这一项目旨在帮助并促进金融和商业机构从业人员、企业家、政府官员和其他公共部门服务人员更好地了解区块链技术的价值和潜能，以及区块链技术驱动的全球金融市场创新机会和挑战。此外，该计划还填补了当前比特币和区块链技术知识供需之间的空白，培养了比特币和区块链专业技术人才，满足了金融和其他行业对该技术人才的需求。更重要的是，这一学位项目搭建了区块链技术专业知识和相关学科的沟通、互动桥梁，形成了基于区块链技术的跨学科研究领域，并确立了尼科西亚大学作为全球比特币和区块链技术教育领导者的地位。

该项目课程内容广泛，融合了国际金融和货币市场、破坏性创新原理与实践、全球金融监管政策与实施、密码和加密系统安全、分布式系统架构等金融、管理、计算机科学和信息系统领域的跨学科、跨专业课程，为学习者掌握数字货币系统建构、应用程序开发和服务提供所需的知识和技能。通过学习上述课程，学习者将掌握基于区块链技术的数字货币系统和工具原理，并通过案例研究、实习、实践来提高编程技能，成为数字货币的高技能开发者、区块链金融和管理专业人才、咨询顾问或区块链技术创新企业家。

　　此外，学习者在取得硕士学位后还可以继续攻读与该项目相关的博士学位。

　　第一，通过该项目的学习，学习者能够清楚界定货币和货币供应的概念，将目前国际金融市场和货币转移支付系统与作为可能替代的基于区块链技术的数字货币相联系。

　　第二，研究并了解货币、银行、中央银行的作用及全球货币政策，以确定加密电子货币对它们的潜在影响。

　　第三，识别并分析数字货币的挑战、前景和风险，从而制定策略并开发出解决问题的系统和服务方案。

　　第四，推进加密技术、分布式系统架构和信息系统的实践或研究，以创新现有的系统和服务，拓展数字货币生态系统。

　　第五，审查、分析和比较不同的监管环境（银行、支付、商业、法律和会计等），就数字货币可能产生的影响进行理性思考、辩论并提出建议。

　　第六，分析现有与数字货币相关的最佳实践，识别商业机会，以创新应用区块链技术，解决当前商业、金融或社会各领域的其他问题。

　　该校首届区块链技术专业硕士研究生已于 2016 年 6 月毕业。

　　2.区块链技术大学（Blockchain University）

　　随着区块链技术应用领域和范围的日趋广泛，对区块链技术人才的需求呈现爆发式增长，然而在全球范围内，致力培养加密电子货币技术或区块链技术人才的高等教育机构屈指可数。其中，仅有尼科西亚大学率先开设了基于区块链技术应用的加密电子货币方向的硕士学位项目，纽约大学法学院虽然也开设了类似的课程，但目的不是培养区块链技术专业人才，而是从未来法律和商业的视角，探索区块链技术对人类社会生活的影响。此外，还有少数几门针对初学者的讲授加密电子货币基础知识的在线课程。因此，为应对区块链接技术教育滞后和相关人才短缺问题，硅谷区块链创业公司 Koinify 和 SkuChain 牵头，联合其他数家从事区块链技术开发和应用的新创企业，于 2016 年在加州 Mountain View 创办了区块链技术大学（Blockchain University），并计划从 2017 年初全面启动为期 8 ～ 10 周的区块链技术开发教学项目。项目运营主管罗伯特·施文克尔（Robert Schwentker）指出，参与筹办区块链技术大学的多数公司当前亟需区块链技术专业人才，他们计划首期项目结束后即聘用部分学员。

区块链技术大学旨在成为全球首家以区块链技术开发和应用人才培养为首要目的的教育机构，其课程重点不是传授区块链技术知识，而是培养具有区块链技术开发和应用经验的软件工程师。为达到该目的，区块链技术大学鼓励学员在学习期间通过和其他学员及相关企业合作，开展区块链技术应用工程或项目开发活动。课程内容主要包括交易类型、数据库、比特币协议和比特币 2.0 应用程序开发。

在培养方法上，区块链大学通过聘请该领域顶尖教授和行业创业成功者做授课教师和实践指导者，创造性地融学术训练、实践和经验学习于一体，使学员通过沉浸式学习体验，系统、深入地了解分布式数字财产、加密电子货币、编码交易、智能合同等区块链技术。同时，区块链技术大学运用跨学科的方法，将软件技术开发人员、产品经理、律师、设计师、企业家汇聚在同一项目中，进行教学和训练，为全球区块链技术教育生态系统建设提供了新的平台和视角，为加快培养区块链技术人才，满足行业发展需求创造了机会。此外，通过开展区块链技术开发和应用教学项目、举办区块链技术创新和应用大赛、开设区块链技术大学，促进了区块链技术在不同行业的应用，以及社会公众对该技术在变革甚至颠覆人类社会现行生产、生活模式的认知。

3. 赫伯顿软件工程学院（Holberton School of Software Engineering）

创立于 2015 年 3 月的赫伯顿软件工程学院，从创建之初就把区块链技术应用作为其区别于传统教育机构的标志。众所周知，文凭造假或欺骗长期以来屡禁不止，困扰着个人的征信和社会的正常运行，尤其是教育机构和雇主，而基于区块链技术的学习认证能够有效防止虚假证书的传播。因此，赫伯顿软件工程学院在颁发传统纸质学习认证的同时，使用区块链技术创建、存储并颁发数字认证，以便雇主查询，确定求职者的学习经历、知识和技能熟练程度，更关键的是这一基于区块链技术的认证有效杜绝了学习经历和学习认证造假的可能性。

作为两年制软件工程专门人才培养学校，除了提供基于区块链技术的学习认证服务之外，赫伯顿软件工程学院还倡导并采用与传统软件人才培养模式不同的项目学习和同伴学习模式。研究表明，与教师主导的基于书本和机械记忆为主的传统教学模式相比，项目学习有助于学习者形成更广泛的知识基础和更深入的概念理解，可以提高其沟通和社交技能，还有助于增强学习者的领导力和创造力。此外，项目学习还为学习者创造了探索并解决现实问题的机会，有助于学习者巩固知识和技能。

针对同伴学习，研究人员指出，同伴之间的互动学习有助于实现教学目标，创建合作或团队学习文化，从而提高学习的有效性，并培养学习者的团队精神和技能，这也是巩固知识的最佳方式。最重要的是，在把区块链技术应用到教学管理实践中的同时，赫伯顿软件工程学院创新了教学模式，引导学习者学会学习和思考，创造性地解决问题，而不是传授编程语言或工具，要把学习者培养成"思想家"，而不是"信息处理者"，从而使学习者在日趋数字化的共享经济时代具有驾驭和挑战未来的能力。

6.2.3 区块链技术教学平台

1.索尼全球教育平台（Sony Global Education）

学习认证是评价学习结果的有效手段，然而由于学习自身的复杂性，以及教育系统的因循守旧，学习认证长期以来固守简单化的、以考试分数为导向的标准。随着全球竞争的加剧，合作成为各教育机构应对挑战、获得可持续发展的必需途径，因此建立共享知识库成为现实需要。例如，澳大利亚国立大学、英属哥伦比亚大学、美国波士顿大学、荷兰代尔夫特理工大学和瑞士洛桑联邦理工学院最近达成了代码共享协议，以建立安全、经济、便捷的共享知识库。同时，目前急需变革各教育机构实行的学习认证制度，以适应当前经济全球化背景下习者或者人才流动频繁的现状和趋势。

此外，如前边所述，学历造假和欺骗长期以来也让现行学习认证制度饱受诟病，因此创建基于区块链技术的全球学习认证制度和网络将有助于学习者或其他人才安全、真实、便捷、高效地利用其区块链进行学习认证。

目前，日本的索尼全球教育（Sony Global Education）已建设了基于区块链技术的全球学习和认证平台，以促进学习者、学校和雇主共享学习过程和学习认证等方面的数据。区块链技术能够赋予学习者管理其成绩的更大自主权，如学习者在获得某一门考试成绩后，可以要求考试提供者与第三方组织分享其成绩，然后第三方组织可以应用区块链技术评估该学习者的成绩，以确定其掌握的知识和技能是否符合组织需要。此外，基于对区块链技术在教育教学中的潜能和价值判断，"索尼全球教育"正致力推动全球教育机构，尤其是大学探索、使用其区块链技术平台。

该平台提供了各种应用程序，整合各类学习元素，突破现有课程设置限制，为全球各年龄层、不同社会背景的人带来全新的教育体验，提供可认证的教育经历和学习证书，让学习者的成绩单永远安全地存储在云服务器中，使学习者本人、教师或教育机构能够将这些数据安全地共享给第三方。

2.基于区块链技术的学习存储平台（Learning Recording Store）

区块链可以用来记录并存储正式的或非正式的、在线的或离线的各种学习经历和过程，能够促进 xAPI 的广泛深入应用。xAP（Experience API）是一套用来储存和访问学习经历的技术规范，被认为是对 SCORM 技术规范的完善和发展。xAPI 可以对学习者的在线学习经历进行比 SCORM 更加细致的追踪和记录，这些记录有助于教师和研究人员对学习者的习性、风格、行为模式进行分析，针对学习者的学习需求，设计教学模式和内容，从而实现个性化教学。xAPI 可以描述任何正在进行的活动流（activity stream），包括学习活动，如微博、脸书、推特等社交媒体都使用了活动流。此外，xAPI 还具有记录学习数据库的功能，即学习记录存储（LRS）。

众所周知，随着手机等移动电子设备的普及和技术赋能的学习环境的日趋完善，人们的学习时间和地点日益呈现出分散和自主等去中心化特点，即移动式、碎片化和非正式学习日益成为学习的主流模式。而基于区块链技术的学习存储平台通过应用 xAPI 实现了跟踪，记录学习者在不同时间和地点的学习经历和过程，包括正式学习和电脑游戏、仿真模拟或社交媒体活动等各种非正式学习内容。储存在 LRS 内的学习数据可以在不同 LRS 之间流动，而 LRS 可以存在于任何地方，如手机、电脑等设备。当学习者在使用新工具、选修新课程、转换工作时，所有累积的学习记录都可随时查询。由此可见，让学习数据从学习系统、工具、内容中解放出来，是区块链技术应用于教育教学的一大颠覆性理念和实践模式。

6.2.4　区块链技术校园传播——区块链教育网络

麻省理工学院、斯坦福大学、密歇根州立大学、宾夕法尼亚州立大学和特拉华州立大学比特币爱好者俱乐部于 2014 年在脸书上联合建立了美国大学"加密电子货币群组"（College Cryptocurrency Network）。经过短短数月的发展，它迅速成为全美各地大学校园比特币爱好者的大本营，并成功注册为非营利教育组织。随后，在麻省理工举办了"MIT 比特币共享活动"，在伯克利加州大学举办了"比特币技术马拉松"（BayBitHack）大赛。2016 年，随着区块链技术在金融业等商业企业势不可挡的发展，美国大学"加密电子货币群组"（College Cryptocurrency Network）改名为"区块链教育网络"（BEN），并在全美各地大学校园举办了旨在促进数字货币和区块链技术知识启蒙的多项比赛。这些跨校园比赛的成功，直接推动了 2016 年秋季更大规模的活动的开展。该活动旨在帮助全球各地更多大学电子货币和区块链技术爱好者建立区块链技术俱乐部，从而在更大规模和程度上宣传和推广比特币和区块链技术。

这些活动主要包括 2016 年 9 月由 BEN 和"币墙"（Wall of Coins）、"电子比特"（e-BIT）及"比特币媒体"（BTC Media）等基于区块链技术应用的新创公司联合主办的全球"比特币大放送"（Bitcoin Airdrop），以吸引更多的学生加入本地大学比特币和区块链技术俱乐部。因此，整个 9 月，位于美国纽约、旧金山、芝加哥和波士顿及加拿大蒙特利尔、温哥华和渥太华的部分大学举行了"比特币大放送"活动，以迎接新学期的到来。起始于 2014 年麻省理工学院的"比特币大放送"活动，旨在传播比特币和区块链技术知识，首次参与活动的学生将获得赠送的比特币，并学习如何创建在线钱包、赚取和转移比特币。

2016 年 10 月，BEN 发起的以区块链接技术教学大纲的"众包"（Crowdsource）活动为主要内容的"区块链技术教育月"（Blockchain Education Month），旨在促进全球大学生对区块链技术的理解和掌握。2016 年 11 月，BEN 主办了"区块链技术挑战赛"（Blockchain Gauntlet），挑选出优秀区块链技术开发和应用方案，并在评委和行业专家的指导下，引入风投资本，帮助挑战赛获胜者制定商业方案，探索商业化路径。挑战赛的评价标准为市场成熟度、技术可行性、创新性和有用性，以及产品名称和网站设计。

但是，目前大多数人虽然对区块链技术感到好奇，但并不了解加密电子货币及作为其技术基础的区块链。因此，"区块链教育网络"联合纽约、旧金山、多伦多、芝加哥等地的校园比特币和区块链技术俱乐部，发起并主办了多项基于比特币和区块链技术的活动，以吸引更多的学生了解、关注，并参与加密电子货币及区块链技术的开发和应用生态系统，从而在更大程度上促进区块链技术的传播、发展和应用。

6.2.5　区块链教育的价值和意义

在传统教学环境下，学习者按照教师设计好的教学计划参与、完成教学活动，并接受教师主导的测试和反馈。不管是面对面教学、在线学习或者混合学习，还是教学质量保障、教学活动管控、学习认证及证书颁发等，都受制于以学校为中心的教育机构。此外，虽然学校颁发的证书在很大程度上表明了学习者在学习上所取得的成绩，但学习者个人需要对作业、试验等与学习有关的资料和信息负责，还要为申请奖学金、毕业后的求职或继续深造妥善保管并处理各种学习反馈。这些资料和信息包括电子邮件、音频或视频文档及各种图片和扫描文件，而记录、存放及组织上诉相关资料和信息的活动往往占用了学习者相当多的时间和精力。同时，这些资料和信息的接收者，如潜在的雇主或教育机构的招生负责人，在核查上述资料和信息的准确性和相关性时，缺乏相应的手段和资源。通过开发、应用去中心化、分布式、开放的基于区块链技术的学习管理平台，可以有效应对上述问题和挑战。具体而言，"区块链 + 教育"的价值和意义主要体现在以下 4 个方面。

首先，通过开发、应用基于区块链技术的学习管理平台，学习者和教师将成为教学资源和信息的管理和控制者。基于区块链技术的分布式账本能够安全、灵活地管理分布式教学资源和信息，并能够通过数据分析技术的应用，在实现大规模学习认证的同时，增加学习者的受教育机会。

其次，对那些因工作或其他原因而无法完成传统学校教育的个人学习者来说，通过区块链技术平台，可以把从不同教育机构修来的学分或学习结果绑定或组合在一起，申请认可此学习模式的教育机构的认证，从而获得相应的毕业证书或学位证书。当前，英国开放大学已积极实践这一基于区块链技术的新型学习模式。此外，英国开放大学的"知识与媒体研究中心"（Knowledge Media Institute）已开发出组合"微认证"（Micro-credentials），或者说徽章的创新技术，以适应基于区块链技术平台的学习和认证。

再次，对低收入群体或国家而言，使用基于区块链技术的数字货币可以增加教育投入。全世界每十个人中就有一个人从一个国家汇款到另一个国家，世界银行发布的《移民与发展简报》显示，2016 年发展中国家汇款流入总额为4 290 亿美元，是全球援助预算的数倍，而银行从中收取的费用高达 20%，并因地区而异，如对南半球不发达国家或地区的汇兑收费最高。正如唐塔普斯科特（Don Tapscott）和亚历克斯·塔普斯科特（Alex Tapscott）父子在《区块链革命：比特币底层技术将如何改变货币、商业和世界》一书中指出，新一代基于区块链技术的智能合同和数字货币将允许直接点对点交易，从而防止银行从国际汇款中获取高昂的交易费用。这对于不发达或发展中国家而言，意味着汇款价值提高了 10%，甚至 20%，从而在一定程度上增加了可用于教育的支出。

最后，区块链技术的发展和应用能够帮助更多人尤其是不发达国家公民，取得学习证明、职业资格证书或学位证书，从而有效提高个人在劳动力市场上的竞争力，促进其职业发展，进而促进创业。《世界银行 2015 年年度报告》指出，大部分经济增长来自中小企业，然而报告同时发现，在欧美发达国家中，普遍存在的小额贷款融资在不发达国家往往难以获取，主要因为他们没有必要的抵押品来获得对经济增长至关重要的贷款，从而最终限制了就业机会的创造、消费和出口的发展与增长，以及基础设施建设所需的税收。而区块链技术的发展和应用将改变这一趋势。众所周知，获得银行贷款或其他形式的融资基础是提供以资产为主要形式的抵押品，然而目前大量家庭对其土地或其上的建筑物缺乏正式所有权，尤其是在不发达国家和地区。致力研究不发达国家经济发展理论和模式的著名经济学家赫尔南多·德索托（Hernando de Soto）一直主张，将财产所有权作为区块链的杠杆。此外，区块链技术研究者迈克尔·凯西（Michael Casey）（2016）也引用赫尔南多·德索托的观点，指出区块链技术的应用将使不发达和发展中国家中小型企业的发展获得必要的贷款、融资等金融服务，并提供前所未有的机会。

6.2.6　区块链应用挑战

作为比特币和其他加密电子货币的技术基础，区块链技术的分布式、去中心化账本功能及其安全性，使其成为解决当前金融、商业及教育领域众多问题的关键技术，并正在影响全球治理、经济发展、商业和组织模式。因此，全球越来越多的金融机构、商业企业及教育机构纷纷投资，探索区块链技术应用，以创新业务模式，迎接区块链技术即将带来的变革。区块链的价值和意义在于，其赋予了个人对金钱、证书、艺术品等有价值物品、资源或资产的安全、可靠的掌控和管理，减少甚至消除了以收取交易费用为牟利之道的银行等中介组织的控制，或者把学习者从更在乎其声誉而不是学习者需要的以学校为中心的教育机构中解放出来。

目前，就区块链技术而言，引起争议和质疑的不是应用与否，而是如何应用。区块链技术的发展与其说是技术进步与创新的必然，不如说是由于人们对传统中心化组织机构和服务长期垄断，主宰人类经济、文化和社会生活的不满。因此，自诞生以来，基于区块链技术的比特币就把取代银行作为其秘而不宣但又世人皆知的使命。但是，传统机构包括金融机构，自然不会坐以待毙，而是纷纷投资区块链技术研发以驾驭该技术，实现其"驾驭区块链，为我所用"的目的。

同样，高等教育机构也面临着区块链技术的挑战，如大学是利用基于区块链技术的新型平台，允许学习者按照个人需要，从不同的教育机构选修课程或参与学习活动，管理并对自己的学习过程、结果和认证负责，从而从根本上扩大教育范围，这是利用区块链技术来加强对教育资源的控制。目前，教育机构、关注教育与未来社会发展的机构及有识之士已行动起来，通过提供区块链技术教学和发展基于区块链技术的教学管理平台，迎接正加速到来的新的教育教学变革。和金融、保险等行业或其他商业企业不同，教育机构的声誉来自其卓越的教师、学生和开创性研究成果，因此教育依然需要传统信任机制的存在，以保证学习与个人、职业和社会发展的相关性。当然，作为具有去中心化典型特征的区块链技术，能够满足人类在技术日趋赋能的学习时代实现新型去中心化学习的需要。

6.3 区块链下智能合约理解与应用

6.3.1 智能合约的定义

"智能合约"（smart contract）这个术语至少可以追溯到 1995 年，其是由多产的跨领域法律学者尼克·萨博（Nick Szabo）提出来的。一个智能合约是一套以数字形式定义的承诺，包括合约参与方可以在上面执行这些承诺的协议，可以从以下几个方面进行理解。

1.承诺

一套承诺指的是合约参与方同意的（经常是相互的）权利和义务。这些承诺定义了合约的本质和目的。

2.数字形式

数字形式意味着合约不得不写入计算机可读的代码中。智能合约建立的权利和义务是由一台计算机或者计算机网络执行的。

（1）达成协定。智能合约的参与方什么时候达成协定呢？答案取决于特定的智能合约实施。一般而言，当参与方通过在合约宿主平台上安装合约，致力合约的执行时，合约就被发现了。

（2）合约执行。"执行"的真正意义也依赖实施。一般而言，执行意味着通过技术手段积极实施。

（3）计算机可读的代码。合约需要的特定"数字形式"非常依赖参与方同意使用的协议。

3. 协议

协议是技术实现（technical implementation），在这个基础上，合约承诺被实现，或者合约承诺实现被记录下来。选择哪个协议受多个因素的影响，最重要的因素是在合约履行期间被交易资产的本质。

我们正在进入一个计算和连接无所不在的物联网时代。物理实体能够从互联网中检索信息和向互联网发送信息，也能够通过软件控制它们自身的使用，这使我们能够建立萨博所指的嵌入式合约（embedded contracts）。智能合约的基本理念是许多合约条款能够嵌入硬件和软件中。

萨博认为嵌入式合约最初的应用实例是自动贩卖机、销售点终端、大公司间的电子数据交换与银行间用于转移和清算的支付网络 SWIFT、ACH、FedWire。其他嵌入式合约的例子是数字内容消费，如音乐、电影和电子书领域的数字版权管理机制。

从这个意义上理解，智能合约是赛博空间（虚拟空间）和物理空间（实体空间）之间的桥梁。智能合约的目的在于提供优于传统合约的安全方法，并减少与合约相关的其他交易成本。

6.3.2　智能合约的特点

第一，高度自治，即当智能合约上预先编好的条件被触发时，会自动执行合约。

第二，去中心化，即无须中心化服务器的参与，就能够降低交易成本，同时能解决信任问题。

我们想象一下，A 借给 B 一万元人民币，B 给 A 写借条，并写上一年后还一万元人民币。一年时间到了，A 拿着借条去找 B，B 由于自身的人品和债务问题，拒绝还 A 的一万元人民币。于是，A 将 B 告上了法庭，法庭判决 B 还清欠 A 的一万元人民币，如果 B 不执行，那么将强制执行。其中，A 完完全全是一个受害者，并且 A 和 B 从此变为路人。如果有了智能合约，将所有条件（一年后 B 还 A 一万元人民币）写入智能合约。由于高度自治和去中心化，智能合约将从 B 的所有账户中自动转一万元人民币到 A 的账户中，这一过程是自动的且一定会执行的。A 的权益就完全被保障了，不用碍于面子去追债，更不会有非常复杂麻烦的起诉过程，A 和 B 也不会为此变为路人。

6.3.3　智能合约的教育应用

教育对一个国家、一个民族来说是成就未来的重要方式，它的社会职能就是传递生产经验和社会生活经验，促进新生一代的成长。区块链技术的出现，无疑为推动教育技术化向教育智能化迈进创造了机遇。

1.完善学籍档案管理

"区块链＋学籍管理"可以利用区块链技术的分布式协调机制打通学籍管理机构、高校、社会培训机构、事业和企业单位等机构，建立自动化、协调一致性的"一人一生一号"学籍学历档案管理体系；利用区块链技术的数据防篡改特性，从数据结构上彻底解决学籍档案篡改问题；利用区块链交易全网、多重、交叉溯源验证特性，从源头上提高造假难度。

在常见的计算机应用中，所有的数据库都会有更新与删除，但在区块链操作系统中是没有的，这是一项科技创新。不用更新，就不用修改数据；不用删除，就说明所有的数据都是没办法删除的。所以，也就不用怕档案丢失或者胡乱修改了。

2.教学资源的整理

每个地区的学校的教学方法和教学教材都不一样。现在任何一个书店都充斥着"人教版""苏教版""冀教版"等各地区的不同教学内容的书籍。如何才能做到安全、可靠、便捷地实现资源的共享呢？

区块链技术的特点是去中心化，区块链技术是公开透明且大部分人都可以参与其中的。凭借这些特点，利用区块链技术整合教育资源，能有效解决传统教育行业的痛点，实现教育产业数字化。

3.改变教育行业现状

充分利用区块链技术的留痕和不可篡改特性，从基础教育阶段开始为每一个孩子建立起学习成长档案，让每一个孩子在人生的每一步都留下学习奋斗的足迹，等到孩子完成了基础教育阶段的全部课程，就可以利用教育统计系统，对孩子的成长过程进行客观综合评价。这个评价可以涵盖学业水平、德育水平、健康状况、特长、诚信状况、心理发育等。

在区块链上留下这些资料，可以让企业、学校更好地对一个人的品行和能力进行评估。

4.解决传统教育痛点

区块链技术主要应用于以下几个应用体系：师生大数据征信体系、分布式学习社区、教育资源开放式平台等。

利用区块链技术的分布式、去中心化、不可篡改等特性，无论是前期的录入与审核，还是后期的教学质量评分、学生转学、入学资料迁移都将有所保障。这使学生的记录数据更安全，教师的评分体系更公正，保存之后，可以通过密钥登录查看，减少出现隐私泄漏、恶意评价等问题。

当然，由于区块链分布式存储的特性，社区的存在相当重要，而在整个学习过程中有一个支持社区在背后也势必能让整体状态有所提升。如此，分布式的学习社区配合着学习资源开放式的平台，更是能将"区块链＋教育"的效用发挥到极致，区块链技术整合教育资源，用最低的消耗，享受最高的资源配置，进一步促进教育的均衡发展。

2018 年，一群来自牛津大学的学者创办了世界上第一所区块链大学——伍尔夫大学。伍尔夫大学将不会拥有实体校园，取而代之的是一个应用平台，学者可以在平台上向学生传授专业知识，学生则根据自己的兴趣爱好选择专业课程。

区块链技术将用于监管合同、学费支付和记录学生的学术成绩。一旦学生修满学分，便可获得学士学位证书。创建区块链大学模式的目的，一是为了解决专业学术人士的就业问题，二是为了降低学生的学费。这也正是区块链教育的巨大优势。

另外，欧盟执行机构早在 2017 年底就发布了一份关于区块链技术在教育领域潜力的报告。该报告显示"区块链可能会给教育领域的利益相关者带来利益，尤其是在个人和学术研究方面的数字认证潜力"。这很可能意味着由教育机构颁发纸质证书的体系即将终结，包括成绩、奖励、认证和学分转换等。

印度政府推行实施第一个区块链项目，用于教育学位数字证书，从 2019 年毕业的学生开始颁发防篡改数字学位证书。这项计划基于印度的 IndiaChain 区块链解决方案由印度理工学院孟买分校及德里大学的各个学院完成，并受到政府智库 Niti Aayog 的支持。

其实，由于区块链与教育的相辅相成，早在区块链技术出现不久，便有不少海外高校开始了区块链与教育结合的布局。

从 2014 年开始，美国、欧洲等多地区的 10 多所顶尖高校就已经陆续开设区块链课程，如美国的麻省理工学院、斯坦福大学、普林斯顿大学、加州大学、康奈尔大学、杜克大学、纽约大学、德雷珀大学等重量级名校，均先后将区块链课程纳入了教学范围。

结合整体技术应用情况来看，区块链技术能在解决传统教育行业痛点、有效整合教育资源的同时，实现跨平台、跨国优质教育资源共享，教育产业数字化，从而让学生用更少的成本，享受更好的教育。

6.4 区块链教育解决教育领域的三大难题

教育领域所面临的问题层出不穷，如教材问题、学历造假、成绩造假、认证困难、论文抄袭等。本书将要谈到的问题分为中小学教育、高等教育、学术领域 3 个大块，讨论区块链教育如何解决教育领域所面临的三大难题。

6.4.1 中小学教育中的问题

1. 学籍问题

现今政府推出的教师轮岗制度、多校划片政策均对学区房进行了有效的遏制，着力均衡合理地配置教师资源，优化教师队伍结构，使孩子都能享受到高质量的教育。但衍生出来的问题有学生学籍的篡改、户口本篡改、学籍信息不完善等，在孩子上学期间不断要求填写更新信息来确保教育资源的分配，造成管理混乱。

2. 教学资源的问题

每个学校、每个地区的教师都有自己独特的教学方法和教学素材。每一个书店都充斥着"人教版""苏教版""冀教版"等各地区的不同教学内容的书籍，暂且不论学生的选择，就是教师在教育过程中引导学生选择的参考资料都存在很大差异。

6.4.2 高等教育中的问题

1. 学籍档案问题

一个学生在大学的各种证书、档案对将来的就业会有很大的影响。由于不同的学子来自不同的地区，在学校学习期间可能获得不同的认证等级证书，毕业的时候又可能转向不同的地区、单位工作，其中任何一个环节的错误都可能导致档案的丢失、信息的伪造等问题的出现。

2. 考研出国乱象问题

国内由于环境所限，信息的不对称性给了打着考研、出国幌子的黑中介、黑教育机构可乘之机。许多中国留学生没有可信任的机构，没有可查询途径。花钱都不知道如何花，花到哪，费用多少，这是现在国内要出国的人普遍的现象。出国后的证书是否被承认，所有的国外信息如何查询，无从知晓。

6.4.3　学术领域的问题

学术领域普遍存在着造假问题，到底谁是原创、谁最先发现，很多无从考证。如何让实验结果不再被剽窃、论文不再被抄袭、课题的研究成果不再被篡改等都是需要解决的现实难题。

区块链是如何解决这些问题的？去中心化、开放性、信息不可篡改性、时间戳、匿名性都是有效解决以上问题的方法和区块链的特性。在这里要说明的一个概念就是"去中心化"，一个事物的产生有 3 个阶段即起始、生成过程、结果。区块链所谓的去中心化实际上就是生成过程的去中心化，而在起始、结果两个点并不是所谓的去中心化结果。

1. 学籍问题

对于学籍问题，顶层应用构建出的录入系统是需要人为操作的，也就是信息的录入，每个录入的终端相当于每个节点，录入的确认需要在区块链上进行验证，同时会加入时间戳的证明机制，保证每个学籍信息不可篡改。每个人的所有信息都保存在每个节点中，不能因为任何数据的损毁、丢失而造成信息的丢失。同时，每个人在区块链上有一个完整的信息系统，保证所有资料共存于一个区块链上。在这个基础上，任何时间、地点都可以查询以辨别真伪。

2. 教育资源问题

很多学校尽管拥有各种教学资源，但由于缺乏对教学资源的深入开发与融合应用，教学资源分散、建设重复、各地区的数字信息资源出于保护主义难以统一管理，这无疑加重了学习者的负担，使学习者无法方便、快捷地找到教学资源。一些学校虽开设了精品课程、精品资源共享、微课等建设项目，积累了大量的数字化教学资源，但其目的确是应付教学评估或教学比赛，最终造成不符合教学过程及规律，不符合学生的学习方式与习惯的结果，进一步加大了资源的匮乏。

一方面，现代教育对优质的教学资源的需求日益增长，教学资源在教学中的共享率、使用率很低。不能找到合适的、优质的教学资源，学生更无缘参与教学资源的建设过程。在教育活动中资源的公平性、合理性和优质性，是营造良好的教育环境的关键，成为众多教育工作者需要考虑的技术问题。

另一方面，教学资源安全性难以保障。资源在共享的过程中会受到恶意抄袭、破坏。用户隐私也会受到威胁，让教师们无法保证自身创作版权及权益回报，使优质的教学资源得不到高效的利用。

3.考研出国方面的应用

这个方面最需要解决的就是信息的不对称问题，国内很少有渠道可以获知国外教育机构的任何资料，包括师资力量、学校环境、教学水平等。如果在区块链的基础上构造一个不可造假、不可篡改的公共信息平台，完全可以做到信息的整合查询。任何时间、任何个人、任何机构都不可能对上面的信息进行篡改和毁坏，完全的去中心化的运行链条、完整的时间戳记录，保证了信息的公开性与透明度。

4.学术领域问题

如今学术造假、论文造假现象屡见不鲜，各种实验数据的真伪性都无从考证。如果采用区块链技术记录下每个实现过程和步骤、发布时间等，或许就可以杜绝这个问题。每个过程、每个过程产生的时间、最后结果得出的时间都在区块链上存储起来，匿名性的保密措施、不可篡改的加密基础都可以保证所发布信息的真实性，不受任何人控制。

6.5 区块链教育更具开放性及应用潜力

2019年2月8日，翟天临因在直播中回答网友提问时，不知知网为何物，使他的博士学位真实性受到质疑，并由此引发了一场全社会对学术造假的深刻反思。教育作为社会阶层流动的重要通道，其公平性不仅仅关乎个人的发展，还关乎社会的公正。从古代科举到现在的各种考试，无不备受重视。

近些年来，我国的教育在规模和质量上取得了巨大的发展，但是在"开放"和"公信"方面依然备受质疑。其实，开放是教育的基本理念，知识的公共性决定了教育的开放性。教育的开放意味着教育服务主体的多样化，其打通了各个教育机构之间的壁垒，突破了传统的专业限制和学习时段的限制，而构建跨校和跨地区的学分银行体系也是教育开放的另一个重要趋势。

进一步来看，教育的开放是全过程，不仅包括教育资源的开放，也包括教育行为记录、教育评价结果的开放。随着现代远程教育的兴起和大规模开放在线课程（MOOC）的推广，开放教育已经从趋势变为了共识。开放教育的形式丰富多样，突破了面授的单一形式。但是，现有的教育系统尚未很好地适应这种模式，面授以外的学习过程和学习结果往往不被公众认可，从而产生了信任危机。即使是在传统的高等教育领域，学生的学历信用记录体系不完整、不透明，导致政府或者企业无法获得完整的有效信息。在求职时，又存在学历造假、简历造假等问题，用人单位和相关院校缺乏简单高效的验证手段。为此，我们急需一种新的机制，来保障人们在享受教育开放带来的便利的同时，保障教育应有的公信力，并进一步推动教育走向开放。

区块链更具开放性，除了互通各方的私有信息被加密外，区块链的数据对所有人公开，任何人都可以通过公开的接口查询区块链数据和开发相关应用，让整个系统信息高度透明。区块链和教育行业结合，产生了一种 P2P 的教育模式。在区块链教育中，学校或培训机构仅仅提供一个教育场所与环境，学生在这个教育环境中可以自由提出符合自己个性的学习要求，教师准备精准的、优质的教学资源，既可以一对一，也可以一对多，在 P2P 教育模式下任何学生都可以发送让所有师生都能看到的学习需求，同时可以看到其他师生的学习需求，教学结束后可以自由选择继续学习或者退出，所有信息都是公开的，这种模式下可以减轻教育成本。相信不久的将来，区块链技术将成为教育行业的热门技术。

例如，阿里云大学就充分利用了互联网及区块链的特点与优势，为学习用户提供云计算、大数据等专业的体系化在线课程与实验环境。进阶式的课程内容、闯关式的节点测试与在线认证相结合，培养兼备理论与实操双能力的技术人才。阿里云大学为毕业学员颁发阿里云官方认证证书，出具技能评估报告，并推荐给企业。

再如，麻省理工学院创建了史上第一个区块链文凭平台 Blockcerts，可以为毕业生颁发基于区块链的学位证书，该证书具备不可篡改性和与可验证性。

当前，区块链技术还只是处于起步发展阶段。较之于金融领域，教育领域具有更强的独特性和复杂性，以至于区块链技术在教育领域的应用存在诸多挑战。

一方面，目前国内外在区块链技术应用领域尚未普及标准且大多数研究集中在金融领域，其在教育领域的推广应用将面临缺乏政策保护与实践经验两方面的挑战；另一方面，区块链的去中心化特征淡化了教育管理机构的职责，学生数据管理等工作相对弱化，并可能造成学生数据的产权变得模糊，引发教育数据产权的争议；此外，目前区块链系统网络的容量很难承载教师、学生及教育管理部门产生的数据量，甚至会降低数据传播效率，影响师生对数据获取实时性需求的满意度。

诚然，区块链目前在教育产业中的应用还只是早期的探索，功能上也局限于降低教育成本、保障学习者不脱离生产实践、解决学历学位造假等征信问题、保护教育信息化资源版权等，但未来区块链技术兴许能带来教育理念的更新与教育模式的变革，并由此重构教育体系。

6.6　区块链的本质：算法创新

区块链的原理是通过计算机节点对解密任务的计算，去获取区块记录权限，使"账本""全网存储"，从而实现"账本"的不可逆和难以篡改。其本质是利用计算机计算的确定性，即1+1必然等于2，让区块链"记录中心"不断转移，使"账本"具有更高的安全性、稳定性和可靠性。因此，这种程序思维的创新可谓彻底颠覆了我们以往倾向"中心认证"的思路，实现了从"中心信任"向"算法信任"的转移。

6.6.1　模式创新

总体来看，区块链技术实现了人们在信任模式上的创新，使网络空间中的"人人参与、人人共享、人人治理"成为现实。此外，我们也要看到，区块链技术只是一种应用模式的创新，就技术发展本身而言，其实并没有什么值得称道的技术进步，是难以和5G、物联网、人工智能等相提并论的。美国康奈尔大学教授艾米·希瑞表示，其实绝大多数的区块链货币技术都没有任何技术上的进步。

6.6.2　国内外区块链教育的相关政策

2016年10月，我国发布了《中国区块链技术和应用发展白皮书》，指出"区块链系统的透明化、数据不可篡改等特征，完全适用于学生征信管理、升学就业、学术、资质证明、产学合作等方面，对教育就业的健康发展具有重要的价值"。

2017年11月，欧盟委员会联合研究中心，发布了《教育中的区块链》（*Blockchain in Education*）报告，介绍了区块链在教育应用中的基本原则，并基于技术的开发和部署，提出了区块链技术运用于教育的8种方案。

2018年4月，我国教育部发布的《教育信息化2.0行动计划》中，明确提出要积极探索基于区块链技术的"智能学习效果、记录、转移、交换、认证等有效方式"，将技术深度融入教育教学。

2019 年 4 月，美国高等教育信息化协会发布《2019 年地平线报告（高等教育版）》，首次提出了"学位的模块化和分解"趋势及"区块链技术"促进高等教育发展。

2020 年 4 月，我国教育部发布了《高等学校区块链技术创新行动计划》的通知。

6.6.3　国内区块链教育的发展阶段

随着区块链技术的成熟和应用，我国区块链教育的不断发展，主要可以分为起步积累（2016—2017 年）、应用增长（2017—2018 年）、落地探索（2019 年至今）3 个阶段。

第一个阶段（2016—2017 年），区块链在教育中的应用主要关注学习者与教育者，将以"学分认证""区块链成绩单"为代表的学习成果管理作为区块链与教育融合的切入点，力图构建基于区块链技术的学习社区，增强学习体验。在与互联网技术、教育大数据的不断融合中，打造融入区块链技术阶段的教育生态，推动教育变革。

第二个阶段（2017—2018 年），区块链与教育相关的重心依旧在学习成果管理上，并关注学习产出。"在线教育""学分银行""教育信息化""学习成果认证""开放教育资源""职业教育""智慧教育""人工智能"等成为高频关联词，表明区块链与教育的融合，也跨越校园的界限，寻求更广泛的合作，推动教育业态的创新，以更好地促进教育发展。

第三个阶段（2019 年至今），区块链与教育的融合发展开始趋向如何实现"落地"。因此，"学习者""教育教学""在线教育""学分银行""混合现实""学习体验""隐私保护""终身教育"等成为关注热点，说明区块链在教育中的应用体现了"以学习者为中心"的教育理念，而如何促进区块链在教育中的落地应用，将会成为未来研究者不断思考的重要问题。

从宏观角度来看，目前区块链在教育中的应用主要集中于学分及成果管理，关注教育教学场景和空间的创新与学习者的体验，不断谋求与教育大数据、人工智能等新技术的融合，共同推动教育信息化 2.0 阶段新的教育生态的构建。

6.6.4　区块链教育的主要应用领域

通过对国内外区块链教育的政策与发展历程的分析，未来区块链教育的应用主要表现在以下几个方面。

（1）帮助建立数字证书颁发、存储和认证体系，加速纸质证书时代的终结。随着以慕课为代表的全球开放教育资源运动的持续深入发展，数字证书不断吸引着学习者的注意力。"区块链技术＋数字证书"是存储、保护、分享和验证学习成果的理想选择。它可以将每个证书的发行方、接收者列表、文档签名等一起保存在公共数据库中，并存储在世界上数千台计算机中。

"区块链技术＋数字证书"的优势表现在以下几个方面：为已经存在的数字认证系统赋值；难以伪造，不易销毁；任何有权访问区块链的人都可以使用易于获得的开源软件进行证书验证，不需要任何中间方；降低验证的复杂性和过程成本；使文档隐私得以保护；等等。

（2）区块链技术可以促进数字教学平台的发展。在数字教学平台中运用区块链技术既可以实现大规模学习认证，又可以增加学习者的受教育机会，从而赋予学习者更多的学习资源管理权和控制权。

（3）区块链技术可以记录用户教育分布式数据，帮助存储电子档案。区块链技术可以用来记录并存储正式的或非正式的、在线的或离线的各种学习经历和过程，并形成用户个人数字数据和电子档案。保存的内容具有长期性和不可更改性。

（4）区块链技术可以促进知识产权的有效管理。数字资源在方便学习者学习的同时，也带来了知识产权相关的一系列问题。区块链技术的有出处性、不变性等特点使其可以用于保护知识产权。

区块链技术在教育领域的运用还可以保障用户对自身数据的所有权和控制权，并减少教育机构的数据管理成本；构建教育智能合约系统，在没有中间人的情况下处理教育服务的购买、使用、结算、验收等任务。

6.6.5　区块链教育试验区

为解决教育优质均衡发展问题，2018 年 10 月，京津冀大数据教育区块链试验区在河北省廊坊正式启动。标志着全国首家大数据教育区块链试验区成立。

2019 年 9 月，京津冀大数据教育区块链试验区推出核心产品——廊坊市教育局数据监测平台。该平台对廊坊市近 2 000 所学校的 70 余亿元固定资产，以及约 100 万名学生和 7 万名教师的相关数据进行收集和上链处理。

1. 区块链如何进行教育全方位精准画像

教育精准画像包括 3 个层面，即学校、老师和学生。其中，对学校进行精准画像，便于政府管理。通过监测其资源配置和师资队伍情况等，发现不足，以有限的教育经费进行精准投资，保障教育质量。

对课堂进行精准画像，有利于促进教育教学改革。通过监测学生的学习成绩和学习兴趣，观察老师的授课方式和课堂效果，为教育教学改革提供依据。

对学生进行精准画像，帮助学生选择适合的专业。通过监测学生的学习行为和习惯，了解学生的兴趣爱好，实现专业精准匹配，促进人才发展。

这样的监测平台能够记录每个学生从小学一年级到高中毕业的成长数据，最后把这些数据提供给大学，甚至大学期间可以继续跟踪记录，大学毕业后将其提供给用人单位。

2. 区块链如何改变教育管理环境

廊坊市教育局利用区块链的技术特性，分别为区县教育管理者和学校主体开发各自的应用端口，使区校两级应用成为现实。

区县教育局每年会采集四年级和八年级学生的全样本监测数据，并对这些数据进行分类、整理和评价。

早在 2017 年，廊坊市教育局就根据国际学生评估项目（PISA）测试模式和国家课程标准，开发了一套基于区块链技术的新高考改革测评系统。目前，该测评系统已成为廊坊市教育局数据监测平台区校两级应用的重要组成部分，存储着全市四年级和八年级学生全样本监测的学习数据。

当学生高三毕业时，教育局将根据多年的监测情况，出具一份学生综合素质评价报告，并将其递交给相应的高校，避免学生进入自己不擅长的专业领域，在一定程度上打破了"一考定终身"的格局。

监测平台还允许廊坊市所有学校接入，每所学校都会被视为区块链上的一个节点。基本数据上链完成后，平台会为每所学校设置一个 App 端口，老师可以通过该端口直接将学生阶段性的学习、成长数据上传到监测平台。

数据上传过程无须层层审批，大大提升了工作效率。一旦出现虚假数据，系统便会通过自身的净化功能，将不良用户踢出平台，达到为用户诚信背书的目的。

这种按各自需求开发的区校两级应用，既能保证数据的真实性和可靠性，又能调动区校双方合作的积极性，提升协同效率。更重要的是，通过区校两级应用，能够轻松对学校、老师和学生进行精准画像，促进教育优质均衡发展。

6.7 区块链教育的发展思考

第一，以区块链教育重构未来教育。区块链技术能够从数据与学历认证层面，构建个人学习信用库，促进产学结合，实现"专业—职业"人才培养；从知识与资源交易层面，可以打造智能化教育淘宝平台，实现对知识产权及其相关利益的保护；从教育生态、学习社区层面，能够创建基于共建共享的高效的、安全的教育资源库；从去中心化的教育系统层面，能够推动全民参与，形成协同共建的教学服务监管与教育治理模式。

第二，以区块链教育促进教育公平。区块链凭借其分布式、去中心化等特性，在促进教育公平方面发挥着重要的作用。打造基于区块链的去中心化教育应用平台，能够实现信息均衡化，使区块链上的每一"区块"，即每个人都能够共享到整个"链"上的信息，实现知识共建共创共享，从而助力教育公平。

同时，区块链透明、不可篡改等特性使教育结果与过程真实、可信。基于区块链的去中心化的教育平台能够在一定程度上打破教育由学校或教育机构垄断的局面，模糊校园与教室间的边界，实现教育面向全民开放、全民共建、全民共享的一体化发展，解决由"数字鸿沟"所带来的教育不均衡问题。

第三，以区块链教育生态助力智慧教育。区块链技术与大数据、云计算、5G等智能技术在教育中的应用，并非相互独立的，而是融合创新、相辅相成的。区块链必须要与新一代智能技术不断融合并形成技术生态链，以推动未来教育进入基于"智链"的智能化阶段。

从微观层面看，区块链与教育大数据相辅相成，两者从技术支撑和数据驱动的角度不断相互促进，共同推动区块链教育的深度融合。

从宏观层面看，区块链与人工智能、数字孪生、AR/VR/MR/XR、5G等智能技术和通信技术的结合，有助于区块链教育技术生态的形成。不断促进数据与平台之间的互通、互信，促进全球教育一体化发展，共同助力开放教育环境下的混合式学习、自适应学习与智适应学习，形成智能教育新场域。

第四，构建区块链教育创新应用场景。区块链技术正逐渐进入应用场景全面爆发的 3.0 阶段。当前，区块链技术在教育中的应用场景主要是图书馆与信用体系构建，目的是实现版权保护与知识共享、学分认证等。

今后几年，在教育部门推进"互联网＋教育"应用示范和"人工智能＋教育"应用场景的基础上，需要深入挖掘"区块链＋教育"的新应用场景，推动其在基础教育、高等教育、职业教育、继续教育等领域中的应用，并在在线教学、教学实验、图书馆等教学场景构建具有示范性的"区块链＋教育"应用典型。

比如，在开放教育中建立学分互认的应用，MOOC 学习身份认证与高质量数字教育资源的有效应用，在人才培养与专业发展方向构建学生"专业—职业"成长应用、终身学习应用，等等。

第五，建立健全区块链教育的人才培养体系。一方面，区块链是生产关系的变革，基于区块链技术的人才培养体系的构建，能够促进"专业—职业"的对口发展，对解决行业人才供需失衡问题、减少教育资源浪费具有重要意义。

另一方面，区块链被认为是继蒸汽机、电力、信息和互联网科技之后，最有潜力引发颠覆性革命的核心技术，是国家战略技术。

区块链的发展需要大量专业人才，既要懂专业技术，又要懂管理并适应新业态发展。因此，我们要加强人才队伍建设，建立并完善人才培养体系，打造多种形式的高层次人才培养平台，培育一批领军人物和高水平的创新团队。

第六，完善区块链教育相关标准和规范。虽然说从政府、教育行政机构到高校及传统的中小学，都已经认识到区块链在推动教育发展方面的巨大潜力，对基于区块链的基础设施、技术架构、应用模式等进行了探索，并取得了一定的成果，但是随着区块链应用的继续推进，面临着缺乏规范性、指导性政策与文件的引领的问题。

因此，制定区块链教育相关政策与标准，成为当下的迫切需求。国际标准组织 IEEE 正制定的"区块链垂直行业标准"有 3 个工作组（基础、安全隐私和身份认证、智能合约及其应用）和 3 个研究组（用例、治理和互操作），ITU 在"SG13/16/17/20"已经开展了区块链标准研究。

未来，在全球区块链标准建设的推动下，需要从国际和国家层面进一步推动研制"区块链＋教育"政策与标准，规范区块链教育产品及相关应用，保证其通用性与科学性。同时，提升国际话语权和规则制定权，使我国在区块链这一新技术领域走在世界前列。

6.8 区块链在教育中的八个应用案例

教育领域已经将区块链视为可以彻底改造整个传统教育体系的正确的技术。教育科技已经有了长足的进步，但是要完全实现现代化还有很长的路要走。区块链这样的技术可以加速教育现代化的进程。分布式账本、人工智能、手机和平板设备正在快速取代笨拙的台式计算机和书本，成为教学的首选工具。

辛辛那提大学最近的一个研究表明，科技方面的进步对教育是极其有益的，92%的教师表示科技对学生们如何学习及彼此如何互动等有重大影响。区块链就是这些影响学习过程的技术之一，区块链的分布式账本技术可以更好地管理老师和学生的整个教育体验，并且更透明。

6.8.1 区块链对教育的亮点

区块链能够改善教育行业中的信任和透明度问题，促使建立更好的开放性教育机制。区块链将赋予一个安全的数据库，该数据库跟踪系统中每个学生的个人数据记录。此外，还可以统计分析多年来学生表现发展的历程，它对教育者来说具有非常大的教育价值，特别是在学生处于困难时，帮助他们获得成功。

区块链应用于教育主要有以下四个亮点：

1.增加透明度

区块链通过提供一个无须第三方管理的可信分类账簿，区块链可以在没有可信第三方的情况下提供某些教育服务，如支付或身份验证。区块链账簿将实时发生的事件按顺序记录下来。这对验证学生的成绩单非常有效，可以显示学生完整的成绩报告并让学生诚实对待其学习进度。只要学生向区块链提交了家庭作业，就可以确保他们再也不会找借口说自己的作业丢了，或者被老师弄丢了。此外，教师还可根据学生完整的教育经历真实了解学生情况。

2.利用智能合约落实责任

智能合约是数字化的，其存储在区块链中，并使用加密代码强制执行协议，不需要通过中央组织来批准。教师、大学管理人员和学生通过智能合约进行管理。例如，学生和教师可以就作业内容、提交日期和评分截止时间达成数字协议，也可以部署用于学生贷款支付的智能合约。通过区块链，教育系统可以为学生提供更高的安全性，使学校更负责任。

3. 激发学习动力

教育通证在教育行业市场流通中，可作为区块链教育的学校以及教育机构的学费支付工具。通证化已经成为区块链的主要特点。不用多久，学术机构就可以激励学生按时支付其学生贷款，教师也可以使用数字加密货币向专业表现突出的学生发放奖学金。通证化所带来的教育游戏化显然对教学是非常有益的。

4. 促进教育资源共享

基于区块链的教育平台以 IPFS 方式分布式存储教育资源，使教育资源公平化、均衡化，更好实现跨国优质教学资源的共享。教育资源一经发布将无法篡改且可追溯，保障了发布者的合法权益。由于具有透明和及时到账的特性，区块链解决了内容生产者的积极性问题和激励性问题。教师们既能享受到丰富的教育资源来进行相关的教学工作，也可以发布自己的原创作品来获得相应的知名度和收益，形成良性共享环境。

6.8.2　区块链教育应用案例

1. Blockcerts ——学历证书区块链

软件创业公司 Learning Machine 与麻省理工学院（MIT）的 Media Lab 合作创建了 Blockerts——一个可以创建并验证基于区块链的学历证明文件的开放平台。通过在区块链上创建类似学术成绩单和资格证书这样的记录，利用 Blockcerts 可以审查文件是否可信并发现伪造的信息。

学术成绩、分数、成绩报告，甚至毕业文凭都可以保存在 Blockcerts 区块链上，并提供不可篡改的学术历史。

有超过 600 名于 2018 年毕业的 MIT 学生选择接收 Blockcerts 区块链上的数字毕业证。这些学生的学术记录将永远被保存在区块链上，未来的雇主可以即时进行验证。

Blockcerts 平台基于以太坊（Ethereum）区块链实现。

2. APPII——资格证书区块链

英国的 APPII 使用区块链来验证资格证书。它利用区块链、智能合约及机器学习技术来验证学生和教授的学术资格证书。

APPII 的用户可以创建个人档案并填写其学术简历，包括教育历史和学习成绩报告。APPII 使用区块链来验证用户的背景并将其信息锁定在区块链上。

APPII 与开放大学（The Open University）合作创建了一个资质和认证平台，用于管理学生的不可修改的学术记录。

APPII 平台基于以太坊区块链实现。

3.Gilgamesh ——知识分享区块链

Gilgamesh 是一个基于区块链的知识分享平台。Gilgamesh 就像一个社交媒体网站，学生和作者可以在 Gilgamesh 平台上交流探讨小说或其他作品，不过 Gilgamesh 会奖励用户 GIL 代币，以鼓励用户参与内容的分享、讨论和创作。这些代币可以用来购买平台上的数字化学术书籍。

Gilgamesh App（目前仅支持 iOS）的特性包括书籍推荐、社交媒体信息流和用于保存 GIL 代币的钱包，同时支持与其他知识极客的互动。

Gilgamemsh 同样基于以太坊区块链实现。

4.ODEM——去中心化教育产品集市

瑞士的 ODEM 是一个去中心化的教育产品和服务集市。ODEM 利用区块链将教育者、学生和专业人士与相关的课程和资源相连接。

利用智能合约，教授和学生可以就选择哪些课程有助于提升专业背景达成一致。ODEM 账本可以了解学生曾经学习的课程或教授曾经教过的课程，这对两者建立在 ODEM 平台上的学术声誉都是有帮助的。同时，学生可以使用 ODEM 代币来支付课程费用。

ODEM 为教育者和学生开发了技能勋章，以展示他们在特定领域的专业程度。一个教授的勋章增加越快，就会有越多的学生选择这个教授的课程，而学生对某一领域的技能越感兴趣，就会有越多的教授希望进行这一领域的教学。

ODEM 教育集市基于以太坊区块链实现。

5.Sony 环球教育——竞赛成绩区块链

Sony 环球教育与 IBM 合作开发了一个区块链平台，可以支持教育机构在该平台账本上记录学生的学术成就及其他适当的信息，从而创建不可篡改的学习记录。

区块链帮助教育机构记录学生的数字化成绩单，以及学生的支付记录。

使用这一区块链平台，Sony 为参加 2018 年世界数学挑战赛的选手颁发了参与证书。这些证书可以作为永久的分数报告，有助于这些参赛选手的深造学习或职业申请。

竞赛成绩区块链平台基于 Hyperledger Fabric 平台实现。

6.BEN——区块链教育网络

BEN 由麻省理工学院和密歇根大学的学生发起，由世界各地对区块链和数字加密货币感兴趣的学生和毕业生组成，现在已经有超过 4 000 个会员，他们分享区块链方面的思路、构建原型并上线其产品。

BEN 联合创始人杰里米·加德纳（Jeremy Gardner）声称，BEN 的总价值超过了 110 亿美元。杰里米的个人企业 Augur 是一个去中心化的预测投资平台，目前估值超过 10 亿美元。

BEN 严格来讲属于区块链外围项目，Augur 则是基于以太坊的去中心化金融项目。

7.Disciplina——衔接学习与就业的区块链

爱沙尼亚的 Disciplina 使用区块链登记学生的学术成就和大学入学资格证书，并利用去中心化算法，根据学生的学术成就和资格证书自动计算一个分数，这样大学就可以利用这一分数，根据每个学生已经学习的及还未学习的课程来为其制订学习计划。

Disciplina 已经放出了其区块链平台的 Alpha 版本，这样大学和学生就可以熟悉 App 的使用。Discpilina 的学生 App 支持学生查看自己的教育历史，教师 App 则提供教授的档案信息、教学风格以及所开设的课程等方面的内容。

Disciplina 平台基于以太坊区块链实现。

8.Parchment——资格证书区块链

Parchment 为学生、学术机构和雇主提供数字化资格证书服务。K12 教育者可以使用该平台上传有关学生学习进程中的任何重要数据，高等教育机构可以使用该平台查看学生的学业表现、处理申请、制作不可修改的毕业证书。另外，学生可以随时访问平台上的教育信息，并且可以与未来的雇主分享其学术成就。

Parchment 最近与 x2VOL 结为合作伙伴，x2VOL 记录学生的学习经历，以便为大学和雇主提供学生的学术和个人方面的信息。但是，Parchment 没有披露其区块链平台的技术选择。

第 7 章　物联网教育：营造泛在智慧教育环境

随着物联网技术的发展与深入应用，物联网在教育中的独特优势也日渐凸显。物联网设备目前正主要用于为各个年龄段的学生创建良好的教育环境，可在学校环境中产生积极影响。物联网教育为学生提供了更安全的学习环境，同时为具有各种能力和背景的学生提供了更高级的学习机会。

物联网教育不但弥补了普通教师与优秀教师教学质量之间的差别，更拓展了学生的思维宽度。其打破了空间与时间上的限制，让所有学生随时随地能在物联网上进行知识的获取与交流。经受物联网教育后的学生，也将携带物联网思维，推进整个社会文明的发展。

7.1　认识物联网

7.1.1　物联网的定义与理解

物联网（The Internet of Things，IOT）是通过射频识别技术（Radio Frequency Identification，RFID）、红外感应器、全球定位系统、激光扫描器等信息传感设备，按约定的协议，将任何物品通过有线与无线方式与互联网连接，进行通信和信息交换，以实现智能化识别、定位、跟踪、监控和管理的一种网络。我们可以将物联网理解为一个通过各种传感技术（RFID、传感器、GPS、摄像机、激光扫描器……）、各种通信手段（有线、无线、长距、短距……），将任何物体与互联网相连接，采集其声、光、热、电、力学、化学、生物、位置等各种需要的信息，与互联网结合形成的巨大网络。其目的是实现物与物、物与人、所有的物品与网络的连接，进而成为一种"管理、控制、营运"一体化的网络。

7.1.2 物联网的 3 个层次

1.感知层

感知层主要用于采集物理世界中发生的物理事件和数据，包括各类物理量、标识、音频、视频数据。物联网的数据采集涉及传感器、RFID、多媒体信息采集、二维码和实时定位等技术。

2.网络层

网络层可实现更加广泛的互联功能，能把感知到的信息进行无障碍、高可靠性、高安全性的传送，其需要传感器网络与移动通信技术、互联网技术相融合。经过十余年的快速发展，移动通信、互联网等技术已经比较成熟，基本能满足物联网数据传输的需要。

3.应用层

应用层主要包含应用支撑平台子层和应用服务子层。其中，应用支撑平台子层用于支撑跨行业、跨应用、跨系统的信息协同、共享、互通的功能。应用服务子层包括智能交通、智能医疗、智能家居、智能物流、智能电力等行业应用。

7.1.3 物联网的 3 个特征

1.全面感知

物联网可以利用 RFID、传感器、二维码等随时随地获取物体的信息。比如，装载在高层建筑、桥梁上的监测设备；人体携带的心跳、血压、脉搏等监测医疗设备；商场货架上的电子标签。

2.可靠传递

物联网通过融合各种电信网络与互联网，将物体的信息实时准确地传递出去。

3.智能处理

物联网利用云计算、模糊识别等各种智能计算技术，对海量的数据和信息进行分析和处理，对物体实施智能化的控制。

7.1.4 物联网的核心技术

物联网的核心技术包括射频识别技术（RFID）、WSN 网络、红外感应器、全球定位系统、Internet 与移动网络、网络服务、行业应用软件。在这些技术的具体内容中，又以底层嵌入式设备芯片开发最为关键，其引领整个行业的上游发展。

1. 无线射频识别技术

无线射频识别技术（Radio Frequency Identification，RFID），或称射频识别技术，是从 20 世纪 90 年代兴起的一项非接触式自动识别技术。它利用射频方式进行非接触双向通信，以达到自动识别目标对象并获取相关数据的目的，具有精度高、适应环境能力强、抗干扰强、操作快捷等多个优点。

与目前广泛使用的自动识别技术如摄像、条码、磁卡、IC 卡等相比，射频识别技术具有很多突出的优点。

（1）非接触操作，长距离识别（几厘米至几十米），完成识别工作时无须人工干预，应用便利。

（2）无机械磨损，寿命长，可工作于各种油渍、灰尘污染等恶劣的环境。

（3）可识别高速运动物体并同时识别多个电子标签。

（4）在数据安全方面，除为电子标签提供密码保护外，还利用算法对数据进行安全管理。

（5）读写器具有不直接对最终用户开放的物理接口，保证其自身的安全性。

（6）读写器与标签之间存在相互认证的过程，以实现安全通信和存储。

2. IPV6

物联网的前提是必须为物品赋予独一无二的地址。现有标准 IPv4 只支持大概 40 亿（2^{32}）个网络地址，无法满足实际需要。IPv6（Internet Protocol Version 6）是 IPv4 的更新版。IPv6 支持 2^{128}（约 3.4×10^{38}）个地址，丰富的地址资源使物联网成为可能。

3. WSN

传感器是一种能感受规定的被测量，并按照一定的规律转换成可用信号的器件或装置，通常由敏感元件和转换元件组成。

无线传感器网络（Wireless Sensor Networks，WSN）是由大量传感器节点通过无线通信方式形成的一个多跳的自组织网络系统，其目的是协作地感知、采集和处理网络覆盖区域中感知对象的信息，能实现数据的采集量化、处理融合和传输应用。

4. WSN/ZigBee 技术

无线传感网络内的各个要素通过一个统一的协议进行信息的传输，这个协议就是 ZigBee。ZigBee 是 IEEE 802.15.4 协议的代名词。根据这个协议规定的技术是一种短距离、低功耗的无线通信技术。无线传感器网络包含传感器节点，其按计算能力可被分为普通节点和汇聚节点等；传感器节点包含了具有采集环境数据功能的感应器和具有联网功能的电子元件；节点间能通过特有无线通信方式互联。

7.2　物联网在教育领域中的创新应用

物联网在教育领域的出现有助于开发能够提高教学质量的创新应用。

物联网等现代智能技术可为学生提供交互式学习体验。物联网可为教育领域提供多种应用，为学生提供交流平台，甚至帮助残疾学生。物联网可通过某些自动化管理任务，提高学生的学习效率及学校的教学质量。

7.2.1　智能教室

教育中的物联网应用将是智能教室运作的基础。智能教室可以集成几个物联网传感器和设备，以提高教育质量，如可穿戴设备可以帮助确定学生是否在课堂上感到疲劳和走神。根据这些数据，教师可以决定短暂休息或重新安排讲座时间。

物联网在教育领域的出现也将推动物联网白板的发展。这些白板可以连接到计算机上，并提供一个可以用手指、笔或触笔操作的交互式显示器。这样的白板还会记录课堂上所有的笔记。智能麦克风甚至可以在教师提到有作业要交时识别并相应地更新学生的计划。

7.2.2　学生出勤

诸如维护学生出勤日志等日常操作可能是一项耗时较多的任务。随着物联网在教育中的出现，教师可以实现自动化考勤跟踪。可穿戴设备等物联网设备可用于检测教室中的学生，并在学生缺席时通知家长。这些物联网解决方案还可以与内部系统集成，以实时更新出勤日志。通过这种方法，教育工作者可以自动维护出勤记录，并消除任何人为错误的可能性。

7.2.3 残疾帮助

教育残疾学生是一项复杂而艰巨的任务。然而，在教学中利用物联网有助于教育工作者了解残疾学生。例如，听力受损的学生可以戴上连接到笔记本电脑或智能手机的手套，这些手套和智能手机可以协同工作，将手语翻译成语音。通过这种方法，教育工作者可以更好地与学生进行沟通，并获得有关他们教学方法的反馈。通过这种方式，教育工作者可以为学生提供最好的手语教育。

7.2.4 无现金自动售货机

携带现金对年轻学生来说是一项艰巨的任务，因为现金很容易丢失或被盗。为了避免这种情况的发生，教育机构可以使用支持物联网的无现金自动售货机。有了这种方法，午餐排队变得更短，食物供应更快，付款也更快。无现金自动售货机可以连接到教育机构的中央系统。通过使用集中式系统，管理员可以实时监控交易，并生成每个学生的购买日志。此外，教育机构还可以跟踪学生的饮食，并每周向家长发送报告，提供学生购买的完整细节。此类报告还可以帮助餐饮人员为菜单规划和库存订购做出明智决策。

7.2.5 全球教育

一些学生出国深造是为了获得更好的教育和职业发展机会。然而，并非每个渴望去国外接受教育的学生都有足够支持他们去国外的资源。因此，这些学生不得不在自己的国家接受教育。此外，许多欠发达国家可能没有天体物理学、量子力学和人工智能等教育课程。

物联网可以成为全球学生学习的关键推动者。学生可以待在舒适的家中，与世界各地的教师和学生互动。数字荧光笔和智能白板可以将课堂笔记传输到智能手机、笔记本电脑和台式机中。物联网在教育中的引入可以使更多的课程和教育机会更容易被获得。

7.2.6 安全

物联网可以帮助教育机构实施更有效的安全措施。借助物联网智能摄像头，学校可以全天候监控任何可疑行为。如果摄像头监测到任何恶意行为，它将通知学校和执法机构。智能摄像头还可以通过面部识别技术识别陌生人。为此，教育机构需要收集所有学生、工作人员和教师的照片。智能摄像头可以利用这些数据检测任何可能的入侵者并保证校园安全。此外，学校可以在校车上安装射频识别标签以实时跟踪他们的位置。因此，物联网在教育中的应用可以帮助教育工作者保证学生的安全。

7.2.7　节能

公用事业机构利用物联网解决方案实现多个业务流程。同样，教育机构可以安装智能电表，以实时监控其能耗。这种智能电表可使教育机构实现自动抄表。如果停电，这些智能电表也会通知电力供应商。智能电表可以为教育机构分析电力消耗情况并提供建议。通过这种方法，教育工作者可以分析他们的耗电量，并了解哪些设施需要更多的电量。利用这些数据，教育机构可以制定有效利用能源的策略。此外，教育工作者还可以鼓励学生节约能源。

教育机构也可以安装物联网设备，如智能灯泡和智能恒温器。智能照明可以检测到无人的房间并自动关闭。这些灯也可以根据通过窗户进入的自然光来调节亮度。此外，智能空调系统可以记录和分析特定房间的首选温度，并自动控制制冷系统，保证学生和教师的房间温度舒适。

物联网基础设施所需的资金可能是物联网引入教育领域面临的最大挑战之一。教育工作者可以吸收政府资金或私人投资。此外，教育机构要确保教师知道如何最大限度地利用物联网。

7.2.8　校园安全

校园安全问题一直是家长、学校乃至社会关注的焦点，由于近几年校园安全问题频发，家长对孩子人身安全的担忧远超往日，有将近70%的家长对校园安全问题感到焦虑。

物联网可以帮助教育机构实施更有效的安全措施。"一键式"应急预警系统由覆盖各大中小校园的报警设备组成，能及时发现可疑、恐怖事件，并自动发出预警。通过监控平台，可实时监控校园内各报警设备的运行状态、报警信息。此外，该系统还具备手动报警、自动转警功能，有利于学校全面掌握校园安全状况，保障学生安全。

7.2.9　互动课堂

利用智能电子卡实现单选、多选、简答题的作答和汇总，及时了解全部同学的掌握情况；家长可以根据课堂互动系统及时了解学生的学习情况，进行针对性辅导；学校可以根据学生的整体情况进行数据汇总，实现对教学质量的考评与分析。互动课堂可实现公平教育，为学生减负，使其更加主动学习；与家长共享互动教育平台，实现信息共享，互动教育，关注学生成长；可以实现学校对学生课堂的高效运营。具体内容如图7-1所示。

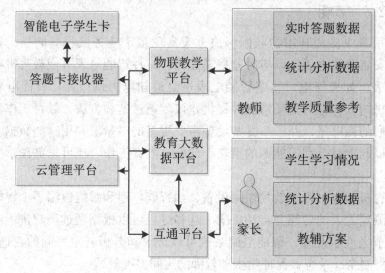

图 7-1　互动课堂

7.2.10　教学管理

智慧校园管理平台可以实现校园内教育资源的应用与共享，实现教育互动化；可以完成课程分数设置，包括选修课参数设置和其他参数设置；可以完成自动排课，便捷生成全校班级总课表、教师课程表、教师课表、班级课表等；可实现考试成绩管理、考试时间安排和考试成绩录入，使教师全面掌握教学情况。

7.2.11　校园考勤

智能电子 PAD 卡集成了有源电子标签，当学生佩戴该卡后城市内的基站网络和学校里各个区域的 RFID 采集器会实时记录学生的位置，实现校园考勤、宿舍考勤、课堂考勤等功能。此外，家长还可以实时查看孩子当前的位置和路途信息，随时保护孩子的安全。

7.2.12　校园监控

利用物联网、互联网技术，实时监测教室内环境，自动调节教室内灯光、风扇、空调、窗帘、电教设备、智能门锁等设备，实时监控机房和消防设备各项参数，保证各设备安全稳定地运行。

物联网在教育领域的应用还有很多，虽然现在还没有普及，但随着物联网的成熟，教育领域应用物联网的案例和成果会越来越多，相信物联网会推动智慧教育走向成熟。

7.3　智慧化教育：单向流动向双向流动变迁

无论是 MOOC、微课、手机课堂，还是其他互联网的授课形式，均扩大了传授知识的规模，但信息的流动更多的仍然是教师向学生的单向传输，所形成的是优质教育资源的规模化传播和复制，大量学生仍然在被动接受知识。当面对比以前多数十倍甚至百倍的学生时，教师还能处理每个学生的疑问和请求吗？还能因材施教吗？

在教育资源优化配置、优质资源规模化传播的创新过程中，实现教学个性化、智慧化，包括对教室中教学环境的优化，不仅仅让教的环节便利和简化，更为重要的是能激发学生的创新能力。在教室环境中，通过端到端的硬件设备创新，将传统教学环节信息单向流动变为双向流动，为精细化、个性化教育打下基础。

7.3.1　从"人联网"向"物联网"转变

实现个性化、智慧化教育，离不开对课堂中各类软硬件的创新，智慧课堂正是一种从"人联网"向"物联网"思维转变的体现。

在互联网教育方案中，学习人数规模大幅扩大实现了规模化的网络效应，这个过程是一个典型的人与人连接扩展的过程。当各类交互设备进入课堂后，在教师与学生、学生与学生之间的连接交互关系更强的基础上，也可能成为一个"懂得"主人的智能终端，将课堂中的人与人联网关系扩展到物与物联网的关系。

在物联网应用中，"物"已不再是一个实体的概念，诸如人的行为、习惯等可被数字化的内容均可纳入"物"的范畴，是一个扩展的"物"的概念。物联网的发展使这些原来无法获取的内容现在能被获取了，在使用各类智能终端的过程中，这些抽象的行为、习惯等可以被跟踪到，并转化为数字化的形式。

在课堂环境中，学生的学习习惯、学习过程、知识掌握的情况等，能通过交互终端被跟踪，形成的信息以数字形式存储，加上大数据的分析，可以挖掘每个学生的学习规律，从而实现精细化和个性化的教学。在这个"人联网"向"物联网"转变的过程中，数据驱动成为变革的主线。

7.3.2 物联网在传统教育转型中发挥的作用

物联网应用于教育场景，让个性化、智慧化教育逐渐成为现实。已规模化验证后的方案正应用于教育领域，并以渐进式推进。

物联网正加速推动各行业转型升级，随着物联网商用步伐的加快，教育领域应用物联网的案例和成果越来越多，物联网在促进传统教育转型中正发挥着关键作用。

1. 物联网引入新课堂交互形式

在智慧教育体系较为成熟的学校中，智慧白板、录播系统和班班通系统已成标配。智慧教育（高效备课、师生交互、高效监督和资源分享）颠覆了原有的"写完了举个手"的交互形式。

其他交互设备，如学生佩戴的传感器手表、眼镜等，可记录学生的多重数据，如脑电图、血压、体温等生理信息及眼动、手部轻微移动等运动信息。利用心理学相关测试技术能得出学生的紧张程度、注意力状况、动脑情况等信用。教师根据这些反馈信息调整教学，对典型学生点名提问以发现问题，或对个别表现异常的学生进行辅导。

2. 丰富教学资源

大数据和云计算技术让智慧教学模式成为可能：教育未来将从"用经验说话"转到"用数据说话，用数据决策，用数据管理，用数据创新"。

除了智慧平台中的教学资源（如录播视频、分层题库和师资管理分享）可相互借鉴外，物联网系统支撑的智慧教育还会引入更多外部"高大上"的资源，如与科研单位、科学实验室进行资源互动，让原本"枯燥"的课程变得更加有趣，从而提升学生兴趣。

3. 提升学生综合发展水平，弥补我国教育体制短板

综合分析学习者的相关记录，为其提供更适合弥补其短板及其更感兴趣的学习内容，用大数据的力量解决"精准推荐"的问题。

学生反馈数据包含大量有价值的信息，如出勤情况、课堂表现、成绩图谱、实践情况等。教师根据这些数据可以进行阶段性分析和异常预警，及时发现问题并进行引导和纠正，防止极端事件发生。

4. 教育管理

教师可以利用物联网系统自动统计学生的学习情况，院校级的管理部门也能运用物联网技术对教师水平进行了解分析，有利于建立弹性教学评价模式。

（1）数字化校园综合建设。物联网在数字化校园中的应用遍及校园各领域，如校园一卡通服务、校园监控、安全跟踪、智能图书馆建设、人员和设备管理等。

（2）仪器设备管理。学校的大型会议设备、运动设施、教学仪器等普遍存在着分布离散、管理难度大、无专人管理和保养等情况。为各类设备粘贴RFID 标签或传感器，进行统一管理和调度，可有效防止仪器设备的丢失。当仪器出现高温、断电等问题时，传感器可以自动报警，防止事故发生。

7.4　物联网教育创新泛在学习智慧环境

教育服务的智慧化、便捷化是智慧教育的显著特色。有人认为，智慧教育的真谛就是构建技术融合的生态化学习环境，培植人机协同的数据智慧、教学智慧与文化智慧，本着"精准、个性、优化、共享、思维、创造"的原则，让教师能施展高成效的教学方法，让学习者能获得合宜的个性化学习服务和良好的发展体验，使其由不能变为可能，由小能变为大能，从而培养具有良好的人格品性、较强的行动能力、较好的思维品质、较深的创造潜能的人才。

积极探索智慧教育的落地，实现连通、感知、交互、适配、记录和整合的泛在学习环境。

第一，连通。通过无处不在的网络（5G 网络、无线网络）和各类移动设备，营造一种无缝连通的学习空间，学习者可以处处学习、时时学习。

第二，感知。通过感知技术，全面感知学习情境及学习者的社会关系。

第三，交互。利用多种自然交互工具，打造良好的学习体验。

第四，适配。基于各类基础信息（包括感知和记录的信息），为学习者提供精准的、个性化的学习资源和服务。

第五，记录。通过各类感知设备及学习应用系统，全程记录学习者的学习活动过程，为全面展示学习者技能与成就、个性化学习支持等提供基础信息。

第六，整合。开放整合学习过程中采集的各类信息、各种学习资源和服务，为学习者提供更好的学习支持。

在打造智慧教育体系中，物联网起了极大的推动作用。通过技术改变教学环境、打破教育资源和地理空间的局限，从而让学习跳出构架、让思维跳出边界。

7.5　物联网支持教育资源再度均衡

以前，由于缺乏信息化教学设备，学生上课效果完全依靠教师的个人能力，优秀教师带来的教学效果不是一般教师所能比拟的。但是，优秀教师毕竟是少数，且大多都集中在重点学校，普通学校的学生一般很难有机会接触到优秀的教育资源。

如今，一些有条件的学校会在教室中安装电视、投影仪、电脑等多媒体设备，辅助教师授课，这些设备可以最大限度地缩小教师之间的水平差距。这意味着更多的学生可以在相对公平的环境中接收近乎相同的教育。

7.5.1　支持移动学习

移动设备的兴起让教育不再局限于课堂之中，众多网络教育资源都可以通过智能终端随时随地被学生使用。不仅如此，在学习之余，学生还可以通过移动设备随时测验，进一步巩固自己的学习成果。

射频识别技术的发展，使学生面对面传输信息的效率更高，信息传送的灵活性大大增加，使他们能时刻互动、获得学习材料。无线传感器网络具有自组织、低功耗、成本低等特点，它的引入可以大大改变移动学习中必须依靠昂贵且待机时间较短的 PDA 的局面，增强了学习和交互效果。而移动学习设备的通信功能可以通过开发数据处理模块读取各传感器数据来实现。因此，物联网可以构建移动的学习环境，通过使用连接点、基站和 RFID 等相关技术，实现学习材料共享，将个性化学习和协作学习结合起来，使学习者可以在任何时候、任何地方学习和互动，促进新的学习活动或者主动学习模型的创建，如集成各类学习工具的"无线电子书包系统"学习模型。

7.5.2　支持泛在学习

泛在学习（U-Learning）是一种任何人可以在任何地方、任何时刻获取所需的任何信息的学习方式。它与移动学习的区别在于学习的终端设备由各类移动学习设备扩充为数码设备、多媒体设备等各类智能设备，可以为学生学习提供更为智能化、全面化的服务。在泛在学习的环境下，学习支持服务将更加人性化，通过对学习者的相关记录进行综合分析，为他们提供个性化的支持服务，真正体现"以人为本"的理念。在物联网时代，任何设备只要能接入网络均能实现智能化操作。泛在学习的思想与物联网的核心思想不谋而合，因此物联网能更好地支持泛在学习的实现。学习者可以随时随地利用终端设备与网络连接，实现任何时间、地点和任何人与资源的连接。泛在学习系统可以为学习者提供智能化学习服务，通过传感器自动操控电子白板、电子教材等各类学习辅助工具、智能化和尖端化设备构建智能化无纸教室；利用内藏电子标签或传感器的实验器材进行实验教学；利用多媒体进行音乐教学；利用内藏计算机的运动服进行适应性体育教学，使学习环境发生天翻地覆的变化。

除了这些改变，物联网对教育还将有更深层次的影响。通过 RFID 技术，能建立有效的教学管理组织体系、评价及考核系统，从而对教学质量建立保障和监控体系。通过 RFID 标签和校园智能卡系统的结合，教师可以利用物联网系统，对学生的学习情况进行有效统计。

比如，可以在学生使用的实验器材或者电脑上通过 RFID 系统建立实验室教学管理系统。通过系统中的记录能清晰查看学生实验的流程、到课情况及学习效果，从而有利于教师对学生进行定制化的指导。

同时，可以把系统建立在学校监控系统之中，进行全天候不间断的实时监控，可有效减少校园安全事故的发生。此外，可以利用物联网、大数据技术对每个学生进行统计，依照每个学生的自身特点分门别类地推荐相应课程，做到因材施教。

7.5.3　物联网教育跳出校园局限

物联网教育不会局限在校园之内。对于学生的安全问题，无论是他们的家长还是学校中的教师都非常关注，物联网可以在学生群体中建立起完善的定位系统，保障学生即使在校外，家长和教师也能知道他们的位置。

与传统教学模式相比，基于物联网的教学模式更具开放性和创新性。它打破了空间距离的限制，依托物联网强大的物质和信息资源优势，让学生在更高纬度进行探索与学习，促进学生高级思维能力的发展。

比如，学生可以在物联网系统中构建数学模型，可利用虚拟空间将把数学问题具体化，将难题简单化。依靠物联网，学生做题之后还能与其他同学进行实时探讨，对学习成果进行巩固、总结及提炼，并将这些成果与其他学习者分享。

不只针对数学教学，对于其他学科甚至跨学科教学，物联网也可以提供很好的教学环境。比如，美国密歇根大学基于物联网的跨学科协同教学模式可以很好地克服原有模式中的障碍，使学生从另一个角度重新看待问题。

物联网教育不仅弥补了普通教师与优秀教师教学质量之间的差别，更拓展了学生的思维宽度。物联网教育打破了空间与时间上的限制，让所有学生能随时随地在物联网上进行知识的获取与交流。

相较于国外，我国物联网教育的程度依然有所不及，但是追赶的速度逐年加快。物联网技术的广泛应用使智能教育越来越贴近人们的生活。接受过物联网教育的学生，也将携带物联网思维，为社会文明的发展贡献自己的力量。

第 8 章 虚拟技术教育：自主沉浸式教学

历史上，从车轮到互联网，技术的发展不断缩短着人与人，人与物之间的距离。人们正走向物理世界和虚拟世界之间界限模糊的时代。在虚拟技术的推动下，人们不再受过去物理环境的限制。随着各种沉浸式体验的普及，虚拟技术的真正意义在于它让任何距离都不再是距离。虚拟与现实世界的无缝融合，使世界变成形而上的世界、不可见不可触的世界。

8.1 基于增强现实（AR）技术的教育应用

8.1.1 AR 定义及教育应用现状

增强现实技术（Augmented Reality，AR）是借助计算机图形技术和可视化技术产生物理世界中不存在的虚拟对象，并将虚拟对象准确"放置"在物理世界中，呈现给用户一个感知效果更丰富的新环境。

AR 技术结合教育产业的发展优势主要有 3 点。

第一，AR 技术拥有探究式的教育理念，可以从表现形式上吸引学生加入教学过程中，增加学生的学习兴趣，从而通过交互的方式进一步探索和研究更深层次的内容。

第二，AR 技术表现力更加强悍，通过虚拟和现实世界的叠加增强，让教学内容更加逼真、直观。

第三，AR 技术的互动式体验要比虚拟现实（Virtual Reality，VR）更强，VR 偏于沉浸式，AR 技术则侧重调动孩子的各个感官系统，手脑并用，实现多元化教学。

目前，AR+教育随着 AI 技术的加持正在逐渐回温，AI 中的语音、视觉识别技术和人机交互等技术能非常有效地提高 AR 产品的体验感。AR 目前的典型应用有汽车上的 HUD 抬头显示器等。代表产品有微软的 HoloLens、谷歌的 Google Glass 等。

相比以沉浸式为主的 VR 技术，AR 教育与现实联系更加紧密，更加适合应用在课堂中。但是，AR 技术也有它的问题，那就是 AR 的硬件环节十分薄弱，目前市面上还找不到可以量产的消费级 AR 设备。虽然 AR 教育市场的潜力巨大，但是不能解决硬件问题就始终不能释放这股磅礴的力量。

VR 技术在将来可能更多地应用于游戏领域、医疗领域和一部分教育领域。AR 比 VR 更容易应用到课堂中，一旦硬件问题得以解决，通过其特有的互动体验就会在教育领域形成一个非常陡峭但是令人兴奋的学习曲线。

AR 技术能对所有物体及场景进行模拟仿真，再投射到现实场景中，让很多抽象难懂的概念内容变得直观、易懂。例如，环保宣传 AR 展示系统、机械拆装 AR 系统、电力能源 AR 系统等，每个经典系统都深深地吸引着人们的关注，在给学生提供知识的同时带来了无限的乐趣。

"AR+教育"的优点众多，无论是人机自然的交互性，还是内容酷炫的展示方式都给学校课堂教育带来了创新元素，带来了学习的欢乐。AR 技术作为一种教学手段，能将各种理论现象进行可视化，让虚拟与实际相结合，增强学生的多维视野体验。但是，AR 是否适合学校教学还需要对内容进行科学的分析、系统的研究，只有这样才能开发出适合学生使用的 AR 课堂内容。

8.1.2　AR+教育应用场景

1.AR 培训

AR 培训指将需要学习的内容以 3D 形式在屏幕上呈现，甚至是 1∶1 还原模型，展现模型内部构造细节，同时与现实场景互动，或进行联机模拟操作。

适用方向：医学院、军校、建筑专业等。

2.AR 建模

AR 建模可以让学习者直观地看到一个特定项目在不同环境下的样子。模型可以很快被生成。学生可以收到即时反馈，这样可以检查出设计中的瑕疵。

适用方向：建筑专业、设计专业等。

3.AR 图书

AR 图书外观与传统图书相同，但用摄像头扫描书本预定内容时，3D 动画、视频、声音就会显示出来，甚至可以加入一些互动元素。

适用方向：图书馆、教师辅助教学、出版社、幼教等。

4. 发现式学习

独自去发现新知识可以让学生在解决问题的过程中快速有效地学习。利用 AR 技术，结合现实的学校场景或所学知识，设计如校园导游、古迹觅踪等应用。

适用方向：图书馆、博物馆、展厅、校园等。

5. 特殊专业 AR 培训

在医学院、军校、高职的技能培训中，将诸如人体构造、军事设备、各类电器等进行三维仿真建模，并在课堂中通过平板展示，进行互动。

6.3D 展厅建设

不仅企业，越来越多的学校也有 3D 展厅的建设需求，将学校文化、特色用 AR 的形式在展厅中展现出来，可以增加参观学习的乐趣，提升学校的整体形象。

7.AR 导览规划

利用 AR 技术提供校园导览，给学生提供关于校园各处的详细信息，方便学生或外来参观者迅速了解学校情况。

8.1.3 AR 带给教育的六大利好

1. 趣味性高

AR 呈现的内容全部是 3D 立体的，非常生动、直观、形象，有助于学生理解和记忆。

2. 团队协作

当学生用 AR 技术学习的时候，他们不再死记硬背，而是去体验学习内容，并且可以以团队协作的方式参与到教学中。

3. 节省时间

虚实融合的 AR 技术令很多数字化的教学内容可以直接融合到实体教学物品上，为教师带来巨大的方便，不需要在虚拟和现实之间进行反复切换，从而节省了大量时间，提高了教学效率。

4. 远程支持

AR 可以让不同地区的教师、学生聚集在一个虚拟课堂中上课，并进行真实、实时的互动。

5.提高安全

借助 AR 技术，完全可以进行虚拟实验，同时获得和真实实验相同的效果，这样就大大降低了教学中的风险。

6.降低成本

有了 AR 技术，很多课程所需的实体物料就不再需要了。

8.1.4　AR 在教育领域的发展潜力与机遇

AR 技术是虚拟现实（VR）技术的延伸，可以让使用者在现实环境中看到虚拟生成的模型对象，其如今已在军事、医疗、教育、娱乐等领域得到了应用。

这种基于现实世界、由虚拟数据增强的交互技术用更好的方式向人们展示学习内容，用相对更贴切的交互方式为学习者搭建了一个自主探索的空间。这对抽象内容的展示具有启发意义的。正是由于 AR 技术的这些特点，它在教育领域将具有很大的发展潜力与机遇。

1.可视化、形象化相对抽象复杂的内容

AR 技术仿真和交互的特性，能将抽象、晦涩难懂的知识以更生动、直观、全面的方式呈现，用沉浸式体验增强学生的代入感。例如，由新三板 AR 第一股摩艾客研发的"AR 地球仪"，可以模拟太阳系八大行星的天体运行模式，使体验者犹如置身宇宙，体验星球在身边环绕的神奇景象。研究结果表明，这些增强现实的元素所产生的可视化效果，能大大增强学生对抽象概念和不可见现象的感知能力。

2.可以在各种环境下进行情景式学习

移动 AR 系统能在基于真实环境下的虚拟物体的帮助下，使无处不在的合作式和情境式学习得到加强，现实生活中的一切都可以成为 AR 学习的道具，实现便捷性、交互性、情境性、连通性及个性化。有专家提出，AR 系统能检测到学生的当前位置和活动状态，从而及时发出提醒和待选选项来集中学生的注意力。这些嵌入式的提醒功能，能起到支配学生的注意力的作用。

3.提升学习者的存在感、直觉和专注度

AR 能给学习者提供一个特殊的空间，让他们感觉到自己跟其他人或者事物同处一个位置。这种存在感可以加强学生对学习社区的认知。因此，AR 在培养学习者直觉方面有巨大潜力。另外，像 AR 这样的沉浸式媒体能给学习者带来一种身临其境的感觉，而这种感觉也是一个人在综合而真实的体验中所拥有的主观感受。

4.为传统教育出版行业带来契机

浅阅读时代的来临，让越来越多的学习者对书本的依赖性减弱，而更偏向电子方面的浅层阅读。而 AR 技术可以让内容脱离屏幕，重新回到书本上，并赋予书本娱乐性和互动性。AR 数字出版将会成为文化教育行业带来爆发性发展的契机。

5.新教育行态的重建

随着"互联网+"被纳入国家战略，科技正高速向教育席卷而来。不得不说，教育是最为保守的行业之一。尽管网络课程建了一茬又一茬，但只要你走进大中小学的课堂，就会发现，课堂还是那样的课堂，除了 PPT 替代了传统的板书之外，与十几年前相比并没有发生实质性的变化。AR 技术将改变这一现状，人们不再受屏幕或设备的限制，可以随心所欲地在 3D 甚至 4D 空间勾勒创意、学习知识。新的教育形态即将建立。

8.1.5　AR 带来的新的教育形态

1.可视化、形象化展示相对抽象复杂的内容

AR 技术将现实与虚拟相融合，生动、形象、直观地展示抽象内容，有助于学生理解和记忆。比如，电波、磁场、原子等抽象或肉眼不可见的内容，AR 可以形象地用可视化、立体化的方式展示出来，有助于教师讲解与学生理解。

2.特别的形式，激发学生学习兴趣

AR 让学生亲自接触虚拟 3D 模型来增强学习体验，提升了实验的互动性、内容的趣味性、视觉的创新性。学生与教师可以通过手势识别操作虚拟的器材，课堂体验从 2D 平面跃升至 3D 立体，同时每个实验可以反复操作，操作数据可被多次记录，教师可以根据学生的操作数据进行点评，提高学生的学习兴趣，活跃课堂氛围。AR 教育非常符合"学习是一种真实情境的体验"的建构主义学习理论，让学生亲自用眼看、用耳听、动手做，然后自然地开动大脑去想。这将充分调动了学生的学习热情，从"要我学"变成"我要学"。

3.全新互动体验，激发探究精神

AR 基于现实世界，让用户与虚拟增强的数据进行交互，通过 3D 技术制作的形象逼真、生动，为探究提供了便捷、安全的平台，辅助学生以互动操作的方式探索、研究更深层次的知识。实验现象与真实现象一样，可以培养学生的观察能力、探究能力、逻辑思维能力，激发学生的学习兴

趣。学生还可以自主进行实验方案设计，动手操作整个实验过程，培养学生的自主创新能力及学习能力。

4.减少教学中的风险，节约成本

AR 可为师生提供一个虚拟的实践空间，加深他们对实验安全规范的认识，降低实验室事故发生的概率。同时，虚拟仿真的实验器材不会消耗实验素材，避免了实验仪器和药品的浪费，教师及学生可以进行多次实验操作，随时预习、复习、操作实验。

5.节省教学时间，提高教学效率

在传统实验教学中，教师会通过课本、PPT、视频等形式先进行知识讲解，有条件的情况下会进行实物实验演示或者到实验室上课。有的实验反应时间过长不宜在课堂展示，学生只能听教师讲解。通过 AR 技术，教师不需要搬运过多的实验器材，学生也无须换教室，在常规教室内直接通过软件平台操作演示实验，不需要在虚拟和现实之间进行切换，从而节省了大量教学时间，提高了教学效率。

6.促进教育资源平等化与互联网教育

AR 可以让不同地区的教师、学生聚集在一个虚拟课堂中上课，并进行真实、实时的互动。因此，优质教育资源能以非常低的成本倾斜到三四线城市、农村等教育欠发达的地区。而互联网化的教育模式，应用 AR 来提升产品的附加值，给用户带来更优质的体验，就更加贴切了。

8.1.6　AR 教育助力个性化学习

种种资料证明，AR 技术在教育中的应用有着巨大的发展潜力与前景。虽然与其他信息技术在教育中的应用相比，AR 技术还不够完善，深入的探索研究还是一个巨大的挑战，但是可以期待与相信 AR 教育也将会成为信息化教学的重要方式之一。不断地进行拓展与研究，深度分析 AR 技术促进教与学的方式方法，不断组织教学活动与学习效果测试，提高 AR 教学价值，为教育信息化教学贡献力量。

一方面，AR 的场景能够生动地模拟体验，在娱乐中推动用户的尝试和购买决策，并激发用户的社交属性，充分传播，是品牌营销的新型有力手段。另一方面，AR 技术能够将虚拟信息叠加到现实世界中的特性，可以使教学中原本枯燥的知识变成一个个生动的形象，如特殊地理地貌、历史人物事件、不容易接触到的事物等都可以通过 AR 技术展现在学生面前。

AR 与教育融合发展顺应了时代发展需求，以及深化智能信息技术与教育教学深度融合的核心理念。

1.AR 技术层面

《3D 教育蓝皮书——2016 年 3D 与 VR 技术教育应用新进展》中指出 AR 技术将真实世界与虚拟世界相叠加，利用附加的图形或文字信息，对周围真实世界的场景动态进行增强。在 AR 环境中，使用者在看到周围真实环境的同时，还可以看到计算机产生的增强信息。在使用者的眼中，真实环境与虚拟物体是共同存在的，是互相增强或互补的。AR 技术展示形式也还在随着技术的进步不断创新。

例如，如云幻科教 AR 实践探究实验室，将教学中的实验仪器与真实教学环境相融合，通过 AI 智能识别操作者的手势，从而操作虚的实验器材。AR 这类沉浸感强的新兴技术为实操性强的教学场景创造了新的机遇，不断丰富着教育的形式。同时，AR 技术的知识可视化让知识的传输更便捷，促进了知识的传播与创新。

2.AR 教学模式层面

随着近年来教育信息化工作的不断深入，进行课堂创新已是教学常态。AR 技术在教学中也发挥着重要功能。AR 技术展现出来的直观性、丰富性、可视化等，能够打造真实与虚拟的情景教学，打破固定时间与空间限制，支持开展多元化的教学实践活动，让课堂变得更生动，能够更好地辅助教师讲解抽象知识，方便学生理解知识原理。

个性化教育注重学中做、做中学，注重实效和运用，并且在强调学习最先进和最实用的知识的基础上，更注重个人专长、兴趣、目标和真实生活的体验和感受。AR 教学模式能够拓展学生的学习空间，让学生自己融入学习实践环境中去，在学中做、做中学，为学生带来了全新的学习形式，拓展了学习方法，促进开展学生个性化学习。

3.教育政策层面

教育部印发的《教育信息化 2.0 行动计划》也提出以国家精品在线开放课程、示范性虚拟仿真实验教学项目等建设为载体，加强大容量智能教学资源建设，加快建设在线智能教室、智能实验室、虚拟工厂（医院）等智能学习空间……推进信息技术和智能技术深度融入教育教学全过程，打造教育发展国际竞争新增长极。

从政策层面而言，近几年来，各地教育大方针相继而立，为新时代的教育信息化一步一步地奠定了坚实的基础，持续推动着教育现代化发展。同时，VR/AR 技术相关企业的各类课程及产品在不断迭代更新。

8.2 基于虚拟现实（VR）技术的教育应用

虚拟现实技术（Virtual Reality，VR），又被称为灵境技术或人工环境，其通过信息仿造出一个虚拟的世界，通过听觉、触觉、力觉、运动等，让大脑相信这个世界的真实性并沉浸其中，有十足的"沉浸感"与"临场感"。

8.2.1 VR 技术特点

虚拟现实技术的最终目标是试图通过虚拟（欺骗）人类所有感官的方式将人带入另一个世界，试图在虚拟世界中重塑物理定律、生化特性，充分发挥人的想象力，去创造一个新世界。其未来发展方向是塑造全新物理空间和互联网世界，扩展人对世界的别样体验。

VR 技术具有以下几个特点。

1.注重沉浸性

沉浸性指用户在使用 VR 交互设备时，虚拟世界的代入感和设备的体验感给人一种身临其境的感觉。很多影视文学作品和动漫为用户打造了完全沉浸式的虚拟世界，让用户分不清这些是虚拟世界，还是真实世界，如《黑客帝国》《刀剑神域》《头号玩家》。随着基础科学的技术水平的不断提高，还将打造出完全意义上的沉浸世界。

2.实现自然的人机交互

实现自然的人机交互是指用户对模拟环境内物体的可操作程度和从环境得到反馈的自然程度（包括实时性）。肉体感知能力的狭隘和虚拟世界的自由浩瀚是 VR 技术当前的发展主要矛盾之一。现在人们在探索通过外界机械设备来模拟在虚拟世界的交互反馈来解决这个问题。例如，用户可以用手去直接抓取模拟环境中虚拟的物体，这时手有握着东西的感觉，并可以感觉到物体的重量，视野中被抓的物体也能立刻随着手的移动而移动。

3.无限的构想

虚拟现实技术具有广阔的想象空间，可拓宽人类的认知范围，不仅可再现真实存在的环境，也可以随意构想客观不存在的其至是不可能发生的环境。在真实世界中，发现与利用科学规律是人类生存和发展的根基，而虚拟世界中，想象力才是世界的根基，想象力到哪里，虚拟世界的未来边界就在哪里。其能启发人的创造性的活动，不仅要能使沉浸于此环境中的人获取新的指示，提高感性和理性认识，还要能使人产生新的构思。就像《刀剑神域》中的 seed 一样，虽然拥有着相同的开源代码，但不同的人，不同的公司，可以将它转变为属于自己的不同世界，正如一千个人眼中有一千个《哈姆雷特》一样，一千个人眼里就有一千种虚拟世界。

VR 尚处于前期推广阶段，内容和应用相对于手机应用来说还相对较少，但正在逐步开发中。可惜价格没有那么亲民（例如，HTC Vive 消费版就要 5 500 元左右），目前各大硬件厂商巨头均已进军 VR 行业，相信在不久的将来，VR 会跟手机一样普及。代表产品有 HTC 的 HTC Vive、索尼的 PlayStation VR 等。

8.2.2　VR 教育发展优势

VR 结合教育产业的发展优势主要有 3 点。

第一，打破了传统观点中以内容为主的想法，让学生可以亲身体验，主动思考，避免了被动填鸭式学习，通过全真模拟的展示增加了教学的真实感和实践性。

第二，特别是在实践教学方面，VR 技术可以解决教学过程中系统结构复杂的教学难点，或者高危、高成本、受空间和费用限制等实验痛点。

第三，相对于传统教育中知识的扁平性，VR 教育的呈现将更加立体，可以加深学生们对知识的印象。

8.2.3　VR 教育硬伤与发展

目前，VR 教育的构想已经得到实现，并且处在初期的实践阶段，大部分人认为 VR 和教育的结合在未来有着巨大的市场。

但是，机遇和挑战总是并存的。目前，VR 教育的硬件技术还不够完善，一款可用的完善的虚拟现实游戏对开发者的技术要求相当高，开发起来十分吃力，并且虚拟技术的沉浸式教学有一定的局限性，只有在特定的课程中才能作为辅助教学工具使用。

VR 教育有三大硬伤：一是有相当一部分学生有 VR 眩晕症，这样就造成了教学资源的不平等；二是 VR 头显或眼镜会对学生的视力造成损害；三是使用 VR 的过程会造成教师与学生、学生之间的孤立。这使如日中天的 VR 教育被 AR 教育弯道超车成为必然。

我国陆续发布的《中国教育现代化 2035》《国家教育事业发展"十三五"规划》等国家政策强调以新兴技术，包括虚拟现实技术来探索未来教育教学的新模式。

VR 有高仿真、沉浸式、可交互等突出特点，可以创新性地打破物理空间的局限性，为学生创造出形象生动的教学环境，并且通过改变传统的课堂教授方式，重新构建教师、学生、知识三者之间的关系。教育工作者还能通过数据分析每个学生的学习进度，开发满足学生特定需求和学习类型的个性化课程，从而不断促进教育改革和发展。

作为全球领先的科技公司，联想一直努力推动智慧教育场景的落地，并积极将自身先进的 VR 技术应用其中，推出了 VR 教室解决方案。该方案是联想基于其与 Google 合作开发的 Daydream VR 一体机 "Mirage Solo"、平板电脑等硬件设备及 Google Expeditions 等软件资源，打造出的软硬件一体化教学解决方案，旨在将虚拟现实带入课堂，并将其作为提升学生学习体验的工具。除了 Mirage Solo 头显，这套来自联想的 VR 教室套件还有大量的教育内容，涵盖科技、人文、历史等多门全景探究课程，实现了课程场景化。通过身临其境的沉浸感、交互感，可提高学生的学习兴趣，并通过优质全面的课程设计，减轻教师的备课压力。

8.3　基于混合现实（MR）技术的教育应用

混合现实技术（Mixed Reality，MR）可以说是虚拟现实技术 AR 的进一步发展，该技术通过在虚拟环境中引入现实场景信息，在虚拟世界、现实世界和用户之间搭起一个交互反馈的信息回路，以增强用户体验的真实感。在新的可视化环境里物理和数字对象共存，并实时互动。

MR 与 AR 的区别在于 AR 的虚拟信息只能提供给设备使用者，但 MR 是通过设备把虚拟影像提供给没有使用设备的用户。虽然两者的应用场景不同，但都是殊途同归的技术。

MR 技术产品目前还未在市场上推广普及，主要提出这个概念的 Magic Leap 公司目前正在研发该项技术。代表产品有 Magic Leap One，是美国 Magic Leap 公司于 2018 年推出的第一款面向消费端的混合现实产品。

MR 技术源自 AR 技术的延伸和发展，人们发现 AR 技术提供的冰冷的附加信息十分突兀且功能有限，于是一群天才科学家和极客们开始畅想将虚拟世界与真实世界整合到一起，MR 技术随之而生。较早实现 MR 商业化的企业是微软，其于 2015 年 1 月 22 日发布了旗下第一代 MR 头显 HoloLens。HoloLens 通过复杂的光导系统将显示信息附加于真实世界之上，通过 TOF

技术获取周围空间的三维数据并构件空间模型，在空间模型的基础上附加显示。（微软在 Xbox 的 Kinect 套件上获得了重要的技术积累）微软首先集成并实现了对真实世界的建模及信息附加的功能。

MR 技术具有以下几个特点。

第一，部分遵循物理规则。MR 的最终目标是将虚拟世界和真实世界融为一体，而非像 VR 那样的虚拟世界，所以需要遵循真实世界的部分物理规则，使人的感知器官能很好地捕获附加的光学信息。

第二，光的魔法。MR 的核心技术在于如何将虚拟世界的物体与真实世界的视觉相结合，而 MR 眼镜就是其中的桥梁，MR 眼镜的光学组件将虚拟的信息叠加于真实的光照信息之上，并共同输入人的眼睛中，让人类视网膜获取到的光子中既包含真实世界的光子，也包含虚拟世界的光子，两者相叠加，构成了全新的视觉世界。

第三，让世界充满更多可能。MR 不仅仅遵循真实世界的轨迹，更可以脱离物理，塑造一个全新的、真实与虚幻相结合的世界。我们不仅仅可以通过 MR 技术随时获取到更多的信息，还能与虚拟世界中的元素进行实时交互，并且能让虚拟元素融入日常生活中。

AR/MR 与 VR 的技术瓶颈如表 8-1 所示。

表 8-1　技术瓶颈对照表

	AR/MR	VR
技术瓶颈	用于显示的光场镜片成本很高，生产厂商较少。技术不成熟（光场镜片进一步提升制造水平）	显示屏幕精度低（相对于人眼需求），显示效果极差，造成沉浸感不佳
	续航时间很短，电池不给力（跨时代的新电池技术）	对电脑性能要求极高，需要对 360 度空间场景进行实时计算
技术瓶颈	摄像头拾取真实世界空间位置时会发生错误，不是完全准确	需要连线，现有技术下无线带宽无法满足显示需求。对于自由移动有所限制
	集成度较低，设备整体偏大	设备庞大并且沉重，佩戴不便
	芯片计算能力弱，无法满足 AR 的实时运算需求（可待手机芯片技术进步或 5G 普及之后交由云端运算）	戴久了会造成眩晕、不适等情况

	AR/MR	VR
技术瓶颈	画面有拖影，沉浸感不足	软件游戏比较少
	设备昂贵，新兴产品没有配套的完整的产业链，成本很高	只能进入虚拟世界，无法与真实世界互动
	软件稀少，开发者少	
	视野狭窄，受限于镜片显示区域导致画面无法覆盖整个视野区域	

8.4　基于扩展现实（XR）技术的教育应用

虚拟现实（VR）、增强现实（AR）、混合现实（MR）、影像现实（CR）等技术统称为"扩展现实（XR）技术"。XR（Extended Reality，扩展现实）是指通过计算机技术和可穿戴设备产生的一个真实与虚拟组合、可人机交互的环境，是 AR、VR、MR 等多种形式的统称。这几种视觉交互技术相融合，实现了虚拟世界与现实世界之间无缝转换的"沉浸感"体验。

扩展现实（XR）可以为电影、电视，以及现场活动的体验带来巨大的提升，可以加强演员在表演时的沉浸感，还可以实时与计算机图形（Computer Graphics CG）内容互动，更能提高场景中物体表面光线的真实感，用极其自然的视觉方式将内容呈现于舞台之上。

disguise 首次将 XR 技术运用在媒体服务器和舞台场景中，并且独创了 disguise XR 工作流，在国外也已经有了非常成熟的案例表现。比如，英国 OMEN 电竞挑战赛、腾讯"炗"潮音发布夜。

disguiseXR 工作流能将增强现实（AR）与混合现实技术（MR）带入现实环境之中。

8.4.1　XR 技术特点

美国计算机图形学之父伊凡·苏泽兰特（Ivan Sutherlan），于 1968 年开发了第一个计算机图形驱动的头盔显示器 HMD 及头部位置跟踪系统，这在 VR 技术发展史上具有标志性意义。近年来，VR、AR 与 MR 等技术，通过不同程度的数字信息与现实环境的融合，为用户带来了全新的体验模式。与当下的 VR、AR、MR 相比，扩展现实（XR）更强调虚拟世界与现实世界的融合，旨在让人们的信息和体验之间的距离消失。马歇尔·麦克卢汉（Marshall McLuhan）认为，"媒介是人的延伸，人的任何一种延伸，无论是皮肤的、手的还是脚的延伸，对整个心理和社会的复合体都会产生影响"。媒介的产生继而丰富和开创了人类感知与认知世界的方式、途径。以 VR、AR、MR 为代表的虚拟仿真技术的出现与应用，为人类提供了更多感知世界的途径和手段。由印刷术到智能手机的生产，人类越来越依赖技术的发展。

近年来，人机交互方式随着触控显示技术、沉浸式技术及自然语言处理技术的发展，变得更为注重迎合人类的自然感知。而机器的学习能力也在向人类的思维靠拢，如情境分析、图像识别及深度学习等。当前技术发展的亮点在于，为更好地满足人类的需求，技术在不断进行适应性调整。比如，XR技术提供了各种模糊实体空间和模拟环境之间界限的体验，通过视觉、听觉、嗅觉和触觉信号为用户创造一种沉浸感。XR 作为"技术中介体验"结合了数字和生物现实，将信息带到了人们面前，帮助人们快速洞察信息。一方面，XR 技术能在 3D 环境中展示数据，使之更贴近人类实际观看和情境想象的体验；另一方面，用户借助 XR 技术可以将虚拟数字对象叠加到现实世界，同时可以将物理世界的物件引入虚拟世界中。

《国家中长期教育改革和发展规划纲要（2010—2020 年）》中提出"充分利用优质资源和先进技术，创新运行机制和管理模式"，从而实现技术对教育的革命性影响的发展目标。XR 作为近几年快速发展的新型交互技术，能够实现 AR、VR 和 MR 的融合发展。它不仅成为一把开启新一代交互革命的钥匙，还重在通过重塑学习方式回归教育本质，对培育创新型人才和教育普及产生了深远的影响。同时，它为教育教学等诸多领域带来了新的挑战与机遇。

8.4.2　XR 技术的发展

1.VR 与 AR、MR 的发展

计算机仿真技术的不断发展为人类带来了众多的沉浸式技术，其中以 AR、VR 与 MR 为世人所熟知，这些技术通过不同程度的数字信息与现实环境融合，为用户带来了全新的体验模式。XR 技术的出现，与当下流行的 AR、VR 技术的发展密不可分，但是这两种沉浸式技术有着显著区别。

表 8-2 展示了 VR、AR 技术发展的历史关键节点，这两种沉浸式技术从

文学构想到现今流行于大众，有着百年的发展史。我们从历史发展的维度可以看出，VR 侧重对现实情境的仿真、模拟；AR 更注重利用技术延伸人类对现实环境的感知，从而打破现实的"局限"。因此，准确认识这两种技术的发展历程是构建 XR 技术概念的前提。

表 8-2　VR和AR技术发展历史关键节点表

	VR	AR
文学背景	科幻作家斯坦利·G·温鲍姆（Stanley G. Weinbaum）在他的小说《皮格马利翁的眼镜》中描述了一副能带读者体验到包括嗅觉、触觉等在内的虚拟世界的护目镜（1935）	《绿野仙踪》的作者弗兰克·鲍姆（Frank Baum）出版的小说《万能钥匙》中的主角拥有一副能看到他人道德品质的眼镜（1901）
技术背景	查尔斯·惠特斯通（Charles Wheatstone）发明的由双筒镜组成的立体成像器，可以创造出一个基础的三维影像（1840）	Morton Heilig 创造了名为 Sensorama 的原型机，一台能为电影观众增加多种感官体验（声音、3D 图像、气味……）的机器（1957）
第一台设备	沉浸式驾驶舱 Link Trainer 用于为美国军事飞行员提供虚拟培训（1929）	伊凡·苏泽兰特（Ivan Sutherland）发明了头盔式显示器，可以将几何图形投射在周围环境上（1968）
术语的提出	伊凡·苏泽兰特（Ivan Sutherland）在一篇题为《终极的显示》的报告中定义了这个概念，杰伦·拉尼尔（Jaron Lanier）推广了它（1965）	波音公司工程师汤姆·考德尔（Tom Caudell）发明了一些能投射布线图的护目镜，具有为公司电工提供虚拟导览及培训的功能（1990）

AR 能把含有字母、数字、符号或图形的信息，叠加或融合到用户看到的真实世界中。AR 技术的早期发展主要着眼于航空领域中飞行员在操作过程中无法兼顾的复杂操控设备与飞行器外部环境的安全问题。即 AR 技术早期设备以平视显示器（Head Up Display，HUD）为主，可为飞行员提供必要的数据和符号等信息。因此，早期 AR 技术主要用来开发支持视觉增强的以光学透视显示器（Optical See-Through，OST）为主的硬软件系统。随着技术的发展及智能手机的普及，手持、移动的视频透视显示器（Video See-Through，VST）逐渐普及。基于 VST 的 AR 技术充分利用智能手机的特性，通过捕捉、

识别真实环境中的标记物，将虚实融合信息实时显示在触控屏幕上，使用户能够与之交互。因此，现代的初级系统特征包括虚实融合、实时互动及三维注册。

VR 技术是一种综合利用图形系统和各种现实及控制接口设备，在计算机的生成性、可交互性的三维环境中，为用户提供沉浸感觉的技术。当下VR 技术的实现过程主要是通过一套特殊设计的头盔设备，将用户与物理世界隔绝开来，其完全依靠计算机生成的环境取代用户对真实世界的感知。也可以认为 VR 技术依赖人类大脑所产生的幻觉，使人沉浸在独立的时空中。因此，VR 技术的主要特征包括沉浸性、交互性和构想性。

与 AR 技术不同的是，完全沉浸式的 VR 在空间上是有限制的，并在极大限度上将用户与现实世界隔绝开。也就是说，一旦用户进入 VR 环境，便失去了与周围现实环境的联系。当下 VR 的运用领域集中于专业级应用市场及游戏娱乐行业，但因其设备价格高昂、应用软件较少等问题，更多地呈现出"有价无市"的现状。谷歌公司于 2014 年发布的"Cardboard"廉价虚拟现实原型设备，能将智能手机作为体验虚拟现实的 3D 眼镜。尽管其沉浸性效果不及专业级头显设备，但这对 VR 技术的市场普及起到了一定的推广作用。

技术的交叉发展使 AR 技术与 VR 技术之间的技术界限愈加模糊。在形式上，两者似乎分别朝着现实及虚拟两个方向发展：增强现实所增强的是人类对其所处真实环境的感知能力；虚拟现实则着眼于人类在其自身营造的数字空间中对逼近真实环境的感知体验。未来可以预见的是，一个被人工技术高度改造的虚实融合空间会出现，在其中，现实与虚拟的界限已经模糊。换言之，技术生态的成熟使 AR 技术与 VR 技术呈现融合之势。当下流行的 MR技术即具备初级融合特征的沉浸式技术，其尤为强调真实世界、虚拟世界及数字信息的无缝融合。

MR 对 AR 的发展表现在"三维注册"向"上下文注册"的转变上，即在对当下用户的位置、兴趣及需求等信息充分感知的基础上，为用户进行定制化设计。MR 注重对用户本身及真实环境的全方位的智能感知，注册、合成并关联各种有意义的数据，为用户创造个性化的体验。以"虚拟台灯"为例，MR 技术不仅能准确"注册"台灯在真实空间中的位置，还能准确感知何时需要开启、关闭，或者根据用户需求调整其亮度。

MR 对 VR 的发展表现在能将现实世界中的内容代入虚拟空间，实现虚拟环境的即时生成与构建，并保持与现实空间的协同，以提高用户体验的自由度上。AR、VR、MR 三者主要的技术区别如表 8-3 所示。微软公司的

HoloLens 以及 Magic Leap 公司所研发的混合现实设备能代表现阶段 AR 技术、VR 技术的融合情况，但它们仍是以视觉为主要感知方式的显示设备，在体验方面仍有局限之处，这也为 XR 技术的提出奠定了基础。

表8-3　AR、VR及MR技术对比表

	AR	VR	MR
用户与自然现实的交互程度	交互基于添加到同一数字信息的现实世界	用户与现实隔离，并通过 VR 设备沉浸于全数字感应世界	现实世界充当投影虚拟现实的场景，用户通过设备沉浸其中
数字体验中的沉浸度	取决于 AR 叠加到现实中的数据密度	完全沉浸于独立平行的数字化时空	虚实融合空间中的感官沉浸取代了现实世界的原初体验
标志性设备	智能手机中的 AR 应用程序（如精灵宝可梦）	感官沉浸式的头显设备（如 Oculus Rift）	在真实环境中投射数字信息的眼镜（如 HoloLens）
代表公司	Google	Facebook	Microsoft
发展阶段	急剧扩张中	对初次产业泡沫的调整	实验室阶段

2.沉浸式技术的哲学思考

从教育的角度审视，AR、VR 及 MR 的发展不仅能为学习者提供新的学习工具、学习平台及学习体验，还能为教育达成"实现人类的自由全面发展"的终极目标提供技术支持。为此，我们需要关注其发展为学习者认识世界、改造世界所带来的新机会，即需要从哲学的视域下，对沉浸式技术支持学习的方式进行深层次的审视。

无论是 AR、VR 还是 MR，其背后所支持的都是随着信息技术不断发展而更新的"虚拟观"。吉尔·德勒兹（Gilles Deleuz）等基于后现代主义哲学家 Deleuze 对现实的哲学思辨，提出了一个"真实现实、虚拟现实连续集"，如表 8-4 所示。

表 8-4　真实现实、虚拟现实连续集

现　实	增强现实	虚拟现实	混合现实	增强虚拟	虚拟性
我们用感官体验到的现实世界	在现实世界上叠加信息和数据	完全数字化对现实世界的表达	把可能的元素引入现实世界	把实际元素引入可能的世界	一个遵循现实世界规则的虚拟世界
关键概念：人与物的物理共存	关键概念：将虚拟信息集成到物理存在	关键概念：营造类现实体验的沉浸感	关键概念：适应现实情境	关键概念：参与可能情境	关键概念：建立体验不同世界的视角
真实			可能性		
真实现实的连续集			虚拟现实的连续集		

　　该连续集所强调的现实世界本身是"虚实交织"的。这里的"虚拟"并不是指无实体的数字产物；相反，数字产物在其哲学思想下归于现实的一部分，是能被人类感觉器官所察觉到的"真实"。"虚拟"指在过去和未来中持续存在、但始终未成为"现实"的真实，是一种无穷的可能性。在 20 世纪后期，计算机仿真技术、数字显示技术等发展较为成熟之际，"虚拟"作为一种与现实性相对的概念哲学范畴被提了出来。广义的"虚拟"被认为是一种超越现实的创造性思维活动，人类文学艺术、宗教神话及科学创造活动等任何一种思想文化现象都具有超越现实的"虚拟"性；狭义的"虚拟"即数字化虚拟，指用 0 和 1 表达和构成事物以及关系，从而形成一个与现实不同却有现实特点的真实数字空间。数字化的"虚拟"对"虚拟"定义的发展主要体现于其在形式与功能上反映出一种感性的真实存在。尽管其并不指向现实世界中的实物，但仍能被人体感官所感知；但其同时是假的，与被虚拟的现实对象有着本质区别。

　　因此，从认识论的角度看，数字化虚拟创造了"真与假的统一体"，即一种区别于现实的经验——"真实"的新形态，这是对传统现实性思维"非真即假"的思维方式的变革。现实性思维的求真性特征，决定了现实性实践是以真理的"符合论"为理论表现的，强调"是什么"，并通过抽象的概念表述出来。数字化虚拟的背后是以二进制为表达方式的人类思维中介（表述、建构）系统的革命，因思维表述、建构均是以间断性表达连续性，但只要间断性的速度达到一定临界点，间断性便以连续性的面貌出现。

以二进制为基础的数字中介的发展、进步，能消除思维的间断性，人类的思维方式从"求真性"转变为"求解性"，从定义式思考进入不断运动的策略性思考，即高阶思维过程。借助数字化虚拟平台，思维运动可以更加直观，从而使人们摆脱了对现实的合理性批判、否定的模糊性及不确定性，人类可以将不可能的可能性纳入认识域，如德里达所描述的"方形的圆""一座金山"等。

现代文明的病症在于理性对感性的压制，席勒称之为"理性暴政"。马尔库塞（Herbert Marcuse）认可并延伸了席勒的这一观点，认为发达工业社会统治阶级所鼓吹的社会意识形态是一种"虚假意识"，人类逐渐沦为失去自由与批判精神的"单向度的人"，其追求的幸福日益呈现出低级享乐的鄙俗性特征，自由不可避免地与幸福分裂。数字化虚拟的出现改造了现实性思维、实践方式，将人类从对真实的依赖中解放出来，"自由"与"幸福"有可能重新联系在一起，从而促进人的全面发展。同时，区别于传统数字化虚拟的超文本、平面图像等二维媒介材料，沉浸式技术通过跨媒介支持，非结构化的视、听、触等多感官刺激途径，进一步解放人的感性思维，激发了创造性思维的产生。

综上，无论是 VR、AR 还是 MR 技术，三者在未来的融合式发展中，有望打通现实与虚拟之间的界限，创造一个无须区分虚拟与现实的"虚实融合"的生存环境。届时，个体生命的存在价值将获得无限的提升和张扬。

3.XR 概念的提出

扩展现实，英文为"Extended Reality"或者"Cross Reality"，常见的缩写简称为 XR 或 ER 等。XR 最早出现于 1961 年查尔斯·威科夫（Charles Wyckoff）为他的 XR 电影注册的专利文件中，这部电影能使观众看到常人所不能见到的诸如核爆炸等景象。1991 年，查尔斯·威科夫与曼等合作，将高动态范围图像处理技术与 VR、AR 技术相结合，打造可以显示"XR"视觉画面的头显设备，以增强人的感官能力。术语"XR""X-Reality""X-REALITY"及"XREALITY"在 2010 年被索尼公司注册为商标，被广泛应用在智能手机"Xperia"系列带有增强现实功能的机型中。

索尼公司使用 XR 或 X-Reality 的理念，与查尔斯·威科夫和曼利用 HDR 技术延伸人类感官能力思路是一致的；Unity 公司在其发布的官方培训课程中，将 XR 中的 X 比作数学中的未知数，该未知数有增强、虚拟及混合现实的意思，XR 则是建立在 Milgram"虚拟现实连续集"上任意一点。Unity 公司为此推出了专门配合 VR、AR 及 MR 内容开发的 XR 插件，这也表明了

XR 是一种涵盖性术语；科勒曼等将"Cross-Reality"定义为由泛在的传感器、驱动装置网络及共享的线上虚拟世界组成的整体环境，并且这种环境是由以上 3 种技术集合组成的。该定义认为 XR 技术定义是现实与虚拟系统之间、信息与媒体之间的交互技术；高通公司则将 XR 定义为新一代移动计算平台，具体来说，扩展现实（XR）技术是一种涵盖性术语，包含了增强现实（AR）、虚拟现实（VR）、混合现实（MR）及其他因技术进步而可能出现的新的沉浸式技术。

国内中山大学哲学系教授翟振明是较早提出 XR 概念的学者，他认为从技术综合性和广度讲，XR 是将互联网、物联网和 MR 技术结合起来的技术形式；从哲学角度讲，XR 将是创造人类未来"虚实融合"的新世界模式，尤其强调在拓展现实中人类的自由意志活动。在其著作《有无之间：虚拟实在的哲学探险》中，他着重阐释了 VR 中的"人替""物替"及 XR 中的"人摹""物摹"和"人替摹"，如表 8-5 所示。其构想的未来扩展现实概念，与近年流行的数字孪生相接近。所谓数字孪生（Digital Twin）是一种集成多物理、多尺度、多学科属性，具有实时同步、忠实映射、高保真度的特性，能实现物理世界与信息世界交互与融合的技术手段。

表8-5　翟振明的XR哲学要素

人替	现实世界中的人在虚拟世界中的化身
物替	为了操纵物理世界而造成的存在于虚拟世界中的物体
人摹	电脑生成的虚拟角色（Non-Player Character，NPC）
物摹	用户于虚拟世界中创造出来的物体
人替摹	虚拟世界中对应用户个体的人工智能代理

未来 XR 技术将会与人工智能技术、物联网技术高度融合，数字内容将会在其支持下，以更为直观可感的形式出现在真实空间中。XR 涵盖了实现 VR、MX、AR、CR 和其他现实的硬件、软件、方法和体验。其中，X 可以看作 V（R）、A（R）或 M（R）的占位符，尽管它也表示未定义的或可变的质量 / 数量。因此，XR 的定义大多包含平台和内容，让用户可以将数字对象带进现实世界，或者反之，认为实体对象存在于数字场景中。

结合 AR、VR、MR 技术的特性及 XR 的相关概念界定，我们认为，XR 应当具备情境感知、感觉代入、直观交互及编辑现实 4 个特点。

第一，情境感知。情境感知区别于实境感知，是实境感知的高阶形态，体现的是从普适计算向认知计算的跨越。实境感知强调对周围环境各种量化信息的数据获取、分析及处理。情境感知的感知客体超越了客体本身的物质特性，包括虚拟世界的数字信息。例如，情境感知关注感知主体本身在体验过程中所产生的心理反应，这不仅要求对环境数据、人体各项指标数据进行处理，还包括对量化体验领域中相关指标进行分析，借此为用户提供最好的与上下文语境相关联的体验。

第二，感官代入。感官代入带来了全新的沉浸层级，人类的感觉将会超越视觉，在技术中发挥更加突出的作用。XR 技术能将物理世界与数字媒体融为一体，创造真实世界的虚拟感觉及虚拟世界中的真实感觉。借助数字用户交互界面，包括气压场、可变屏幕和特殊控制器等，触觉技术能使人体验到与现实生活一样的物体触感。例如，当用户触摸虚拟宠物时，不仅能看到它的动态反馈，还能感受到其毛皮的触感等。因此，XR 技术应当能使人类的五感以物理世界中互动的方式与电脑进行交互。

第三，直观交互。XR 技术所追求的直观交互要求技术本身"不可见"，传统的 AR、VR 及 MR 因设备的局限性常常导致不良体验的产生。人机交互先驱比尔·巴克斯顿（Bill Buxton）认为，与技术互动应该是自然而然的，"不是设备操作员，而是作为人类而存在的"。从这个需求出发，对直观交互的设计主要包含手势交互、语音交互、姿态交互、眼动交互及脑机交互 5 个维度。

第四，编辑现实。传统的物理存在与虚拟物体之间的区别在于物理物体通常是静态的，而虚拟物体是非静态的，可以随时改变，并且具有不同的属性。XR 技术对 AR、VR 及 MR 技术的重要发展在于其改变了物理对象的属性，使其呈现出非静态化的特征，用户可以与现实环境进行双向对话。因此，物理对象在 XR 技术的支持下，实际上是可以被编辑的，用户可以对其进行"出厂设置"之后，再决定如何使用。

8.4.3 XR 技术的实现机制展望

1.基于技术构成的实现机制展望

高通公司中国区 XR 业务负责人郭鹏认为，AR、VR 或者 MR 的底层软硬件技术很多都是相通的，尤其与芯片相关的支持技术以及软件开发包（software development kit，SDK）。因此，XR 技术的实现需要基于 3 种沉浸式技术综合发展，如高通公司在 2017 年发布的 XR 报告中提出了 XR 眼镜的概念图，具体如图 8-1 所示。

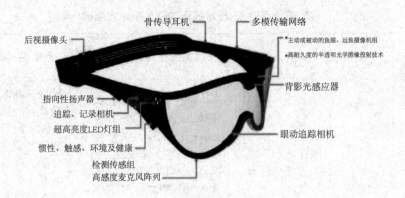

骨传导耳机　多模传输网络
后视摄像头
＊主动或被动的鱼眼、远焦摄像机组
＊高耐久度的半透明光学图像投射技术
背影光感应器
指向性扬声器
追踪、记录相机
超高亮度LED灯组
惯性、触感、环境及健康
眼动追踪相机
检测传感组
高感度麦克风阵列

图 8-1　高通发布 XR 眼镜概念图

可见，XR 技术并不仅局限于终端设备，图 8-1 中的 XR 眼镜是一种以视觉为主的"瘦终端"设备，XR 则包括技术环境在内的沉浸式系统。因此，针对高通的 XR 技术展望，我们认为 XR 技术实现的支持技术应当包括输入系统、处理系统、输出系统及泛在技术环境，具体如图 8-2 所示。基于对 XR 技术路线图的设计，以及结合当下 AR、VR 及 MR 发展过程中的各种实现技术的特点，我们对 XR 实现技术进行未来展望，如表 8-6 所示。

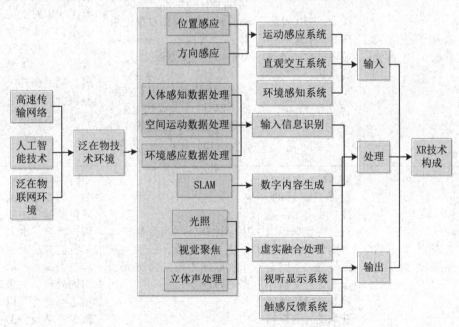

图 8-2　XR 技术实现预想技术路线图

表8-6 支持XR技术实现的相关技术发展表

XR 技术	子系统	描 述	现有关键技术或解决方案	未来发展方向
输入系统	运动、环境感应系统	跟踪显示、输入装置的位置与方向 目标身体输入的方向和程度	光学跟踪器（OptiTrack 多摄像头光学跟踪解决方案、Kinect 及 Real Sense 光学感应解决方案）、信标跟踪器（Value 公司红外信标解决方案）、电磁跟踪器（Polhemus 公司的 FASTRAK 电磁跟踪解决方案）、惯性测量单元（InvenSense MPU-9150 九轴运动跟踪解决方案）、超声波感应器（Soni Strips 解决方案）	精确、高效及高性价比的感应器在输入阶段就能捕捉并识别人体数据、环境数据的基本要求，未来 XR 技术需要多感应器协同工作，以提高识别精度，因此需要建立严格统一的行业标准
输入系统	交互触发系统	保证使用者在模拟环境中导航并与之交互的系统	手和手势追踪（CyberGlove III 数据手套、Peregrine USB Glove 手套、HTC Vive StreamVR、Oculus Touch、Sony PS Move VR 双棒控制器）、全身追踪（Perception Neuron 神经元感应器）、实体控制器（游戏手柄、游戏方向盘等）、意识控制器（EPOC 头戴式脑电感应器）、语音识别系统（科大讯飞语言识别解决方案）	XR 技术的交互触发系统主要借鉴了 VR 的支持技术，未来交互触发系统将会往多模态方向发展，同时硬件设备将会可穿戴化或植入人体内
处理系统	输入信息识别	XR 技术处理的数据是海量的，并且要求实时进行。在数据识别方面包括深度数据处理、空间定位的矩阵变换计算及环境传感器获取的元数据转译等	边缘计算、空间变换矩阵算法、深度数据处理、基于物联网平台的传感元数据的转译	XR 需要将复杂、多元的非结构的海量数据集中处理，将会借助人工智能算法及相应数据源平台的协同处理，如采用边缘计算等以减少终端设备的负荷

续　表

XR技术	子系统	描　述	现有关键技术或解决方案	未来发展方向
处理系统	数字内容生成	真实或虚拟空间的无缝融合要求各自带入的可感化信息要实时适应当前用户情境	即时定位与地图构建（SLAM 算法）	内容生成与渲染将占用大部分处理器单元，设备电量及图形处理能力将受到极大的考验，这也是未来 XR 技术实现需要解决的主要问题
处理系统	虚实融合处理	将输入信息与数字内容按照用户情境进行融合处理	模拟光照技术、立体声场技术、视觉聚焦技术	
输出系统	视觉显示系统	显示动态立体内容	光学影像投射技术（Magic Leap）、全息波导技术（Microsoft Hololens MR 眼镜）、显示分离技术（Innovega iOptik 隐形眼镜）	未来 XR 技术将实现视觉、听觉、触觉、味觉及嗅觉的五感反馈，为用户提供情境化的真实感官体验
	声音显示系统	空间声场，具有方向性	骨传导技术、三维听觉声场	
输出系统	触感反馈系统	延伸情境体验的沉浸性	触感设备（触感笔、触感座椅）、触感手套（Gloveone 触感手套）、触感靴（Taclim shoes）、触感服装（Teslasuit）	未来 XR 技术将实现视觉、听觉、触觉、味觉及嗅觉的五感反馈，为用户提供情境化的真实感官体验

XR技术	子系统	描　述	现有关键技术或解决方案	未来发展方向
泛在技术环境	人工智能技术	使 XR 具备情境感知、理解用户并不断学习的能力	特定领域的认知智能	未来 XR 技术的技术环境将保证数据从云端到边缘，再到设备端的稳定性
	物联网技术	使设备信息化，从而为打通虚拟与现实世界联系的通道建立基础	家用物联网解决方案、工业级物联网解决方案、城市物联网解决方案	
	高速传输网络	保证 XR 技术多元数据流的稳定流通	4G/5G 高速传输网络的动态切换	

2.基于用户感官体验的实现技术展望

（1）视觉体验实现技术。未来的 XR 显示技术将采用一种新型的光学影像投射技术，外观使用一种高耐久度的半透明材料。与这种显示介质技术理念相接近的有微软公司研发的 HoloLens，还有 Magic Leap 公司将在未来发布的增强现实系统中的显示装置，以及 Innovega 公司研发的光学器件与显示器分离的名为 iOptik 的系统。HoloLens 通过全息波导技术将字母、数字、符号和图形信息叠加到使用者所感受到的真实世界中，将呈现在使用者眼前的高清全息图与其物理环境在空间上相互关联并固化；Magic Leap 公司将发布采用基于光学器件的适应性光场显示技术，从其申请的"虚拟现实 3D 成像系统"专利文件上看，该专利能在没有显示介质的基础上直接将图像投射到用户的视网膜上；Innovega 眼镜系统的显示技术包括装有高分辨率微型显示器或投影仪的眼镜与能将真实世界和媒介平台的光子聚焦到佩戴者视网膜上的 iOPtik 隐形眼镜。未来的 XR 技术应当是朝着 AR 显示器过渡的显示技术（全息波导、自适应光场及分离式显示等），因为 VR 设备的主体近眼式立体 3D 显示器仍有可能对用户健康造成潜在的危害性后果。

（2）听觉体验实现技术。声音能与 XR 支持的其他感官体验进行整合，也可以独立存在。艺术家珍妮特·卡迪夫（Janet Cardiff）早在 1991 年就开始创造为用户带来独特体验的"音频漫步"项目。Detour 公司借鉴珍妮特·卡迪夫的灵感，提供了一系列位置感知增强音频漫步的体验。其主要通过智能手机的惯性测量单元及 GPS 全球定位系统，对用户的位置等信息进行分析，智能推送特定的音频内容，以促进共情与理解。XR 技术所采用的音频设备可以是骨传导耳机，其原理是通过震动将声音从腭骨传播到内耳，因此并不会阻塞周围的自然音，能够实现"敞耳聆听"的效果，这对于以增强现实为目的的 XR 技术应用来说是一大优点，但是对于高度沉浸式的虚拟现实环境而言，或许是一种"真实"噪声的干扰。因此，环境定向声场对于 XR 技术来说同样重要。HyperSound 的音频技术使用超声波在窄束中引导声音，并将其限制在特定位置，以精准创建音频区域，用户可以在公共空间创造"私人听觉区域"。因此，XR 技术的声音解决方案应当由终端设备与环境共同支持，以营造丰富的三维听觉声场效果。

（3）触感体验实现技术。触感体验实现技术多被运用于 VR 技术中，通过营造接近真实世界的触觉感知来分散用户对显示技术缺陷所带来的不良体验的注意力。也正是由于 VR 技术开发者专注解决视觉显示方面的技术壁垒，触感技术的发展才有所滞后。在 VR 技术中，触感设备主要有集成于操作杆的震动式反馈装置、触感穿戴设备（手套、靴子及背心等）、触感笔及触感座套等。AR 领域的触感设备主要包括基于静电场、超声波振动等原理，以智能移动设备为载体的触感屏幕、变形屏幕及基于反电动振动技术、空气涡流压缩立场的非接触式触感设备等。高质量的触感体验技术仍面临巨大的挑战，包括人体触感面积大、相关公司的专利封锁等原因。未来，XR 技术的触感实现的突破口将落在以某种形式存在的神经触觉刺激上，如 Tesla Studio 公司开发的 Telsasuit 就是一种通过微型电极模拟传入神经纤维，向用户皮肤提供微小电脉冲的模块化服装。

（4）数字味觉、嗅觉体验实现技术。味觉与嗅觉是唯一与脑部边缘系统直接相连的两个感官，主要负责情绪和记忆。数字味觉的发展与人脑密切相关，舌头在电和热信号的刺激下，能使用户体会到酸、苦、甜和咸味，这取决于通过电极的电流的频率。关于数字嗅觉的实现技术，最令人印象深刻的莫过于谷歌公司在 2013 年愚人节发布的 Google Nose，它是用于捕捉和搜索气味的数字方法。尽管是一个恶作剧，但是对于未来 XR 技术来说，其将数字香氛体验纳入技术体系的设计并不牵强。另一款 Feelreal 面具能与 Oculus Rift VR 头显设备连接，本身有 7 个可移出机匣的气味发生器，可将气味蒸发到用户鼻子中，结合三维视频游戏和电影情节，可振动产生全方位的体验。开发者还设计了 FeelReal SDK，在平台上添加不同的气味和效果，以增强用户的沉浸式体验，但遗憾的是，在众筹网站上并没有完成它的众筹计划。综上，XR 技术支持用户的味觉、嗅觉体验，基于神经科学家大卫·伊格曼（David Eagleman）的设想，互联网直接提供实时数据传送到大脑，使用户直观体验和感受这些数据而不需要感官加工，这也是脑机交互的发展趋势之一。

3.XR 技术的内容开发与叙事准则

未来，XR 技术将会是一种多感官参与的新型媒介技术，设备的轻量化将使用户忽略技术的痕迹，直接沉浸在内容中，借助以用户为中心的上下文情境驱动的个性化体验，用户身临其境般的感受将被进一步丰富。存在度是衡量虚拟环境是否成功地使用户沉浸其中的度量，有学者将其定义为"非调和幻觉"，在其中"媒介看起来似乎是隐性的或者透明的，其用户和内容分享相同的物理环境"。因此，这种直接性逻辑决定了媒介本身应当消失，用户不再意识到自己面对的是媒体，而是站在"直接面对内容"的地位上。

冲破技术景观的限制是未来 XR 技术应用设计必须考虑的。例如，电影理论家汤姆·冈宁（Tom Gunning）将早期电影作为一种"景点电影"进行讨论，其认为"使画面快速移动的机器是迷人的源泉，而不是主题和故事的代表"。超越性创新和创造有意义的体验的一种方式是连接用户的情境。在 XR 技术中，叙事策略存在两个重点：一是强化，二是记忆。

（1）强化。强化指对目标用户群体具有强烈情感的情境体验。XR 技术通过"虚""实"融合的表现方式使目标用户群的情感强化体验更为深刻。例如，用户亲身前往长城，便可以亲身感受长城对我国历史的影响之大，强大的原生情感力量能加深人们的体验。

（2）记忆。记忆是更加个性化的强化策略，强调对个体体验的情感和意义。例如，用户对某特定事物的注意力停留，能被 XR 应用识别，继而通过营造个性化情境增强其体验。又如，当用户某时刻长时间注视其小时候的照片时，XR 系统能留意到这一细节，并在用户闲暇时播放照片组的幻灯影像，这种体验是个性化的，却能激起用户强烈的情感。

8.4.4　XR 技术的潜在应用领域

1.商业领域

在商业领域，XR 可用来变革商业运营方式、管理人力资源及开展广告宣传活动等。前瞻性的商业巨头意识到 XR 技术具有整合 AR、VR 等技术的潜力，其可改革传统基于互联网、视频会议等传统商业交流方式，呈现"泛现实、零距离"的特征。商业数据如银行流水账单、表单数据等在 XR 中将以更形象化的方式出现，能更好地匹配人们观察并拓展与世界互动的方式。BLUairspace 公司将 XR 技术归为一类平台，增强现有媒体，将消费者的移动设备转换成可以看到无限可能性的新窗口，包括从优化远程工作到快速开设零售门店等商业运作能力。今后，随着 XR 的逐渐普及，沉浸式体验将消除以往最难跨越的现实时空距离。

与此同时，XR 能帮助人力资源部门改善员工的工作生活，主要包括员工培训、增强员工企业公民意识及跨国公司员工合作模式。XR 可以通过超逼真的模拟培训新员工，并鼓励员工亲身体验他们的角色。这对需要大量关注细节的工作尤为重要，因为它可以使新员工在现实生活中执行高压或高风险任务时感到更放心。VR 在这一领域的应用已经非常突出，已有 63% 的企业使用或计划使用 VR 进行培训和模拟。因 XR 现有硬软件生态仍不成熟，原型机还未被开发出来，因此案例部分尽量以满足 XR 基本定义的 AR、VR、MR 应用为主。例如，消防员通过 VR 消防演练系统在不同的情境中模拟火灾险情，能时刻为实战做好准备，这在 VR 训练领域获得了较大关注。

又如，VR 培训在提升员工的企业公民意识方面有着积极作用。企业公民意识是指员工为了同事、公司利益而自发做事的精神，这需要员工与从事的行业建立一定的亲密感。未来，XR 技术所营造的高度沉浸感能使员工更容易感受到与所显示信息的情感联系，以减弱注意力分散。因此，公司会更关注 XR 等突破性技术。

目前，许多公司在全球不同区域设有分支机构，而在工作场所实施 XR 技术可以提高所有员工之间的交互水平。XR 技术还能为视频会议提供完全不同的体验，员工可与同事共享相同的虚拟空间，彼此之间的联系会更加紧密。因此，企业在工作场所使用 XR 技术比传统方法更有利于员工完成协作项目，也有助于员工开展远程工作。

XR 技术也能为零售商构建新的销售空间。通过 XR 技术，零售商在为消费者提供新产品体验的同时，为自身收集了目标用户数据，包括用户兴趣及他们的购买意图。相较于传统数字广告，如弹窗、横幅广告等，XR 技术所构建的广告环境及所提供的产品体验更容易被消费者接纳。例如，以 Trivver 扩展现实环境的广告投放平台为例，该平台构建了一个可同时为出版商、品牌商、代理商及消费者提供服务的系统。零售商可以在用户体验情境内创造超市、商店等隐性广告内容，还可以通过这样的平台测试开发新的环节与市场。这使用户的购物体验更加丰富化，进而推动零售产业的发展。

2. 医疗健康领域

过去十年，沉浸式技术在关乎人类健康与福祉的医疗行业中展现出巨大的发展潜力。未来，XR 技术在医疗领域的主要应用包括提高医疗培训的临场感、强化心理疾病的疗效以及增加远程医疗的准确性等。VR、AR 技术在医疗培训方面各有侧重点，如 VR 技术能最大限度地模拟真实手术的场景，但需要借助控制器完成手术过程中复杂、精确的动作；AR 技术能在训练过程中为用户提供信息指引等辅助功能，但并不能提供较好的手术临场感，并且在真实空间中模拟手术会带来训练成本较大等问题。穆格工业集团与阿姆斯特丹牙科学术中心合作研发 Simodont 牙医培训系统能将 3D 可视、触觉与力反馈技术及声音相结合，具备了 XR 技术实现医疗培训的初阶功能。该系统允许操作人员通过佩戴偏光立体眼镜查看患者的口腔 3D 模型，并且当其移动真实手用器械时，窗口内也随之呈现精确模拟相关动作的虚拟影像。触觉反馈器及立体声场能准确反馈真实的操作触感及声像，以更直观的方式提供反馈。概言之，XR 技术能以更轻量级的终端设备支持多元训练体验，并且可以塑造更真实的手术情境。

XR 技术的情境感知特性能被运用在如创伤后应激综合征、恐高、飞行恐惧症等心理疾病的延长暴露疗法中。延长暴露疗法主要包括想象及现场暴露法，即治疗师在可控的条件下引导患者自述创伤经历，并将其暴露在恐惧源面前，从而使其逐渐克服心理障碍的疗法。沉浸式技术对该疗法的支持主要体现在模拟患者恐惧情境上，该疗法可以帮助患者缓慢克服并习惯焦虑刺激源的存在。例如，帮助战后士兵治疗创伤后应激综合征的 Bravemind 系统，该系统不仅可以模拟战争环境的景象与声音，还包含地面平台式的触觉反馈部件和重低音音响，在实际治疗过程中疗效显著。总之，XR 技术的应用优势不仅在于情境的高度模拟，还借助人工智能系统形成智能治疗代理的在线型医疗辅助系统，可实时评估、引导患者的治疗，提高了治疗效率。

传统的远程医疗技术更多的是建立在高速网络的基础上进行数字、图像及语言的综合双向传输技术手段，包括远程医疗会诊、远程医疗教育及建立多媒体医疗远程咨询系统等。XR 技术在远程医疗方面最有价值的应用方式是介入临床手术的真实医疗情境中，具体包括术前讨论、术中操作指导及术后康复指导等。XR 技术能支持多端医疗团队，实时生成目标患者的数字孪生形象，通过直观的医疗操作共同开展手术。例如，中国人民解放军总医院（301 医院）泌尿外科张旭教授团队将 MR 技术与机器人微创手术技术相结合，在海南三亚成功完成一例混合现实远程协作机器人手术，实现了优质医疗资源的合理分配。

3. 军事领域

沉浸式与增强型现实技术已被广泛运用于大部分国家的军事国防领域，包括飞行员飞行模拟与训练、任务规划与预演及单兵情景意识共享等。XR技术概念经常被用于军事领域的无人机训练中：士兵通过观察显示器，操作遥控设备控制无人机，对目标点进行精确打击，完成从虚拟到现实的跨越。在模拟飞行训练方面，美国国家试飞员学院开发的类似 XR 技术的融合现实（Fused Reality）的创新性虚拟/增强现实综合系统可通过外部摄像头捕捉飞行环境信息，并置入显示单元的惯性测量单元，以检测用户头部方向，再结合航空总线提供的飞行移动数据生成精确的图像，为飞行员提供虚实融合的飞行环境，如在航线上生成虚拟空中加油机、模拟危险的空中加油动作等。

对于国防部门而言，模拟和共享战区作战画面，能为作战任务的规划提供帮助。XR 技术能保证战区指挥系统、战场指挥系统的实时指令与作战人员以直观的形式保持协同，以提高指挥效率。例如，美国军方研制的PARASIM 伞兵指挥官系统能实现与其他系统的无限联网，使伞兵指挥官能在跳伞过程中实时掌握其他成员的位置、状态信息，提高作战指挥素养。又如，美国军方研制的 Nett Warrior 集成化步兵情景意识系统利用头戴式光学显示器，通过联网平视设备来增强士兵的情景意识，使他们能准确辨别战场情况，从而提高生存概率。XR 技术在军事领域上最重要的应用特性是消除时空障碍，使士兵能实现高效的情景模拟，满足人、军事资源调动等协同作战的需要。

4. 工业、制造业领域

基于传感器的物联网、智能工业机器人及增材制造技术正快速发展。这些技术在未来与 XR 技术相结合，共同赋能第四次工业革命，将彻底改变传统的工业流程。实践证明，沉浸式可视化显示技术已在多个领域得到了有力的推广和广泛的运用，这些技术与工业大数据一起，帮助工程师将科学、数学和实证证据完全运用于各类结构、机械与流程的发明、创新、建造与改善工作中，实现了工业制造场景的智能化人机交互和管控。这种变革是以生产制造行业为开端的，如江铃汽车集团有限公司利用 AR 技术的工业解决方案，对整个发动机装配环节进行实时管控，包括装配前的零件核验、装配过程对员工的可视化指导与提醒、装配完成后的系统核验等，大大提高了发动机的良品率。

美国亚利桑那州国家大学的沙卢布（Chalhoub）和埃尔（Ayer）对 MR 技术在建筑领域的应用进行了探索。该研究将建筑 3D 模型传送到施工现场来支持电气管道的施工。此外，波音公司也将 AR 技术应用于飞机的制造，减少了飞机零件装配失误率，大大提高了工作效率。未来的 XR 技术不仅能完成"识别、匹配"等基础校验工作，还能针对生产流程中的任何问题提供实时的解决方案，连接各职能部门，甚至打通整条产业链的数据通道，以直观的 3D 可视化语言保证产业合作的畅通。因此，XR 技术在工业、制造业中的运用潜力是巨大的。

5. 交通领域

XR 技术在交通领域的应用主要可以分为面向驾驶员的行车辅助系统、面向乘客的乘车体验系统、道路交通管理系统及空中管制系统等。驾驶员行车辅助主要依靠平视显示系统（HUD）实现，宝马公司最新发布的 AR HUD 全风挡光场显示器可以根据实时环境感应数据将动态调整的数字信息投射到挡风玻璃上，进而利用反射原理将信息投射到驾驶员眼睛，减少驾驶员的注意力分散。为了增强乘客的乘车体验，福特公司研发了一款名为 Feel the View 的智能车窗，通过触觉反馈系统实现了乘客与沿途风景的互动。

未来，XR 技术能根据驾驶员或者乘客的需求智能化处理其眼前的环境。可以设想的情景是当驾驶员与乘客在枯燥无味的公路上行驶时，XR 能模拟出在风景靓丽的草原上驾驶的情境，可以提升驾驶及乘车体验。在交通管理方面，海康威视公司研发的基于 AR 技术的云图交通实景指挥系统就通过在城市交通平面图上叠加交通元素实现了更方便的指挥调度，提高了交通区域把控的全局性。欧盟资助的名为 Retina 的项目就利用 XR 技术提高机场控制台的指挥人员的情景意识，通过对天气、机场交通等数据的抓取、处理生成直观清晰的航空交通图，有效提高了机场整体航班处理能力。即使在能见度低的恶劣天气环境中，XR 技术也能延伸指挥人员的感知能力。

6. 旅游业

在体验经济时代，随着游客体验诉求的增强，传统的旅游行业依靠静态的图片、视频等多媒体手段吸引顾客的做法已过时。当下使用 VR 全景图及 AR 为景点提供的实境导览等沉浸式技术能为旅游业面临的宣传困境指明道路。XR 技术能还原名胜古迹的历史场景，为游客营造全新的体验模式，但这也引起了产业界的争议：如果用户在远程利用沉浸式技术营造接近或者超越真实的旅游体验，那么他们是否还愿意出现在真实景点？未来的旅游业应当认识到 XR 技术营造个性化旅游体验的巨大潜力，并适时转变旅游产业的盈利模式，如对 XR 用户远程访问收取增值服务费用等。

7. 教育领域

对于 AR、VR 及 MR 在教育领域的运用，已有大量学者、企业机构进行了深入研究，积累了大量案例，主要分为知识教育、技能训练及学习活动效能支持 3 个方面。黑晶科技为 K12 教育打造了基于 VR 系统的沉浸式课堂，学生通过 VR 头盔能够直观体验宏观、微观等模拟场景，教师也可以通过中控设备实时调整课堂教学活动。AR 技术在近年以结合绘本教育的方式出现在早教市场，"涂涂乐"式 AR 交互式绘本允许儿童将涂鸦内容扫描后立体呈现在智能终端上，并且伴随动画、音效生成，这有效激发了儿童的体验兴趣，提高了其动手能力。

因此，未来 XR 技术能允许学习者开展自主探索，以动态交互式的方式探究学习活动。当然，XR 技术潜力在教育应用领域的发挥需要教师、家长等群体的配合与支持，以及教与学活动的同步升级。

8.4.5 XR 技术的教育应用分析

1. XR 技术教育应用特性

（1）人本性。未来教育是针对个体学习者的，应体现以人为本的精神，为每一位学习者提供适合其特点的教学资源，关注每一位学习者的个体体验和学习需求。XR 技术的教育应用能根据学习者所处的上下文情境动态调整内容，使学习者获得独一无二的学习体验。

（2）智能性。XR 技术最重要的特征是能根据周围环境数据及学习者本身所产生的生理数据做分析、处理，从而分析出特定学习者、学习群体的学习特点，以提供符合教与学过程需要的沉浸式教学空间。

（3）交互性。交互性是 XR 技术教育应用的重要特性之一，其感官代入的特征能全方位地为学习者提供抽象知识的具象模拟，进而使学习者能更深刻地理解学习内容。

（4）生成性。XR 技术在感知用户所处情境的同时，不断生成新的体验内容。在教学活动中，教育目标、教学方法等应根据学习者的实际情况而动态调整，这与 XR 技术的应用特征相契合。

（5）沉浸性。XR 技术无论是对现实体验的增强，还是对虚拟体验的模拟，其目的总是试图让用户忽略技术的痕迹，而沉浸于当前的体验活动中。教育活动的沉浸性体现在学生在体验学习过程中对学习活动的专注度。因此，XR技术的沉浸性特征能支持其在教育领域的有效应用。

2.教育应用的理论基础

（1）具身认知理论。具身认知理论是莫里斯·梅罗–庞蒂（Maurice Merleau–Ponty）在反对笛卡尔的身心二元论观点的基础上发展起来的。其强调我们是通过身体这一媒介来认识世界的，身体媒介为我们认知学习提供了一种新的方式。只有当学习者的认知、身体与环境三者进行有效互动时，其才能进行学习。利用XR技术，学习者可以有效触发这三者的互动，将原本晦涩难嚼的知识点转换为具象可交互的资源形式，形成有效认知。

（2）体验学习理论。库伯（Kolb）对体验学习的研究主要阐述了体验学习是以学习者亲身体验为基础，通过自身体验与环境进行持续性的互动来获取直接的、具体的经验，通过观察反思将经验转化为个体知识，再将其运用于新环境的一个循环往复的过程。XR技术应用于教育领域时，能给学生提供一个可体验的场景，学习者运用身体及各大感官功能去体验、实践，再将从中获得的经验结合自身原有的主观认识，对知识进行转化与再创造，从而形成一个迭代进步的过程。

（3）情境学习理论。1989年，布朗（Brown）、科林斯（Collins）与杜继德（Duguid）发表了《情境认知与学习文化》论文。在文中，他们进一步阐述了教育心理学角度的情境学习，并认为知识是具有情境性的，是活动、背景和文化产品的一部分，在其丰富的情境中，知识不断被运用和发展着。因此，知识的思考和情境是密切联系的，知与行是相互作用的。一些研究者认为，学习者在生活中接受知识的能力比课堂上强，其主要原因在于教师在课堂上灌输式的知识输出，一方面没有激起学生对知识的足够兴趣，另一方面纯理论式的输出很难将所学内容应用于实际生活中。与之不同，XR技术可以为学习者创造一个技能运用场景，帮助学习者将课堂知识转换运用到实际生活中，还可以在场景中添设特定的问题情境，在逼真、自然的交互方式下培养学习者发现问题和解决问题的能力。

（4）心流理论。心流理论是由米哈伊·奇凯岑特米哈伊（M. Csikszentmihalyi）提出的，该理论作为正向心理学的概念已被广泛应用在各个领域。其所描述的是一种活动的心理状态，个体完全沉浸在一个活动体验中并具有充足的活力和满足感。在教育领域，学习者可以运用XR技术对学习空间做合理设计，利用可视化的设计等达到身心沉浸的目的。在这一过程中，除了注意学习者利用XR技术进行学习时的心理状态，还要注意学习任务的挑战水平是否与学习者的技能水平相符。

3.XR 技术的教育应用场景及分析

（1）智能教育产品设计。教育产品主要指面向教师的教学工具以及面向学习者的学习资源，如课本、玩具及教育软件等。当下的教育产品已经具备数字化特征，呈现一定的交互性，如交互式白板、交互式绘本等。但其并不具备"智慧性"，因而不能超越工具本身，无法成为用户的忠实"伙伴"。

以绘本教育类产品为例，绘本以内容可视化的形式可以帮助儿童建构精神世界、培养多元智能。绘本作为一种叙事媒介，其发展以纸质绘本、电子绘本（软件）、基于 AR 的交互式绘本为大致脉络。尽管 AR 技术能将数字信息与纸质内容混合，但儿童的阅读体验仍然受到设备尺寸大、交互内容少等影响。未来基于 XR 技术的儿童绘本会更加适应每个小读者的阅读计划或阅读习惯等，无须儿童握持智能手机等影响沉浸感的设备，而是通过轻便的 XR 眼镜进行体验。例如，以恐龙为主题的科普类儿童绘本就可以利用 XR 技术，当儿童视觉大多停留于食肉类恐龙上时，XR 绘本会根据儿童的注意力、阅读进展自动调整相关的显示内容，集成显示与食肉类恐龙的相关信息，如战斗力排名、与其他恐龙间的生存关系等。这既可以增强纸质绘本的内容，又可以使小读者无缝穿梭在虚拟的恐龙世界中，如虚拟化身将如何躲避不同食肉动物的追捕等。因此，未来的 XR 绘本仿佛变成了有生命的数据库，交互的触发与内容的更新都是动态的。服务商可以根据读者的环境提供定制化的信息和体验。

未来 XR 智慧教育产品的实体与功能或将分离，实体更多地充当"唤醒通道"，将学习者或教师与虚拟空间连接。例如，当教育产品与 4D 打印技术、XR 技术结合时，利用创造的沉浸式创作空间，教育产品实体会作为一种表达媒介，展现用户思维在真实时空中的表达。

（2）游戏化学习实施。游戏化学习是伴随着严肃游戏或者说教育游戏的发展而产生的新名词，强调的是借助游戏媒介或者抽取游戏设计中的元素、方法及技巧等，提升学习者的学习动机，激发其主动学习的意愿。游戏化学习的难点在于维持学习者较高水平的学习动机。一旦学习者熟练掌握游戏情境中的规则、学习内容，按照心流理论的解释，学习者所面对的挑战与其自身的技能发展无法使其维持在"心流通道"中。因此，学习的沉浸感将受到影响，学习效率也会降低。XR 技术创新的交互方式能使学习者"具身化"地与游戏内容进行交互，同时其情境感知的特征能实时分析学习个体的注意力、生理特征，从而量化分析其体验状态，灵活调整难易程度等游戏指标，促使心流的持续性，提高学习效率。

以未来化学领域游戏化学习为例，学习者能在教室中操作其"人替"前往虚拟海域中开采天然气等资源。XR 技术通过分析学习者的情绪状态灵活构建即将生成的探索场景，保证学习者能持续沉浸其中。同时，学习者能将开采的资源"带回"教室，与同学、教师一起分享、研究等。数字资源能以接近真实资源的互动形式被共享，这无异于完成了一次真实的冒险活动，为学习者留下了深刻的印象。

XR 技术对游戏化学习中的教师角色转变也提供了一定的支持，其直观交互的特性能使教师快速构建游戏化教学场景，通过口述、肢体等方式实时交互，即"所述即所得""所见即所得""所想即所得"，从而提高游戏化教学的效率。

（3）智慧与智能学习环境创设。智能学习环境是一个智能化的学习场所或活动空间。它以学习者为中心，受到各种新技术、工具、资源和活动的支持。它具有灵活性、智能性和开放性的特点，为学习者的有效学习提供了简单而个性化的学习支持。因此，智慧学习环境应当具有情境感知、智能管控、开放资源及全向交互的基本特征。传统的基于屏幕的智慧教室构想在越来越多的 3D 效果取代 2D 显示的时代潮流中应该更进一步更新。作为未来沉浸式技术的发展趋势，XR 技术能结合环境数据、个体生理数据等提供动态调整的教室环境（温湿度、光线等），能针对学习者的学习内容提供开放的跨媒介型、非结构化的学习资源，同时其多模态的交互方式能满足学习情境中学习个体的不同互动需求。因此，XR 技术支持的智慧学习环境应当是下一阶段智慧学习环境的发展趋势，呈现人机协同学习、虚实无缝衔接、远程沉浸教育体验等特征。该环境引入的感性思维方式、提供的具象化的学习实践模式可培养学习者的高阶思维能力。

因此，XR 技术支持的智慧与智能学习环境在场地空间上要求具有实时变化的定向光照环境、声场环境，以配合实时融合虚拟数字信息；需要配备公共休息座位，专用的课桌椅随着显示、感知设备的可穿戴化而消失。教室不仅需要与学习者、教师互联，也应当与互联网、物联网形成的传感器网络互联，以保持数字资源的开放性等。教与学的过程应当体现一定的社会性，满足学习环境与外部世界的互通性，因此在教学内容的设计上应当体现知识与社会的关联性，培养学习者的社会责任感等。例如，在实际教学中运用 XR 技术，让学生快速理解抽象的空气动力学知识。一方面，教师可以在课堂内构建风力发电机等现实虚拟物体，结合具象三维图像讲解空气动力学原理；另一方面，学生可以借助 XR 技术配备的智能助理的指引，设计小型发电风车，并利用虚拟风扇测试风车，以改良设计，争取获得更多电力。通过这种方法，学生更容易把握抽象的概念，并与实际生活联系起来。

（4）创客教育。创客指利用网络、增材制造技术及其他新兴科技把创意转换成现实，勇于创新的一群人。创客教育鼓励学生以"创客"方式在学习过程中实现跨领域的融合，其不断在设计中创造，强调行动、分享与合作，并注重与新科技手段结合，逐渐发展为跨学科创新力培养的新途径。可以说，创客教育实现了多学科融合、关注体验式学习及注重合作交流，具有融合性、协同性，需要学习者主动思考，发现问题并解决问题。XR 技术对创客教育的支持主要体现在增强创客教学、融合创客课程及变革创客学习 3 个主要方面。

①增强创客教学指在教学环节中，教师以 XR 技术中介，为学生提供立体、直观的教学指导，推动教学内容的多学科融合。在这一过程中，教师由原来关注学生的知识掌握情况转向关注学生的知识综合能力、协同创新能力等高阶思维能力。同时，在师资配备上能实现"异地同课"，集结优质教学资源。

②融合创客课程指 XR 技术能真正实现以项目为导向的学习，其能根据学习者的知识诉求动态生成学习资源，并指导学生进行实践活动。

③变革创客学习是指实践过程在虚实空间中协同进行。例如，传统的编程教育以逐行输入或图形化节点式编程为主，XR 技术则能识别包括学习者的自然语言、直观交互在内的多种输入方式，以三维显示技术从 2D 向 3D 转型，亦将完全改变互动、协作与学习方式。这也就意味着今后创客教育的学习方式可能朝着虚拟团队实时创建和编辑 3D 物体的方向发展，从而打造更加丰富多彩的沉浸式学习体验。

（5）设计教育。设计教育要求培养学生具有创新型的设计思维及良好的设计实践能力。事实上，当下的设计教育并非设计相关从业人员的专利，随着学科融合及 STEM 教育、创客教育的推进，设计思维也被要求作为适应 21 世纪发展的创新型人才的核心素养之一。XR 技术能实现快速原型设计，学习者只需要戴上 XR 眼镜，通过直观交互的方式预想方案便会立刻出现在可编辑的混合现实空间中，为设计教育提供了助力。

（6）特殊教育。VR 技术在特殊教育领域的运用主要包括针对运动障碍、自闭症谱系障碍和智力障碍等特殊人群的感知觉与运动训练、生活自理与职业训练、认知训练及社交训练。但针对因感官缺陷而导致交流障碍的特殊群体的研究较少，因为当下独立发展的 AR、VR 及 MR 技术的主要优势在于创造模拟、训练等恢复情境，但在以声音、文字为基础的社会交流维度上并不能给予太多帮助。XR 技术充分考虑特殊人群感知通道的不足，为特殊人群营造不同的学习资源和学习情境，弥补了其感知能力的不足，辅助其认知和提供真实体验的机会。其多感官交互特征更能以五感互通的形式增强或者削弱特定感官通道的信号接收，使更隐性化的数字通信模式成为可能。

例如，未来可以在交流障碍人群的 XR 设备中增加可穿戴式触感服装的组件，开展人工智能系统的辅助训练。当捕捉到他人的声音信号时，组件能以不同区域、不同强度的振动信号传递给身体，从而为其构建类似摩尔斯电码的新型语汇。当然，对于已有领域的沉浸式技术应用，XR 技术不仅能搭建虚拟与现实无缝衔接的桥梁，还能通过物联网、人工智能等技术为特殊人群构建共享的虚拟空间，其感官代入、互通的特性能保证有生理缺陷的人群在未来也能体验到正常人对世界的感性体验。

8.5　教育与虚拟技术融合的走向

新技术的迭代不断丰富人类对外部世界的感知，也给人类带来了层次多样的体验。未来是一个充满挑战、全球化和创新多变的时代，教育需要培养能面向未来的创新型人才。当下传统教育的弊端已经被重新认识，众多研究者和教育者都在尝试利用新技术变革教育，这是时代发展所造就的。从技术与教育融合的历史看，从幻灯、投影、录音技术到电影、电视，再到计算机、网络和当下的 VR、AR、MR，以及本书所探讨的扩展现实（XR）技术，其与未来教育融合的走向呈现以下 6 个特征。

8.5.1　体验为王

新技术的出现不可避免地会使教育界关注其作为媒介的独特性，技术影响了教育活动的演绎方式。值得注意的是，学习者在面对新技术的出现时往往会有很强烈的初体验，但当"习惯这种幻觉"后，新的技术不再有"令人迷恋的力量"，其对教育的支持程度也会大打折扣。因此，教育与新技术的融合应当超越这种对技术本身的"迷恋"，技术应当充当一种为了满足教育目标而实现的媒介，教育工作者应关注新技术形成的新教育媒介上的内容设计，将学习者置于有意义的环境中，即营造"情境化"的体验。可以说，对新技术教育应用特性的关注是不可避免的。媒介理论家史蒂文·霍尔茨曼

（Steven Holtzman）认为，重新利用媒介的方法不是利用其特殊性质，而是在其特殊的基础上发展一种全新的表达方式。XR 技术对于教育而言，不仅强调为教育的开展提供相关设备、应用平台及技术环境的研发，更强调如何将其与现有的教与学过程、学习者学习特征等良好对接，为教育者、学习者提供优质的用户体验。

8.5.2　智能为基

人工智能作为一种在线应用型技术，在实际应用过程中往往需要结合其他技术共同为教育增能、赋能及使能，人工智能化的教育新技术能大规模代替学习者程式化的脑力劳动，从而引导、培育学习者的高阶思维能力。当下为"人工智能 + 教育"的时代，人工智能的发展主要集中在感知智能阶段，未来的人工智能的突破口将落在特定领域认知智能的实现及应用的普及上。人工智能的加持为新教育技术打上了"智慧"的标签，能使其更加了解学习者，并据此提供个性化的体验，以提高学习效率。传统的非智能化技术只是工具，但"智慧"教育技术能将技术本身上升到教育伙伴的关系维度上。技术能关注学习者并预测其需求，从而更好地服务于教育活动。加特纳（Gartner）认为，以人工智能为基础的智能技术的发展推动了"认知计算"时代的到来，技术将经历 4 个典型的发展阶段，即与我同步、看我行动、与我相知、成我化身，这体现了智能技术从"人工化"向"人文化"转变的历程。因此，未来的教育新技术将建立在人工智能的基础上，与学习者共同学习、成长。

8.5.3　边缘计算

正如 XR 技术的应用一样，要给学习者带来沉浸式的学习体验，使学习者无缝地穿梭于虚拟与现实之间，高效的网络运算是必不可少的。随着物联网和云服务的推动，在网络边缘产生的数据正在海量增加。如果我们能在网络的边缘结点处理、分析数据，那么这种计算模型会更高效。借助边缘计算，我们可以更好地处理新技术在教育应用过程中产生的海量数据，将减少数据在网络中传输的时间，简化网络结构。数据的分析、诊断和决策都可以交由边缘结点，从而实现低延迟，提高用户体验。可以预见的是，未来教育与新技术的融合会朝着边缘计算的方向发展，技术也会呈现平静技术的特征，学习者会在技术的隐性支持下获得无缝式学习体验。

8.5.4　跨空间的无缝融合

在数字技术出现之前，人类生活的现实空间与想象空间是分离的。计算机的出现使现实与想象空间仅有一"屏"之隔，思维得以可视化。显然，XR技术能打破现实与想象空间之间的距离，实现思维如现实般"可感化"。教育活动主要伴随着思维的产生、实践活动的开展及反思活动等的循环认识过程。XR技术提供的虚实融合空间打破了思维间断性的僵局，激发了人类对现实可能性的关注，从而解放了人类的感性实践活动。教育新技术应当继续探索打破思维、实践异时空的活动难题，实现跨空间的无缝融合，为学习者提供"思维创造"的新模式。

8.5.5　多模态交互

在可预见的未来，身体或许是人类所拥有的最自然的"界面"。雅各布·尼尔森（Jakob Nielsen）在其论文中指出："当你在触摸自己的身体时，你完全能感受到自己触摸的对象，并获得比任何外部设备都要好的反馈。而且，你永远都不会忘记带上你的身体。"概言之，XR技术试图构建建立在人类五感基础上的多模态直观交互模式，未来的教育技术所提供给学习者的输入、反馈应当是建立在身体自然交互基础上的多模态反馈，甚至可以将技术嵌入体内或将技术纳入身体的一部分，从而真正扩展人类的感知能力，获得"新的感官"。在设计技术的同时，技术在重新塑造着人类。因此，多模态的交互技术应当作为教育与技术融合的发展趋势之一。

8.5.6　支持全纳教育

全纳教育作为一种教育思潮，它容纳所有学生，反对歧视排斥，促进积极参与，注重集体合作，满足不同需求，是一种没有排斥、没有歧视、没有分类的教育。全纳教育背后是深刻的教育公平理念，它既是对社会现实的一种反映，又是对社会现实的一种超越，包括对特殊人群、教育资源匮乏地区人群的包容与支持。如同XR技术一样，它能为各类感知技能残缺人群提供交互新形式，弥补感官功能缺失带来的对外界体验不足及学习障碍。教育新技术的发展应更注重体现人性化及人文关怀之意味。

8.6　虚拟与现实融合的意义

XR 更强调对虚拟世界与现实世界的弥合，让人、信息和体验之间的距离消失。借助 XR 技术，人们可以自由游走于现实与虚拟之间，XR 所创造的人——新感性的数字化时空，促成了虚拟实践与现实实践之间并存、交织、互动的发展，从而扩展了人类现实的生存空间，使人类实践活动实现了对现实社会空间的延伸和超越，为人们提供了重新进行自我塑造和多样性发展的空间和机会。黑格尔说，人的本质就是自由。学习自由正体现为一种人的自由意志。为实现其自由个性的本质，人类在心智发展过程中对广阔知识所能选择的限度将在新技术的支持下得到无限扩张，自由自觉是人类的最深层本质与永恒的价值。

当下教育的重心由传授单纯技术转向培养学生高度的问题解决能力和创造力，这是教育本真的回归。发挥人的潜能，扩展人的灵性，促进人的精神成长，成为教育的最大任务和特殊使命。VR 技术的出现及在教育领域的广泛应用打造了丰富而有吸引力的学习体验，为学习者提供了新的数据分析及展示提取方式，同时大大扩展了学习者的信息获取渠道，使学生可以从不同角度和感知通道感知现实世界（虚拟和现实无缝融合的泛现实世界），为学习者提供个性化的现实和学习支持，服务学习者的个性化学习需求，减轻学习者的学习认知负荷。其具有的智慧感知、自然交互属性将更好地体现"身心一体，知行合一"的教育思想，服务和支持未来教育，服务面向未来的创新人才培养。

第 9 章　5G+ 教育：即时的互联互通互动

2018 年，教育部发布了《教育信息化 2.0 行动计划》，提出要建设"适应 5G 网络技术发展，服务全时域、全空域、全受众的智能学习"。在这一政策的引导下，5G 技术应用逐渐深入，教育行业的大环境正在发生深刻的变化。

2019 被称为 5G 元年。5G 的到来引起了各界的广泛关注。5G 的大带宽、低延时能为革新教育痛点提供新的生产力。借助 5G 网络超宽带、超低时延、海量连接、超高可靠性的特性，智慧教育将在教学效果、教学智能、教学创新和教学网络覆盖等方面得到极大的提升，实现沉浸式学习体验、丰富灵活的教学方法、高速快捷的用户组网与接入。

5G 凭借高速度、泛在网、低功耗、低时延等特点将带来更宽广的网络覆盖、更稳定的网络连接及更高效的数据传送，利用海量连接的优势打造一个面向万物的统一连接架构，可以使教育行业在 5G 技术的加持下迎来数字化、网络化和智能化的全面升级。5G 还将聚合人工智能、大数据、IoT、视频流化等，覆盖场景包括虚拟课堂、游戏化课程、VR 实验、行为追踪与 AI 分析、K12 教育启蒙、智慧校园解决方案等。5G 时代将引领在线教育迈入智能教育新阶段，最终实现"每位师生都有数字画像、每份教材都有知识图谱、每位教师都有 AI 助教、每位学生都有 AI 学伴"的教育"四有化"目标。

相信在不远的将来，5G、AI 等前沿技术应用于教育领域，将在远程教研、德育开展等教育行业各细分场景为教师和学生提供更多、更好的体验，并为家校联系提供更多便利。

9.1　5G+ 教育是未来教育发展的新格局

9.1.1　5G+ 教育新变化

1.5G 是教师教学的有利技术手段

5G+ 教育不会完全取代教师角色，反而会作为一种重要的技术手段，成为教师更好的教育工具，促使人更好地发展。

众所周知，与 4G 相比，5G 最大的优势在于网速的极大提升，提升倍数至少在 100 倍以上。随着智能手机的普及，5G+ 教育将为学生提供更好的线上教学场景。一些程序式的、固有化的教育很有可能被线上课程所取代，也就代表着以此为业的部分教师会得到解放。但是，"师者，所以传道授业解惑也"，计算机和手机可以解放我们的双手，但是解放不了我们的大脑，电子设备的无思维性也就决定了在"传道"方面，教师的角色永远不会被取代。所以，总体来看，5G+ 教育不可能完全取代教师角色，反而在未来，5G 将成为一种重要的教学手段，更好地服务教育，更好地培养人，促进人的全面发展。

在 5G 时代，教师和学生之间早已不再是教师单向输出、学生被动接受，而是变成了师生间的双向互动。借助 5G 采集学生微表情和学习行为，基于人工智能技术实现学生的面部表情和情绪识别，并对学习内容、场景、行为和教学目标进行关联分析，有效分析学生的自主学习情况和教学活动落实效果，帮助教师了解学生的学习难点与知识障碍点，引导学生开展合理、有效的学习行为。

2.5G+ 教育打破了现今教育不均衡的格局

当前，我国传统教育模式存在教育资源分布失衡和缺少优质教育资源等问题。随着 5G 基站的全面铺开，5G 的普及指日可待。从传统的数字、图文、音频到如今的短视频、社群、直播，5G+ 教育给教育带来了更人性化的应用场景，使教育更加高效、便利，使教育资源互通，更重要的是 5G 的普及可以使优质的教学资源传输到网络可达的任何地方，打造异地互动教学模式，推进网络条件下的精准扶智。另外，5G 的投入使用将更有利于碎片化时间的利用，让教育融入生活与娱乐中，实现真正的寓教于乐。所以，这种由 5G 带来的空间上的优势、成本上的优势、时间上的优势有可能极大地打破教育的不均衡性。一线城市的学生和偏远山区的学生可能上同一个教师的课程，真正实现教育界的互联互通互动，促进教育优质均衡发展。

3.优质的教师可能成为新时代的新宠儿

全世界越来越重视知识产权，越来越多的人愿意为知识产权付费。那么，随着 5G+ 教育的发展，教师在教育界的互联互通、优质师资的资源共享可能会使优质的教师在当前背景下成为新时代的新宠儿。从另一个角度看，这又将促进教师为创作更优质的内容而不懈努力。

时代在召唤，5G+ 教育是破局，更是变局，世界日新月异，我们只有紧随时代的脚步，才能成为时代的弄潮儿。希望我们都能有幸参与到这场时代的变革中来。

9.1.2　5G+ 教育改善在线互动体验

5G 在线教育带来的最直观的变化体现在直播上，超高清、低时延可以极大地改善课堂互动体验，为在线教育的发展提供极有利的技术和载体支持，而在线教育模式高效、便利、资源互通、低门槛、低成本的特性打破了传统教育的地域、时间等限制。5G 时代的来临势必助燃教育行业的发展，其带来的是一场视频传输的革命，高质量的视频、通话使在线互动变得更加触手可及，能最大限度地还原线下教学的真实感，同时在更高清晰度的互动课堂中，教师可以对学生起到更好的观察和督促作用，使其学习效率得到提升。

线下教育最大的优势之一就是面对面，老师和学生可以直接看到彼此，做出实时反应。而此前的线上教育由于延时等各方面的技术限制，更多地偏向单向传输，用户多数时间是被动听讲，互动体验不佳。

5G 的普及可以让线上课堂与线下一样流畅互动，达到直播效果最大化。其实，现在教育行业的直播形式非常丰富多样，如专注教育培训行业的技术服务商创客匠人搭建的在线教育系统仅直播形式就有视频录播 + 社群直播、OBS 实时直播、手机推流直播、语音直播、PPT 直播、视频直播、多师视频直播 7 种，加上 5G 技术的加持，可以充分满足不同的教学需求。

9.1.3　5G+VR 扩大学习场景

有人提出，5G 来临后，如果未来 VR 设备和技术继续发展，实现可随身携带、可穿戴化，就可以让学生边玩边学，突破线下场所的限制，真正实现随时随地、沉浸式、趣味性学习。

9.1.4　5G+AI 提升教学效率

5G 技术可以解决信道容量传递效率的问题，AI 技术则可以解决教育效率问题，两者结合无疑拓宽了在线教育的道路。

未来，"5G+AI"有可能在直播大班课上实现个性化教学。例如，在一场直播课中，一个教师给几千个学生上课，难以关注到所有学生，而 5G+AI 技术可以自主捕捉学生上课的微表情变化，分析这个知识点有多少人感到困惑，随后通知教师，教师则可以在课后针对不同学生的困惑发送不同形式的知识点总结。

其实，AI 技术现在已经应用到了很多教学场景中，如创客匠人提供的 AI 智能语音测评功能就可以自动播放中英文题目，并且识别学员上传的语音，而不再需要教师一个个听语音作业进行发音纠错。

9.2　5G 技术是智慧教育发展的重要助推器

9.2.1　技术持续改变教育形态

在线教育在我国发展 20 余年，与互联网的普及和渗透有着密切的关系。20 世纪 90 年代，互联网在中国起步并高速发展，使教育行业出现多媒体课件教学、远程学习模式。但是，中国早期在线教育模式主要以点播为主，教育在线渗透率十分低。直到 2014 年，随着 4G 网络的普及，真正意义上的带宽时代来临，在线教育正式进入直播时代。

随着技术的进一步发展，移动网络逐渐进入寻常百姓家，随时随地学习成为常态。可以说，技术的加持是教育发展的重要助推器。未来，5G 和 AI 技术不断拓展，能从更多层面减轻教师的负担，学生的学习场景及学习效率也将得到颠覆性的改变。

目前，市场上已有阿卡索等教育机构推出一对一的个性化教学模式，同时利用 AI 大数据分析学生的学习情况，制定个性化的学习方案。但现阶段的个性化教学仍处于探索阶段，有专业人士认为个性化的前提是了解学生所有的学习行为，存在的问题是学生学习行为分散。例如，在公立校内、课外培训机构、家庭场景内等，无法形成完整的学习记录，而 5G 可以使捕捉学生实时学习行为的成本大大降低。

未来,5G 可以帮助教师及时感知学生的学习状态,并迅速提出解决方案,使教育的形态发生根本变化。具体来说,5G+ 教育要求围绕学校教、学、管、评、研核心业务,充分利用大数据技术、物联网技术、人工智能技术,结合现代优秀教学理论成果,为教师在日常教学中提供丰富的教学资源和高效的教学工具,帮助教师进行有针对性的教学,为教师减负增效。

基于智慧课堂自动采集学生数据,可收集学生在练习、活动、小组讨论、自主学习、作业、错题学习等不同学习活动中的成绩、学习行为、参与情况,对学生的参与度、学习热度和思维深度进行全面分析,帮助学生在学习过程中及时进行学业短板诊断及学业优势识别,科学管理自己的学习,以数据帮助学生全面认识自我、发展自我和完善自我,通过精准学习,弥补知识漏洞和纠正学习行为,有效支撑学生开展个性化学习。

9.2.2 5G 智慧课堂的三大优势

中国移动发布了《5G+ 智慧教育白皮书》(以下简称《白皮书》)。《白皮书》指出 1 ～ 2 年内 5G 标准发展成熟,2 ～ 3 年内 5G 终端模块成熟,3 ～ 5 年内 5G 教育网络成熟,要达到 5G 支持的教育模式变革则需要 5 年以上(图 9-1)。

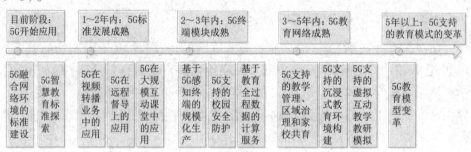

图 9-1　5G 智慧教育演进路线图

《白皮书》对传统智慧课堂数据网络的三大痛点进行了分析,指出由于其数据网络承载依赖校园网内的有线网络、无线 Wi-Fi 覆盖,物联层面则通过蓝牙、Zigbee、NB-IoT 等实现,存在三大痛点:设备无缝互联,不能智能化信息采集与控制,智慧化发展遇到障碍;网络终端无法有效管控,面对学生的风险大;学习行为比较集中,网络并发访问高,需要网络访问质量控制服务与边缘服务、缓冲服务。

相比之下,5G 智慧课堂有三大优势:网络承载统一,学校不再需要部署多种网络；超高带宽，保证了智慧课堂中的交互显示终端设备、信号传输及处理终端设备，不仅能够完美再现 4K 级别的画面效果，还能够承载即将到来的 8K 交互终端设备，速率更快，延时更低。

智能时代教育业务基础架构如图 9-2 所示。

图 9-2　智能时代教育业务基础架构

以双师课堂为例，现有的双师课堂采用有线网络承载业务存在建设工期长、成本高、灵活性差等问题，采用 Wi-Fi 网络承载业务则会导致音视频延迟、卡顿等问题。而 5G 网络的高带宽、低时延等特性可以实现可移动性的灵活开课，随需随用，同时可以支撑 4K 高清视频的传输以及低时延互动的沉浸式双师课堂应用，有效解决了传统双师的交互体验问题。

9.2.3　现阶段 5G 教育应用标准尚需探索

《白皮书》指出，在 5G 环境支持下，智慧教育的演进趋势分为 5 个阶段：5G 初始应用阶段、5G 标准发展成熟阶段、5G 终端模块成熟阶段、5G 教育网络成熟阶段、基于 5G 教育模型的变革阶段。几个阶段层层递进，反映出 5G 网络技术对教育领域的推动作用。

《白皮书》指出："当前环境下 5G 网络环境尚处于调试阶段，也缺乏 5G 下各类网络应用和融合的标准，因此在此阶段需要一方面探索 5G 网络和传统网络融合的方式，另一方面探索 5G 教育应用的标准。"

"5G 智慧教育演进路线图"显示，要进入"基于 5G 教育模型的变革阶段"还需 5 年以上。这一变革将是 5G+ 教育发展的最终目标，建立在 5G 教育网络环境完善的基础上。

当上述网络构建完成后，教育教学的基本模式也要变革，以促进教学效率的大规模提升。该阶段需要依赖大规模数据计算，挖掘符合学习者、教师等认知的教学模式，在 AR、VR、全息等技术支持下实现对上述模式支持下沉浸式学习场景的模拟和交互式全息服务的提供。

5G 在教育领域主要有 3 个应用场景：一是对课堂效果的提升。利用全息投影技术，可以将教师和学生投影到现实空间中，提高学生的视觉体验，从而实现沉浸式教学。二是探索利用以 AR、VR 为代表的 XR 技术，打造互动式课程，让学生仿佛置身实验室中，实现零距离观察、零风险做实验，提高学生的学习效率，激发学生的学习兴趣。三是通过 5G 网络连接 PC、传感器、监控器，实现物联网相关链接数据的传输，打造智慧互联教室、智慧互联校园。

9.3 5G+XR 推动互动教育

大力推动 5G 网络建设，共同开展 5G 应用研究，先后完成了 5G 远程驾驶、AR 远程课堂、远程机械操控等 5G 应用试验，不断提升全息互动教学、沉浸式教学、个性化教学等领域的信息服务支撑能力。2018 年 11 月，中国移动石家庄分公司率先在河北师范大学校园开通 5G 试验站，实现了省会高校重要场景的 5G 网络覆盖。AR 重点实验室立足世界前沿科技，探寻新的教育教学方式，把教学场景和 5G 结合，利用 5G 网络大宽带、高可靠、低延时等特点，把大量本地运算放于云端，结合 AI、AR、VR 等新技术，为师生提供沉浸式体验教学、远程互动教学、虚拟操作培训等多种业务，带给学生不同的课堂体验。

9.3.1 5G 是 XR 教育的技术基础

5G 会加速教学方式互动化和智能化，促进跨界融合创新，为教育带来新设施、新应用和新生态。在线下双师的基础上，5G 未来可以实现全息投影，通过虚拟现实技术更好地解决优质师资问题。全息投影将打破空间概念，使用户有身临其境的感觉。未来会出现的场景是，一个活生生的"真人"教师出现在讲台上，这对教学的体验、效果都会产生极大的促进作用。

此外，配合 VR、AR 所带来的类似真实的互动场景，可以实现教学模式的颠覆。例如，数学、物理课需要讲解理论模型，学生佩戴设备后，可以直接看到三维立体模型，并多角度随意操纵、透视内部结构。这样，就能将抽象的知识可视化、形象化，为学生提供传统教材和教师描述无法感受到的沉浸式学习体验。

前瞻产业研究院发布的统计数据显示：2017 年中国在线教育市场规模达到了 2 810 亿元，2018 年中国在线教育市场规模突破 3 000 亿元，2019 年中国在线教育市场规模达到 3 870 亿元。新冠疫情背景下，学校都努力发展在线教育，中国在线教育市场规模将不断扩大。

教育资源不均衡是我国教育事业长期存在的问题，而在线教育的出现让我们看到了教育资源均衡的希望，预测未来中国在线教育的市场规模会依旧保持增长势头。随着 5G 时代的全面到来，视频、语音的优化解决了教师与学生实时沟通互动的难题，最大限度地提升了教学产品的影响力，在线教育的未来一片光明。

9.3.2　智能教育体系架构下的 5G 应用

近期，国家深入推进"互联网 + 高等教育"的模式，使教育行业在 5G 背景下散发出了新的光彩。5G 时代的智能教育需要整合各类智能技术，通过多种技术制式的泛在基础网络，为师生、校内管理人员提供智能化的支持服务和解决方案。针对传统教育信息化建设的问题，新型的智能教育体系可以考虑构建"1+1+1+N"的平台总体架构体系。其中，第一个"1"是构建一套完善的 5G+MEC（多接入边缘计算）基础网络框架，第二个"1"是基于MEC 将会提供一个开源的可编辑的 PaaS 层（平台即服务）中台，第三个"1"通过多个前台共同构建一个智能教育平台体系，最后一个"N"代表利用好众多教育信息化厂家生态资源，构建良性的生态链。基于此总体架构，可以开展以下几个方面的应用。

1. 远程互动课堂实现教育资源良性分配

利用 5G 网络和 MEC 技术，可以将传统的线下课堂变为远程互动课堂。5G 网络、智能设备能让教师给不同地方的学生授课，而流畅的体验和设备的功能也可以保证学生对知识内容的感知，从而解决教育资源分布失衡、部分地区优质教育资源缺少、教学内容共享渠道受限、学校缺少跨区域沟通平台等问题。采用 5G 无线网络替代传统 4G/ 有线传输方式，可以改善远程互动教学应用部署成本高、灵活性差、音视频迟延卡顿等问题。由于 MEC 可以部署在用户的近基站侧、近汇聚机房侧、近核心网侧，无须穿越互联网，所以可以大幅降低传输时延，减轻核心网络压力，避免网络出现拥塞。

2.AI 教育教学测评打造个性化教学方案

AI 人脸识别技术与大数据分析技术在解决教育录播中会有新的运用，在这种应用场景之下，教师与学生的行为、位置、肢体动作等实时数据可以通过摄像头进行收集捕捉并且进一步分析，最终将非结构化数据标签化输出，实现教师教学评估、学习学校评测、管理决策支撑等应用。采用 5G 无线网络传输方式，支持教育教学分析的灵活部署，可以根据教学规模动态调整智能设备的配置，同时实现高清画面回传，保证 AI 分析准确率。应用人工智能技术，对高清视频画面进行分析，捕捉教学过程中真实、自然的教师与学生的行为、位置、肢体动作等数据，可以帮助教师完成教学评估、学习评测，为学校管理决策提供数据支撑。

3.VR/AR 教学为课堂提供无限想象

通过建设 VR/AR 云平台，开展 VR/AR 云化应用，可以开设虚拟课程，如实验课、科普课等，将知识转化为数字化的可以观察和交互的虚拟事物，给学生身临其境的感觉，让学习者可以在现实空间中深入了解所要学习的内容，并对数字化内容进行可操作化的系统学习。VR/AR 画面和声音通过 5G 网络实时传输至终端，有效地解决了 VR/AR 教学中终端成本高、移动性差的问题。人工智能技术支持实时分析回传的高清画面，可以对学生的眼前画面及时进行数据呈现，这使教学内容更加生动形象，有效提高了学生的学习热情。

4.打造智慧校园，为师生的生活保驾护航

对于智慧校园，普遍把它定义如下：以物联网为基础的智慧化的校园工作、学习和生活一体化环境，这个一体化环境以各种应用服务系统为载体，将教学、科研、管理和校园生活进行充分融合。5G 在师生的卫生与健康监测中将有很好的应用。身体是革命的本钱，老师与学生的身体健康状况直接影响教育的成效。近年来，熬夜成了许多人生活中习以为常的坏习惯，学生的健康问题时常见诸报端。对校园生活的卫生与健康状况实行智能化监测，能够更好地预防疾病的发生和传染。实行个体服务，建立个人的健康档案，利用传感器对食堂、教室、宿舍、图书馆等场所进行测控，智能化地调节温度和湿度、含氧量和有害气体测控，并对学生的睡眠状况、情绪、运动量等进行记录，最后将数据分析反馈到学校的卫生中心、后勤和学生手上，对学生的个体服务给出相关建议。可见，利用 5G 时代的物联网能够为教师和学生的健康保驾护航。

5G 技术的发展使"万物互联"的实现成为可能。在校园的公共资源管理方面，如图书、公共体育用具和其他公共设备的使用流向与追踪问题，利用

5G 与射频识别技术可以实现智能追踪，尤其是图书资源的管理方面，将会更加便捷与智能。此外，5G 技术如果用在监考和课堂的考勤方面，将使一些怀有侥幸心理而经常逃课的学生无处可遁。

　　教育信息化是国家信息化的重要组成部分，是实现教育跨越式发展的必然选择。随着 5G 网络的发展和 MEC 技术的成熟，智能终端和创新应用正在推动教育信息化的转型升级，师生、校内管理人员可以获得更好的网络服务、计算服务、智能服务，实现更丰富的多媒体智能体验。构建基于 5G 与 MEC 的智能教育平台并推广应用落地，可以很好地响应《教育信息化 2.0 行动计划》《中国教育现代化 2035》，打造 5G 时代的智能校园，为教育信息化、智能化赋能。

9.4　5G 智慧教育应用场景

　　随着 5G 时代的到来，教育形态也将发生巨大变化。智慧教育作为 5G 的一个重要应用，到底有哪些细分场景呢？智慧教育应用层架如图 9-3 所示。

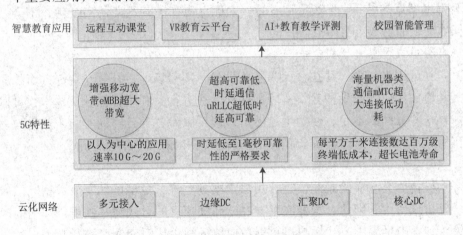

图 9-3　智慧教育应用层架

9.4.1　5G+ 虚拟现实教育

　　作为 5G+ 智慧教育的主战场，VR/AR 与教育结合呈现了全新的教学体验，可极大地提升学生的学习兴趣及其对知识的吸收速度，为师生提供互动化、个性化、沉浸式的课堂教学体验。

1. 虚拟现实 + 课堂教学

虚拟现实技术可通过自然的交互方式将抽象的学习内容可视化、形象化，为学生提供传统教材无法实现的沉浸式学习体验，提升学生获取知识的主动性，实现更高的知识保留度。

根据不同的学科，虚拟现实发挥着不同的作用，主要有立体物体的展示、立体空间的展示、展品的介绍、虚拟空间的营造与构建、虚拟场景的构造等方面的应用。

2. 虚拟现实 + 科学实验

一般学校现有的条件下，有许多实验是根本不可能做的，如核反应实验，还有一些实验是不能让学生做的，如涉及放射性物质或有毒物质的部分。利用虚拟现实技术，可以有效地解决实验条件与实验效果之间的矛盾。

在教学中，许多昂贵的实验、培训器材因受价格的限制而无法普及，如果利用虚拟现实技术，在多媒体计算机上建立虚拟实验室，学习者便可以走进这个虚拟实验室，身临其境地操作虚拟仪器，而操作结果可以通过仪表显示身体的感受反馈给学生，以此判断操作是否正确。

这种实验既不消耗器材又不受场地等外界条件的限制，可重复操作，直至得出满意的结果。VR 实验室的一大优点还在于其绝对的安全性，不会因操作失误而造成人身事故。

3. 虚拟现实 + 远程教学

在远程教学中，往往会因为实验设备、实验场地、教学经费等方面的原因，使一些应该开设的教学实验和课程无法进行。利用虚拟现实技术，可以弥补这些方面的不足，使学生足不出户便可以做各种各样的实验，获得与真实实验一样的体会，从而丰富感性认识，加深对教学内容的理解。

4. 虚拟现实 + 科技研究

科技研究与实验观测注重让用户观察到更多、更精确的有效数据以供后续分析或使用。因此，这种应用重在以高度拟真的方式将一些难以观测的现象放到虚拟世界中，让用户以更舒适便捷的视角或时间测度进行观测，相应地也要由系统给出真实实验中应当观测到的数据。

利用 VR 系统重建某次天体碰撞的场面及数据分析，这种应用对硬件设备的要求不高，主要还是对计算机系统的运算能力有较高要求。

5. 虚拟现实 + 仿真校园

教育部在一系列相关文件中多次涉及虚拟校园，阐明了虚拟校园的地位和作用。

虚拟校园也是虚拟现实技术在教育培训中最早的具体应用，由浅至深有 3 个应用层面，分别适应学校不同程度的需求。

（1）简单地虚拟校园环境供游客浏览。

（2）基于教学、教务、校园生活，功能相对完整的三维可视化虚拟校园。

（3）以学员为中心，加入一系列人性化的功能，以虚拟现实技术作为远程教育基础平台。

9.4.2　5G+ 远程互动教学

作为 5G+ 智慧教育的"最后一公里"的关键环节，以学生为中心的多种形式的互动教学能更好地激发学生的学习兴趣，提升教学质量，促进教育目标的实现。远程互动教学架构图如图 9-4 所示。

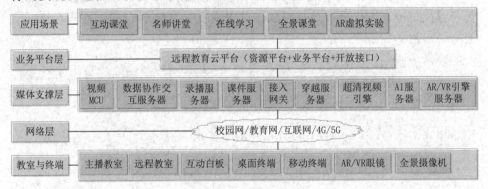

图 9-4　远程互动教学架构图

1. 互动课堂

实时双向音视频互动教学，支持数据与内容的多媒体交互。

2. 名师讲堂

将互动课堂与录播系统结合，支持在线互动学习。

3. 在线学习

通过互联网进行学习，包括微课、MOOC、翻转课堂等多种创新的学习模式。

4. 全景课堂

互动教学引入全景视频，全景摄像头可架设在主讲教室，通过 5G 网络覆盖。可通过大屏、VR 一体机观看全景直播，VR 一体机视角投屏到大电视。

5.AR/VR 虚拟实验

应用 3D、AR、VR、全息等现代化计算机图形图像技术建设虚拟交互体验实验室。

6. 远程教师评测

对教师进行评测可通过 5G+ 远程互动的方式进行，评测教师通过 5G 网络远程观看教师授课。

功能：多点远程互动教学，教学场景自动跟踪、识别和切换。主讲教室画面能够自动在教室全景、教师特写、板书特写、学生特写、学生全景、电脑课件之间切换。

9.4.3　5G+ 人工智能教育

基于大数据和人工智能，对课堂、学习、运动和教学等行为进行智能分析和可视管理，可以更好地指导和促进智慧教学。AI 教育教学评测系统网络架构图如图 9-5 所示。

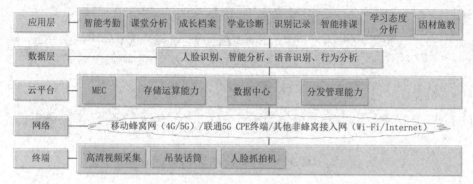

图 9-5　AI 教育教学评测系统网络架构图

1. 课堂情感识别与分析

人工智能智慧教学系统通过摄像头收集的视频数据，通过人工智能技术统计课堂情感占比，识别情感典型学生，分析学生情感变化，将统计后的数据通过可视化的形式形象地展示出来，课堂中学生的情感变化一目了然，教师可以看出自己的授课内容对学生的吸引力，并且关注到每个学生的学习状态，从而调整教学进度和授课方式，提高教学实效。

2. 课堂行为识别与分析

人体行为识别技术可以通过教室中布有的摄像头收集上来的视频检测教学视频中头、颈、肩、肘、手、臀、膝、脚等多处人体骨骼关键点的组合和移动，识别学生上课举手、站立、侧身、趴桌、端正等多种课堂行为。

根据反馈的数据对课堂中学生的学习专注度和活跃度进行分析，最终帮助教师了解课堂的关键活跃环节、学生的活跃区域分布等信息，统计课堂行为占比，分析课堂行为趋势，通过行为分析学生的学习态度，帮助学校进行更细致的教学评估和更合理的教学管理工作。

3. 课堂互动识别与分析

人工智能智慧教学系统通过语音识别收集课堂中师生互动的数据，将学生的发言及教师的授课内容通过文本的形式记录下来，并通过文本技术将非结构化的数据转化为结构化的数据，提取互动的关键词语，通过课堂气氛的改变自动为这些词语进行标记，提取有助于营造良好课堂氛围的正面词汇。同时，可以针对每个学生的互动情况提取有利于调动学生学习积极性的正面词汇，提升学生的学习效率。

4. 课堂活跃度

通过教室中的摄像头收集上课数据，同时后台人工智能智慧教学系统在后台分析上课的情况。当后台程序发现课堂上气氛较为活跃或者气氛较为沉闷时，就会将此间段的视频提取出来，教师下课回到办公室时可以观看这些视频，分析原因。

5. 课堂专注度

通过教室中的摄像头收集上课数据，同时后台人工智能智慧教学系统在后台分析上课的情况。当后台程序发现课堂上学生专注度较高、学生上课效果较好或者学生专注度较差时，就会把这些时间内的视频提取出来，教师下课回到办公室时可以观看这些视频，分析自己教学的得失。

6. 课堂考勤

目前，高等教育课堂的出勤率一直是教师的心病。在课堂上，教师往往通过点名的方式核查考勤，但是当点名遇到公共科目这种大班课的时候，因课堂学生众多，往往一次点名就会耗费半节课的时间，不仅耽误教学工作，还会出现学生代替别人答到的情况。在这种情况下，通过人工智能技术对出席课堂的学生进行面部识别，统计课堂的出勤率，识别出勤的学生，可以有效节省教师的上课时间，提高学生的出勤率。

7. 学业诊断

依托人工智能技术，基于伴随式数据的采集与动态评价分析，通过线上线下相结合的测试手段，针对每一位学生输出评测结果、学业报告和个性化的智能提升计划。针对每一位学生的不同需求，精准化推送学习资源和知识点拆解，最终实现因材施教，帮助管理者全面督导和辅助决策。

8.多维度教学报告和个人成长档案

针对不同用户群体（如主管、校长、教师、家长、学生等）输出多维度、多层次的报告，并为适应不同区域要求，提供高覆盖、货架式灵活可定制的数据分析维度，从而满足国内各区域、各类型、各用户的分析需求。同时，通过分析历史数据，针对每一位学生形成个性化的个人成长档案。

9.新高考下智能排课

通过人工智能技术可以找出全局最优的排课组合，实现传统排课和分层走班排课的整合。另外，还可以结合学生的历史成绩、评价数据、兴趣爱好、职业生涯规划等信息和教师的教学质量评价数据，基于深度神经网络算法实现智能排课推荐。

9.4.4 5G+校园智能管理

校园智能管理系统作为智慧教育的服务平台，提供面向学校、教师、学生和家长的智慧管理服务，并为其提供交流平台和教学空间。

（1）视频监控。通过学校云平台将监控数据本地存储分发，有效提升业务质量，保证视频的私密性。搭载 AI 人工智能视频分析部署在边缘服务器，面向智能安防、视频监控、人脸识别、行为分析等业务场景，利用 5G 网络低时延的特性提升应急事件反应速度。

（2）校舍安全（门禁管理）。校园智能管理系统可以和门禁系统进行对接，通过平台实现对门禁系统的统一、远程、精准管理。配合电源管理系统，何时、何地、何人使用房间或房间内的设备设施尽在掌握之中。宿舍门禁又可以掌握学生归寝的实时动态，提升宿舍的科学管理水平。

（3）校车管理。

（4）安消协同。

（5）室内照明管理。系统根据室内光照情况进行光照色温调节，维持健康光照，使室内平均照度恒定、均匀，有利于保护师生视力，为学生提供健康、舒适的学习环境。针对不同的教学情况，可设置多种不同的光照模式（如读写、视频播放、休息等），并且可接入后台大数据平台，支持多种系统，实现多种功能，有效延长公共设备使用寿命，维护便捷，节省维护成本。

（6）室内外环境监测。依托监控平台，利用相关环境监测传感器、风向风速仪等对室外空气中包括 NO、NO_2、SO_2、CO、过敏性花粉、PM2.5、

PM10 等几十种空气污染物进行检测，同时实现报警及设备联动，保障师生身体健康。

（7）校内水体监测。学校内景观水体多数为缓流水体，容易富营养化，引起藻类及其他浮游生物迅速繁殖，水体溶解氧量下降，水质恶化，鱼类及其他生物大量死亡，进而散发恶臭，影响校内环境和师生身体健康。

在以往的技术条件下，固网连接多个水质监测传感器的线路复杂，连接成本高，4G 网络接入密度低，无法支撑大量的传感器。而 5G 网络结合传感器将完美解决这些问题，实现对校园水体的远程监控与管理。

（8）智能抄表。

（9）能耗监控。通过安装布置智能断路器、智能插座、智能电表、智能水表等设备实现对用电的精准管控，准确获取每个用电端口的数据信息，实现远程送 / 断电控制；通过加装智能水表，可以实时获知校内用水端口情况，实现远程开关控制。同时，通过系统可以准确获取相关历史信息，为学校能源决策提供数据依据。

通过大数据分析不断优化节能策略，可以自动分析和统计各个回路、教室或者特定区域的能源计量，提供节能优化策略和建议。

（10）数字班牌。

（11）智能签到。

（12）电子证卡。

（13）家校互动。

（14）多媒体设备管理。通过整合教室里的电脑、投影机、投影幕布、触控一体机等多媒体设备实现系统设备的安全关机和远程监管，让校园管理更高效、更节能。支持通过智慧物联网平台 App 远程管理。这样做能有效克服传统多媒体设备各自为政、集成复杂、难以统一管理或管理功能单一的缺点。

（15）会议室 / 报告厅管理。传统报告厅 / 会议室需要安排专人对预约登记、到会通知、人员签到、照明空调调节、投影仪准备等进行管理。基于校园智能管理系统的报告厅智能管理则运用无纸化、在线预约式的管理方式，不但可以实现传统报告厅专人管理的全部功能，而且可以通过智能管理系统实时了解会议室的使用情况，为其他部门提供预约指导。同时，智能管理系统简化了"共享式会议室"的管理成本，提高了会议室的利用效能。一般而言，报告厅智能管理系统主要包括会议预约、人员签到、到会通知、室内场景控制等功能。

（16）智能机房 / 网络管理系统通过机房内的能耗管理设备设施实现用电

监测、UPS 状态监测、智能延迟上电、机房能耗分析等，实现对机房动力设备的实时监控、集中监控，实现智能感知、独立运行。

通过对环境监测管理设备设施实施烟雾监测、精密空调监测、新风机监测、温湿度监测、漏水监测、消防系统监测等为机房打造无忧环境。

通过安防系统及门禁管理设备可以实现门禁系统开关监测、视频监控联动抓拍、红外人体感应、智能照明系统的整体联动，打造安全智慧机房。

此外，通过与网络安全设备厂商设备的对接，实时调用相关 API 或端口，可实时查看网络流量，查看异常网络的应用情况，获取相关网络分析数据，及时获得网络攻击检测报警，从而及时掌握、及时发现、及时处理校园网络完整信息，建立由硬件到软件、由宏观到微观、由网络层到应用层的"可管、可控、可用"的全面网络安全环境。

（17）实验室管理。学校实验室管理是学校工作的重点和难点。贵重设备管理、有毒气体管理、试验环境维护等对实验室管理人员提出了较高的维护和管理要求。通过物联网技术的应用，校园智能管理系统有效降低了相关的管理成本。实验室智能管理可实现实验室门禁管理、实验室设备管理、重点实验原料的监控管理、实验室安全报警、实验室环境自反馈调节、实验室电器供电管理、实验气体泄漏管理等。

（18）智慧绿地管控。智慧绿地管控具有智能化、可视化、节约化、技术成熟、施工便捷、适用面广等特点。物联网无线传输技术灵活部署可快速实现定时灌溉、Web 浏览器或 App 远程灌溉、根据气象情况自动灌溉等功能。系统由物联网云平台、物联网网关、传感器和控制终端组成。

（19）停车管理。通过在车位上安装地磁车辆探测器等实现校园停车智能化管理，包括自动监测空余车位数量和位置、提供停车引导、规划停车线路、提前告知空缺停车位位置、主动推送停车时长等。校园智能管理系统与校园现有系统对接，可以实时获取车辆出入等照片信息。

（20）公共照明管理。利用智能断路器改造配电箱电源接入，利用单灯控制器对单个路灯进行智能化供电改造，使校园公共照明系统实现智能控制，具备包括一体化控制、远程单独控制、策略控制、智能联动控制。当发生安全隐患和事故时，直接将警告信息推送到监控中心及相关管理老师和领导的移动智能终端上，帮助管理人员实时监控，准备定位和快速响应。

（21）教育局、食药监督局远程监管。

（22）政府机构、民众互动。通过视频直播、历史影像，家长和社会公众可以查看学校的每日食谱、食材来源、饭菜成品制作的各个环节，对学校餐饮安全有更多的知情权。民众通过注册用户可查看后厨视频、历史影像快照，从而及时反馈餐饮卫生意见。

第 10 章　边缘计算教育：赋能在线互动教育

《2019 中国在线教育行业市场前瞻分析报告》显示，未来几年，在线教育用户规模将保持 15% 左右的速度继续增长，到 2024 年预计突破 4 亿人，总体市场规模将突破 4 500 亿元。

英特尔以人工智能和边缘计算推动智慧教育。英特尔物联网事业部全球零售市场总监克里斯·奥马利（Chris O'Malley）指出：随着智慧课堂的发展，对终端高效处理音视频、接入智能设备和进行数据分析提出了更高的要求。而英特尔 VDD 架构正满足了这一要求。VDD 架构基于边缘计算的理念，让众多功能的实现更靠近终端，既加快了数据处理速度，又能减少延时，便于实现集中化管理、分散化控制。英特尔通过人工智能和边缘计算等技术促进教学场景具备更高效率的互动、分析和学习能力，加快了教育信息化的步伐。

10.1　边缘计算是什么

目前，关于边缘计算（edge computing）概念的观点不一，暂无统一的定义。在这里姑且用维基百科上给出的边缘计算的概念加以介绍。边缘计算又称分布式云计算、雾计算或第四代数据中心，是一种分散式运算的架构，将应用程序、数据资料与服务的运算由网络中心节点移往网络逻辑上的边缘节点处理。边缘计算将原本完全由中心节点处理的大型服务加以分解，切割成更小与更容易管理的部分，分散到边缘节点去处理。边缘节点更接近用户终端装置，可以加快资料的处理与传送速度，减少延迟。边缘计算是在靠近数据源头的地方提供智能分析处理服务，可以减少时延、提升效率和安全隐私保护。

为了帮助理解，下面举一个业界有名的章鱼的例子。最先提出章鱼例子的是华为公司。2016 年 4 月，新西兰国家水族馆一只名为 "Inky" 的章鱼从半开的水族缸里爬了出来，走过房间并钻入一个排水口，穿过 50 米长的水管之后，回到了外海中。Inky 的成功再次向我们证明章鱼是地球上最聪明的生物类群之一。章鱼不仅可连续 6 次往外喷射墨汁，还能像最灵活的变色龙一样改变自身的颜色和构造，变得如同一块覆盖着藻类的石头，然后突然扑向猎物，而猎物根本没有时间意识到发生了什么事情。

章鱼的确很聪明、很特别，但这些跟边缘计算有什么关系呢？其实，章鱼就是用 "边缘计算" 来解决实际问题的。作为无脊椎动物，章鱼拥有巨量的神经元，但 60% 分布在章鱼的八条腿（腕足）上，脑部仅有 40%。章鱼在捕猎时异常灵巧迅速，腕足之间配合极好，从不会缠绕打结，这得益于其类似分布式计算的 "多个小脑 + 一个大脑"。边缘计算也属于一种分布式计算：在网络边缘侧的智能网关上就近处理采集到的数据，而不需要将大量数据上传到远端的核心管理平台。

10.2　边缘计算与云计算

随着云计算的兴起，在太多场景中需要计算庞大的数据并且得到即时反馈。这些场景开始暴露云计算的不足，主要有以下几点。

10.2.1　大数据的传输问题

随着越来越多的设备连接到互联网并生成数据，以中心服务器为节点的云计算可能遇到带宽瓶颈。

10.2.2　数据处理的即时性

据统计，无人驾驶汽车每秒产生约 1 GB 的数据，波音 787 每秒产生的数据超过 5 GB；2020 年我国数据储存量约 39 ZB，其中约 30% 的数据来自物联网设备的接入。海量数据的即时处理可能会使云计算力不从心。

10.2.3　隐私及能耗的问题

云计算将医疗、工业制造等设备采集的隐私数据传输到数据中心的路径比较长，容易导致数据丢失或者信息泄露等；数据中心的高负载导致的高能耗也是数据中心管理规划的核心问题。

边缘计算的优势和发展边缘计算的前景广阔，被称为"人工智能的最后一公里"，但它还在发展初期，有许多问题需要解决，如框架的选用、通信设备和协议的规范、终端设备的标识、更低延迟的需求等。随着 IPv6 及 5G 技术的普及，其中的一些问题将被解决，虽然这是一段不小的历程。

与云计算相比，边缘计算有以下优势。

优势一：更多的节点负载流量，使数据传输速度更快。

优势二：更靠近终端设备，传输更安全，数据处理更即时。

优势三：更分散的节点相比云计算故障所产生的影响更小，还解决了设备的散热问题。

10.2.4 边缘计算与云计算的区别

边缘计算和云计算的区别如表 10-1 所示。

表10-1 边缘计算与云计算区别表

项 目	边缘计算	云计算
计算方式不同	分布式计算	集中式计算
地点不同	靠近应用场景设备或网关	远离
功能不同	收集数据、执行指令和部分分析功能	所有的数据分析和控制逻辑功能
延时性	低延时	延时
隐私和安全	隐私性和安全性较高	需要高度关注和采取措施
数据存储	仅向云发送有用的处理后信息	存储所有的收集的信息
部署成本	低	高
计算能力	由性能较弱、分散的各类功能计算机（服务器）组成，是云计算的补充	由性能强大的服务器组成
人工智能	继承云智能（精简智能），仅实现应用场景的大部分智能	云计算智能

边缘计算与云计算既有区别又互相配合。未来，边缘计算是否更胜云计算

一筹呢？其实不然。云计算是人和计算设备的互动，边缘计算则属于设备与设备之间的互动，最后再间接服务于人。边缘计算可以处理大量的即时数据，而云计算最后可以访问这些即时数据的历史或者处理结果并做出汇总分析。边缘计算是云计算的补充和延伸。大多数情况下，边缘人工智能计算和云计算会长期共存，甚至采用混合的方式，一部分由设备自身执行 AI 计算，另一部分通过云平台完成。

边缘计算需要与云计算协同，如此才能最大限度地实现彼此的应用价值，这一点得到了产业界的广泛认同。边云协同大体上涉及三层六类协同，也就是从 IaaS 到 PaaS 再到 SaaS3 个层次，边缘侧 3 个层次和云侧 3 个层次一定有相互协同工作，落实到具体场景中，不见得所有业务场景都会包括，这个 6 类应该是目前阶段理解边云协同的全视图，具体如图 10-1 所示。

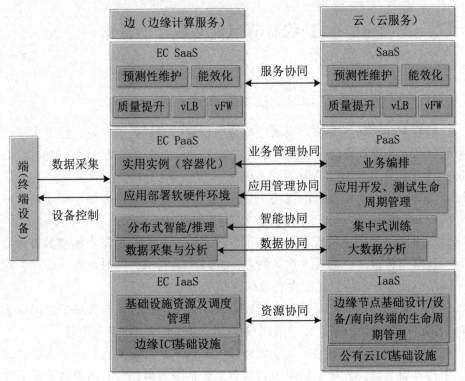

图 10-1　边云协同图

（1）服务协同：云端提供 SaaS 分布策略，如哪些 SaaS 部署在云端，哪些部署在边缘（应用相互协同）。

（2）业务管理协同：边缘提供模块化、微服务化应用，云端提供边缘应用的业务编排管理。

（3）应用管理协同：边缘节点提供应用的部署与运行环境，并进行管理、调度；云端提供应用开发测试环境及生命周期管理。

（4）智能协同：边缘节点按照 AI 模型执行推理，云端开展 AI 集中模型训练，下发模型到边缘。

（5）数据协同：边缘节点负责终端数据的采集，进行初步处理，并将结果上传至云端，云端提供海量数据存储、分析、价值挖掘。

（6）资源协同：边缘节点提供基础设施资源，具备本地调度和管理能力，同时接受并执行云端资源调度管理策略（含设备、资源、网络连接）。

10.3　边缘计算赋能在线互动课堂

10.3.1　在线互动课堂的技术需求

随着互联网技术的快速发展、社会对教育的重视程度提高、经济水平的不断提高，在线教育行业持续增长。iiMedia Research（艾媒咨询）数据显示，2020 年中国在线教育用户规模达 3.09 亿人，市场规模达 4 538 亿元。与传统线下教育相比，在线教育的优势十分明显，它不受地域的限制，学生可利用互联网时代的碎片化时间学习，教师不用亲临现场授课，节省了多方成本，同时解决了传统优质教育资源分布不均的难题。在线互动课堂场景具有大带宽、长链路传输、广覆盖的业务特点，同时因为教学的实时性和互动性，对于网络的低延时和抗抖动能力有较高的要求。

第一，网络延时是互动课堂的核心影响因素之一，该业务场景对网络丢包敏感。网络丢包可能直接导致用户掉线、视频卡顿、推流失败等。

第二，学生遍布各地，基于就近接入原则，平台需要在全国各主要城市部署接入服务器，理论上城市覆盖数越多，接入效果越好，用户体验提升越明显，但是这面临高昂的成本。

第三，在暑期等业务高峰期，流量大幅增长，而传统 IDC（internet data center）机房建设周期为 3 ～ 6 个月，无法及时响应平台在服务器的资源、带宽资源及专线资源方面的快速扩容需求，同时大量的资源建设在业务高峰度过之后会面临闲置，急需利用云的弹性能力来解决难题。

10.3.2 云边端三体协同

在物联网场景下，每个智能设备都会产生大量数据，传输如此海量的数据从本地到云端需要消耗大量的网络带宽。大带宽、广覆盖、强互动、低延时，在线互动课堂与边缘计算的应用场景天然契合。为了减少处理数据的时间，将计算从云端移向采集数据的边缘节点是必然之选。

首先，有调查报告显示，智能传感器、云数据处理和移动解决方案是最需要结合边缘计算的技术应用。边缘计算可以在更靠近终端的网络边缘上提供服务，全域覆盖的节点资源仿佛打造了一张覆盖全国的高质量、低成本的实时视频转发网络。在 K12 在线辅导业务场景中，空间距离的缩短可以减少复杂的长链路传输网络中各种路由转发和网络设备处理的延时和传输时间，同时可以更好地避免网络抖动带来的掉线和卡顿问题，使互动课堂业务场景中整体低时延、强互动体验提升明显。

其次，视频类大流量业务的处理放到边缘完成，在大型公开课、名师讲堂直播等场景下会产生高并发访问，通过分布式的架构分散中心处理的压力，可有效避免网络拥塞，同时降低将数据传回源站的带宽成本。

边缘节点服务（edge node service，ENS）在主播推流时，实现就近节点进行转码和分发，同时支持高并发与实时弹幕边缘分发，减少了对云中心的压力，可以节省 30% 以上的中心带宽，并获得网络时延，实现了 ENS 网络连接时延小于 5 毫秒，整体提升了主播的上行质量和用户观看体验。

通过 ENS 与 CDN（content delivery network，内容分发网络）资源协同，为互动直播提供稳定可靠的算力和网络服务，实现了弹性伸缩和分钟级交付能力，具备规模经济性，同时节省了用户的带宽成本。例如，广州老师给全国学生授课时，广州的老师授课媒体流会推到就近的边缘节点，在边缘节点直接进行转码，转码后的媒体流会分发到 CDN 边缘节点，当有用户访问时直接就近返回内容。

对于常见的跨国授课来说，阿里云边缘计算也能通过国际高速通道将海外的授课媒体流转发回国内的云中心，再通过边缘云智能选路系统及遍布全国的边缘转发网络，将授课内容实时、高质量地呈现在学生面前，具体如图 10-2 所示。边缘计算重新定义了"云边端三体协同"计算组合形态，其本质是实现算力负载均衡优化。

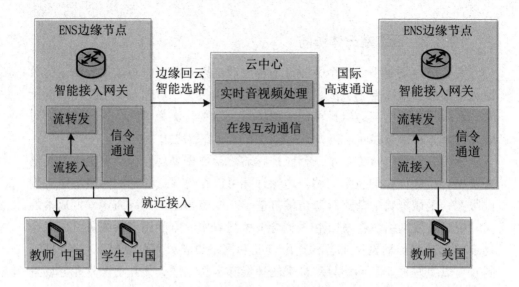

图 10-2　边缘计算助力跨国互动授课图

　　数据显示，阿里云边缘计算可以大幅度提升传输的可靠性，使端到端延时降低 200 ～ 300 毫秒，一对一在线课程平均完课率从 97% 提升至 99.5%，直接为平台带来了业务收益。

　　伴随着国民教育意识的不断增强，在线教育的市场需求不断扩大。5G 时代的来临势必会助燃这个产业的发展，其带来的是一场视频传输的革命，高质量的视频通话使在线互动变得更加触手可及，能最大限度地还原线下教学的真实感，同时在具有更高清晰度的互动课堂中，教师可以更好地对学生进行观察和督促，使学生的学习效率和效果得到提升。

　　如今，人工智能已经开始赋能在线教育行业，如通过人脸识别技术识别分析学生的微表情，及时反馈课堂表现和学习状态；利用大数据和个性化推荐算法更精准地为学生匹配教学风格和知识点；利用人工智能技术为学生批改作业、答疑解惑；等等。

10.3.3　实现在线沉浸式学习体验

　　在线教育借助智能信息技术已经突破了线下传统教育模式的瓶颈，实现了跨地域、跨时空的教育资源共享。未来，借助云计算、边缘计算、实时音视频通信及直播平台、人工智能等技术，不管学生在任何地点，只要有手机或电脑，在线教育平台就可以把最优秀的老师带到他的身边。

　　正如扩展现实技术应用一样，在线教育要给学习者带来沉浸式的学习体验，使其无缝地穿梭于虚拟与现实之间。随着物联网和云服务的推动，在网络边缘产生的数据正在海量增加。如果我们能够尽可能地在网络的边缘结点去处理、分析数据，那么这种计算模型会更高效。借助边缘计算，我们可以更好地处理新技术在教育应用过程中产生的海量数据，从而减少网络传输压力和公网的传输延迟。对于数据的分析、诊断和决策，可以交由边缘结点处理，从而实现低延迟，提高用户的无缝式学习体验。

第 11 章　智慧教育：新型教育生态和模式

　　智慧教育即教育信息化，是指在教育领域（教育管理、教育教学和教育科研）全面深入地运用现代信息技术来促进教育改革与发展的过程。中国智能教育大会创办的初心是利用智能科技和信息技术推动教学模式创新升级，优化人才培养体系，使科技界和教育界共同促进教育决策的科学化和资源配置的精准化，加快形成现代化的教育公共服务体系。

11.1　当前智慧教育存在的主要问题

　　随着信息技术在教育中的广泛应用，教育信息化、教育现代化、智慧教育和智慧校园等新名词相继出现在教育视野中。许多教育者在还没有搞清楚这些词之间的关系和区别时，就开始了轰轰烈烈的改革之路。他们认为，只要建设了教育服务平台、智慧校园、5G 网络等，就实现了教育的变革和创新，就实现了教育信息化，实现了智慧教育。可见，绝大多数教育者对智慧教育并没有一个清晰的认识。在智慧教育应用体系中，智慧学习环境是基础，智慧教育制度是支撑，智慧教学模式是核心组成。因此，我们有必要对智慧教育当前存在的主要问题进行深入研究。

　　目前，教育信息化的开展有两种截然不同的做法。一种是按照原有教育体系的需要应用技术。这是原有教育体系的信息化，是将技术贴到教育教学中去。这种做法主要是提高教育教学效率，在效率提高的基础上解决部分质量问题。比如，在管理上，通过信息技术的应用将各种信息汇聚在一起，根据工作需要调取所需信息，特别是通过移动终端在不携带任何纸质材料的情况下随时随地地调取所需信息，大大提高了管理工作的效率。在教学上，将相关学习资源及时提供给师生，大大提高了教学和学习的效率。除了提高效率之外，从方便信息和资源获取的角度来讲，这也是一种信息和资源获取方式的变革。这种变革在管理工作上的作用比较明现，在教学和学习上有一定的作用，但是还不足以产生颠覆性的效果。因为教学和学习不好的主要原因是教师教和学生学的思路、方式方法等方面存在问题引起的，有的甚至是教学目标定位有问题。在这种情况下，无论如何通过信息技术也解决不了质量问题，这就需要研究出新的教学和学习思路、方式方法，甚至重新确定学习目标。一般情况下，大多数问题在没有新情况、新条件出现时，是很难找到可操作的新思路和新方法的。

另一种教育信息化的做法是，在信息技术条件下，充分利用"互联网＋"、大数据、人工智能、虚拟仿真等技术，针对教育教学的瓶颈问题，探索教育新思路和新方法，再根据新思路和新方法的需求，应用智能信息技术构建有效的支撑环境，完善质量教育体系。只有这样，才有可能从根本上解决教育教学的核心瓶颈问题，才能真正实现教育信息化，才能达到智慧教育的目的。

11.2　智慧教育的核心特征与模型

祝智庭教授指出，智慧教育就是通过利用智能化技术（灵巧技术）构建智能化环境，让师生施展灵巧的教与学方法，使其由不可能变为可能，由小能变为大能，从而培养具有良好价值取向、较高思维品质和较强施为能力的人才。黄荣怀教授指出，智慧教育是教育信息化的高端形态，它是一种由学校、区域或国家提供的高学习体验、高内容适配性和高教学效率的教育行为（系统），能利用现代科学技术为学生、教师和家长等提供一系列差异化的支持和按需服务，能全面采集并利用参与者群体的状态数据和教育教学过程数据来促进公平，持续改进绩效并孕育教育的卓越。从以上两种智慧教育的定义中我们可以看出，新兴信息技术为智慧教育的实现提供了强有力的保障，为学生的个性化学习和创新能力的培养提供了有效途径。智慧教育是在"互联网＋"、大数据、人工智能、虚拟仿真、云计算等智能信息技术的支持下，让学生能够主动学习、根据自己的需要学习、按照适合自己的方式学习、找到适合自己的学习环境学习、找到最适合自己的伙伴学习、得到最适合自己的教师帮助学习，逐步形成系统的思维能力和创新性思维能力。在智慧教育视域下，能够对教育教学全过程进行实时监测与调控，最大限度地将师资、设施设备、场地等教育资源合理、均衡配置；能够将优秀教师的教学智慧和典型学生的学习经验实时分享给每个学生和教师，改变优质教育的供给形态；等等。因此，智慧教育的核心特征就是学生智慧成长、教师智慧成长、教师智慧教、学生智慧学、管理者智慧管、学校与家庭智慧沟通等。

　　智慧教育的实现需要变革传统的教育模型，构建智慧教育模型。智慧教育包括智慧学习、智慧教学、智慧管理、智慧研修等方面，实现智慧教育的基础是构建智慧教育模型（图 11-1）。该模型在培养学生综合解决问题能力、学科素养及多元智慧框架下，利用技术构建有效学习环境，更好地完成了教学活动，使学生得到了全面发展。

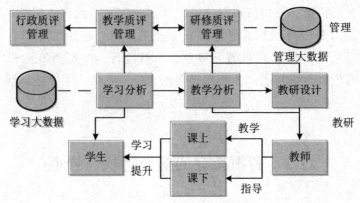

图 11-1　智慧教育模型

　　智慧学习是指学生在智慧学习系统的支持下能够动态掌握自己的学业水平和学习能力，在不同课程内容的学习上定位合适的学习层次、选择合适的学习方式、得到最适合的学习环境和条件、找到最佳的合作伙伴、获得最有效的教师指导和帮助，在有限的时间内进行最有效的学习活动，同时树立正确的人生观和价值观，完善人格，建构完整的学科知识和能力体系，形成系统的思维能力，特别是创新性思维能力和辨别能力，使多元智慧得到全面发展。智慧教学是指教师能够动态监测每个学生的学习状况，并根据学生的情况引导、组织学生定位合适的学习层次、选择合适的学习方式、找到合适的学习环境、提供有效的学习指导、建立合适的学习群体，通过"互联网+"、大数据、虚拟仿真和人工智能等技术，为每个学生提供个性化的学习网络和调控系统，帮助学生实现跨时空个性化学习。

11.3　实现智慧教育的基本思路

按照原有教育体系的需要应用信息技术，在管理工作中会产生明显的效果。但是，在教学和学习中，难以引起革命性的变化。因此，要想通过原有教育体系的信息化实现智慧教育的可能性几乎为零。在教育教学工作中，只有充分利用"互联网+"、大数据、人工智能、虚拟仿真等技术，针对教育教学的瓶颈问题探索教育新思路和新方法的实施路径，才真正有可能通过信息化实现智慧教育。

那么，如何通过教育信息化来实现智慧教育呢？具体来讲，就是教育信息化从教学与学习的哪些方面发挥作用才能实现智慧教育？我们首先从什么样的教育才是智慧教育，分析出实现智慧教育的瓶颈问题，探索破解的新思路、新方法（新机制）；其次，找出实施新思路、新方法遇到的条件障碍；最后，系统研究通过智能信息技术如何提供实施教育新思路、新方法所需要的新条件。

教育到底做到什么样才是实现了智慧教育呢？现在，大多数评价标准更多的是侧重环境、设备、师资队伍等方面，这些都是基础保障条件，并不是核心标志。智慧教育的核心标志应当以学生培养质量和学习过程优劣为主要依据。其中，重要依据应当是学生的学习过程。智慧教育的真正实现，从学生角度看，就是学生认同、主动学习，能够按照自己的需求学习，能够按照适合自己的学习方式学习，能够找到最适合的学习条件完成学习活动，能够找到最适合的教师引导、组织自己完成学习活动，能够找到最适合的伙伴共同完成学习活动，等等。

这样的教育通常难以实现。如今的学校一般采用的是一对多的教学模式，要实现让每个学生按照适合的方式、适合的条件、适合的教师、适合的伙伴开展学习活动基本上是不可能的。在现有的学校组织形态下，普遍遇到的困难包括以下方面。

第一，学生的学习兴趣没有被激活到最高点，学习达不到最佳状态。

第二，教师设计好了教学流程，所有学生是按照统一流程开展学习活动的。教师所设计的教学流程的最好情况也就是尽可能满足更多学生的需要，无论如何也不可能满足每个学生的个性化需要。因此，课堂教学基本上是按教学计划进行的，严重缺乏个性化。

第三，最好的教师只能服务所负责班的学生，不可能为其他班级学生提供服务，因此教学不可能是高位均衡的。

第四，无论是教师对教学的改进，还是各级管理人员对管理工作的改进，大多数都像中医一样，更多的是靠经验，望闻问切，以此判断课堂教学的总体情况和管理工作的总体情况。但是，教师对每个学生的学习过程好坏情况、每项工作的具体质量情况很难做出准确判断，因此无法给予精准的调控和管理。

第五，学生的系统思维能力、创新性思维能力培养普遍欠缺。大多数教学过程更多的是帮助学生完成知识的学习和技能的形成，缺乏系统思维能力和创新性思维能力的培养。

智能信息技术应聚焦以上实现智慧教育的核心瓶颈问题，应为构建能够解决教育瓶颈问题的新教育提供全方位支持。教育信息化不是最终的目的，只是途径和手段，要利用智能信息技术构建全新的教育体系，解决实现智慧教育所遇到的瓶颈问题，进而实现智慧教育。因此，智能信息技术的根本目的是改造教育、改造学习，只有实现了改造，才是真正做到了教育信息化，才能真正实现智慧教育。具体来看，实现智慧教育的思路如图 11-2 所示。

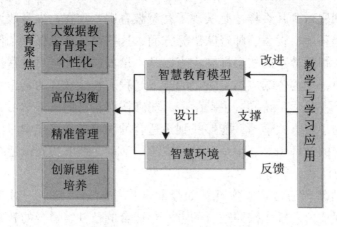

图 11-2　实现智慧教育思路图

11.4　实现智慧教育的有效路径

要想构建智慧学习的有效路径，最关键的是找到学生学习中普遍存在的本质问题，找出破解本质问题的思路和方法。我们认为，当前学习存在的本质问题主要包括学生对所学知识的认同度不高、学习过程缺乏精准调控、计划课堂缺乏个性化、创新及系统思维能力普遍欠缺，以及难以获得最好的老师和最佳伙伴等。针对这些问题，本研究认为应该在"互联网＋"、大数据、虚拟仿真和人工智能等智能信息技术的支持下，创建教学和学习本质问题的新教育体系（图 11-3）。其中，学生培养目标库是智慧教育的内核，学生学习大数据能够为教师提供学习结果的反馈，也是调控和管理学习过程的一种途径或手段。

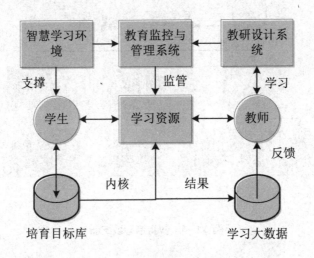

图 11-3　新教育体系

第一，明确智慧教育内核，培养创新思维人才。智慧教育的核心是为了培养创新思维人才。在常规教学中，我们所学习的新知识大多是教师直接传授，学生不清楚为什么学习这些知识、学习这些知识之后能够解决什么问题，所以导致大多数学生对知识的不认同，甚至感到迷茫。基于这种情况，本研究认为可以从以下两个方面入手：一方面，我们可以借助信息技术手段，为学生创设情境；另一方面，我们要将知识进行还原，以任务或问题的形式将知识传递给学生，引导学生在完成任务或问题的过程中，构建学科基本知识体系，并在解决问题的过程中形成解决问题的方法体系和学科能力体系，逐步培养学生的创新思维与技能。

第二，建立教育大数据，构建教育监管系统。在学科培养目标库的基础上，为每个学生建立教育大数据，具体包括每个知识点目标库中所有问题和任务是否能够解决或完成，相应的方法体系建构的完整程度，每个任务或问题、相应方法体系的学习方式，等等。具体而言，教师应依据学生教育大数据，建立学生每个知识点学习微调控，帮助学生及时调整学习层次、学习方式，使学生找到适合自己的学习层次和方式；对全班学生的总体学习情况进行监控，根据全班学生的总体学习情况及时为学生提供学习网络和合适的学习方式，从而真正通过大数据和"互联网＋"实现教学和学习的精准监控和管理，具体如图 11-4 所示。

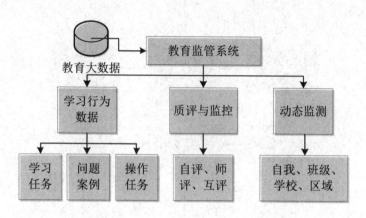

图 11-4　教育监管系统图

第三，建立智慧学习网络，改变资源供给形态。学生在学习某一知识时不可能随时随地得到最适合自己的教师的指导和帮助。在一对多的教育模式下，教师要面对全班学生，只能选择适合大多数学生学习活动的统一教学模式，难以做到因材施教。而课后学生更无法得到教师的个性化指导和帮助，同样很难找到最佳学习伙伴进行交流。可见，在常规教学条件下，要想解决高位均衡问题是不可能的。借助"互联网＋"、大数据、虚拟仿真和人工智能等智能技术，按照每一个知识点听讲、自主导学和探究等不同学习方式的需求，分类建立个性化学习网络，包括支撑资源与工具、教师分层讲解和指导微课、学生学习经验分享微课等，改变优质师资教学智慧和学生典型学习经验的供给形式，将最好教师和最佳伙伴的教学智慧和学习经验积淀在学习网络中，最大限度地将优质师资资源和典型学生学习经验随时随地提供给所有需要的学生，只有这样，才能够实现"互联网＋"的思维方式，才能真正给教育带来一场深刻的革命。

11.5 实现教师智慧研修的有效路径

智慧教育主要表现为一种教育境界，应当渗透在教育教学中。教师作为教育目的、意义和任务等的直接体现者、承载者和实践者，是智慧教育实践中最重要的角色。教师研修是提升教师专业能力发展的一个有效途径，对智慧教育理念的落实起着重要作用。《教育部关于深化中小学教师培训模式改革 全面提升培训质量的指导意见》（教师〔2013〕6号）指出："各地要积极推进教师网络研修社区建设，推动教师线上与线下研修相结合、虚拟学习和教学实践相结合的混合学习。"

11.5.1 明确现代教师能力培训的方向

智慧教育聚焦的核心问题主要包括学生对知识不认同、课堂缺乏个性化、学习过程缺乏精准监控及难以获得最好的老师和最佳伙伴等。因此，教师能力培训的方向要有针对性。教师培训的方向包括知识还原、环境准备、引导指导和检测评价。知识还原针对的是学生对知识认同度不高的现象，主要提高教师将知识还原为问题和任务的能力；环境准备针对的是课堂缺乏个性化问题，主要是指导教师如何构建个性化学习环境，从而实现学生的个性发展；引导指导针对的是学生难以获得最好的老师和最佳伙伴的问题，主要培养教师如何组织、指导和引导学生，使他们获得最好的帮助；检测评价针对的是学习过程缺乏精准监控的问题，主要培训教师如何对学生的学习质量和行为状态数据进行监控和评价。具体如图 11-5 所示。

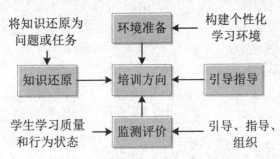

图 11-5 教师研修路径

11.5.2 构建线上线下混合培训体系

混合学习模式指的是在智能信息技术支持下，将网上培训和传统的面授指导相融合的一种模式，其目的是达到相互补充、相互融合的研修。该模式主要包括在线培训、交流讨论、教学观摩和集体备课4个模块。在线培训主要是让教师注册账号，在线观看优秀的教学案例，完成网络研修，或利用网络上大量的优质资源完成自主研修；教学观摩主要指的是教师亲自到实践中去观摩，从教学中吸取教学经验和技巧；交流研讨是教师针对共性的问题，组织在一起开展有针对性的研修活动；集体备课是以教研组为单位，组织教师集体研读课程标准和教材、分析学情和反馈教学实践等活动。

11.5.3 建立智慧研修平台

教师智慧研修系统包括网络基础设施、软件支撑工具、区域均衡管理、借助教师智慧和学生智慧生成的资源、教学模式，以及教育云公共服务平台几个模块。教师智慧研修平台依托云计算技术、"互联网+"、大数据和虚拟仿真等智能信息技术，借助软件支撑工具集和网络基础设施，在学校、学科带头人和教师的共同参与下，实现教师专业素质的提升，具体如图11-6所示。其主要通过录播教室、多媒体教室和资源等生成优质资源，实现优质资源的大规模复制与共享。

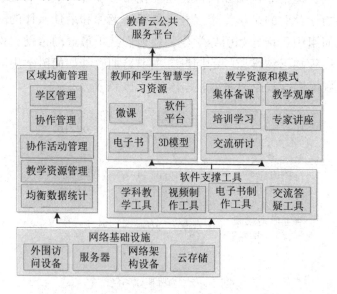

图 11-6 教师智慧研修系统

11.5.4　智慧管理的建设途径

智慧管理从两方面入手，一方面聚焦教学难题，实现教学管理的智慧化；另一方面聚焦行政管理难题，实现"放、管、服"的智慧化。在教学管理中存在学生学习质量不高、日常行为监测与评价困难，教师教学、管理水平监测及评价困难，教师间、教师与家长间、师生间、管理者与教师间、管理者与家长间、管理部门与学校间等的沟通不够及时与畅通，管理者及时了解学校、区域教育状况困难，教育运行状态及时预警、动态科学决策困难，等等。针对这些问题，仅通过人为管理是很难精准地解决的，我们需要探索一条智慧管理的有效途径，即实现由人为到精准的智慧管理转变的智慧化系统建设方向（图 11-7）。

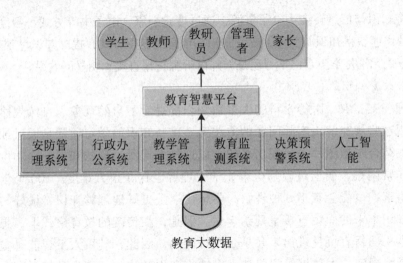

图 11-7　智慧管理途径

如图 11-7 所示，该智慧管理系统能够提供一定的核心功能，即汇集数据、规范过程、预警和决策支持。汇集数据主要是利用大数据技术收集教育教学中的各类数据，从而全面了解教育状况；规范过程主要是指规范工作流程，支持业务流程创新；预警和决策是指通过动态监测学校、教育局及相关部门运行状态，为各级管理人员科学决策、合理配置资源和优化管理等提供全方位的支持。智慧管理的关键是能够按照教育相关部门的各项工作流程实现全部连通。

11.6 智慧教育促使教育系统的改变与建议

11.6.1 智慧教育促使现有教育改变

智慧教育的实现离不开信息技术的支撑。实际上,教育的本质是一种特殊的服务,信息技术的进步为教育服务的智慧化水平创造了条件。在云计算、大数据、物联网、人工智能、边缘计算等智能信息技术的支撑下,智慧教育较传统教育实现了四大改变。

1.改变知识和信息的获取方式

将知识与信息转变为电子资源,通过搜索引擎、电子书等方式,帮助学生和教师快速获得知识与信息,改变知识与信息的获得方式,提高知识呈现效率。这种方式无论是学生自己学习还是教师讲解都有很直接和明显的效果。

2.改变知识的呈现形态

理、工、农、医等学科的大多数知识都是学习自然现象、自然规律,以及应用这些规律解决实际问题的方法等。这些知识的学习通常是通过抽象的文字,结合图形图片等呈现出来的。以这种方式所呈现的知识,让学生自己理解非常困难,而通过教师讲解让学生理解也存在很大难度。100个学生听教师讲解,可能会有100种理解。要想让学生更好地理解知识,最好的办法是将知识本来的面貌直接呈现给学生。但是,在传统的教育模式下,想将知识的本来面目直接呈现出来几乎是不可能的。因此,利用人工智能、虚拟仿真、增强现实、大数据等智能技术将抽象知识转化为直观生动的形态,这对教师讲解和学生理解的作用是非常明显的。

比如,对于电磁炉工作原理的学习。没有火苗,没有电阻丝,电怎么就变成热了呢?对于很多学生而言,通过书本或者老师原有方式的讲解,非常难以理解。最好的办法是通过虚拟仿真技术直接模拟电磁炉打开开关后出现电磁场,放上铜锅、铝锅、陶瓷锅等没有任何反应,放上铁锅、不锈钢锅马上就产生涡流,涡流流动使锅加热这一过程。这样的技术应用,无论是学生学习还是教师讲解,都会变得直观明了、通俗易懂。

3.改变知识的学习方式

一看就懂的简单知识不需要探究,疑难复杂的知识最需要探究。探究是激发学生求知欲望、形成系统思维能力，特别是创新性思维能力的最有效的途径。探究需要环境和工具，仅靠书本、常规教具和实验环境很难提供探究条件，而利用人工智能、虚拟仿真、增强现实、大数据等智能技术能够为探究提供必要的条件和环境。

虚拟仿真、虚拟现实、增强现实等技术提供的探究工具可以分为两个层次。一是现实环境呈现，其可为探究提供基本的实际环境，帮助学生全面了解知识产生的实际场景。具体实现方式有 3D 情境漫游、3D 虚拟仿真、增强现实等。二是实际探究操作环境模拟，为探究提供基本的操作环境。具体实现方式包括虚拟仿真工具和增强现实工具两种。

比如，以数据结构的排序算法的学习为例。如果让学生直接学习书本，或教师直接讲给学生，大多数学生并不一定喜欢。最好的方式是让学生有机会直接探究，通过探究总结归纳排序算法的使用场合与条件。但是，这在常规条件下很难操作，借助虚拟仿真和人工智能技术，模拟探究工具和环境，则可让学生有机会直接总结归纳排序算法的优缺点和个性记忆，整个探究学习不再抽象、晦涩。

4. 改变课堂的教学模式

当技术"拥抱"科技之时，其本质不再是单纯地将"线下"转化为"线上"，更不是将传统的教学流程进行盲目的数字化和智能化，而是需要认真审视日常教学中信息技术与教育教学融合的整体情况。

在新的教育形势下，信息技术、教学活动、教学方法、教师运用产品的能力、教学和数据管理等都会影响课堂教学的实际运用效果。所以，"智慧教育"对于"传统教育"而言，是一场没有硝烟的革命。

随着智能信息技术的不断发展，传统教学课堂逐渐不能满足现代化教学需求，主要表现如下：课堂教学模式单一、教学行为无法分析、异地教学无法实现、出勤率统计方式烦琐、学生听课状态凭主观判断、教师对现代化教学参与度不高、管理者缺乏有效直观的手段进行教学监督管理等。所以，如何促进"传统教育"向"智慧教育"的具体转变，这是我们需要思考的。

探究具体的转变过程需要从课堂出发，基于先进的教学理念和真实的教学情境，结合云计算、大数据、物联网等新一代高新技术，以软硬一体的方式实现集中智能录制、远程互动及常态化的直播录播，为教学决策提供大数据支撑，打造智能、高效的学习生态环境。智慧教育离不开智能教学设备，它是智慧教学的硬件基础，智慧教室更是智慧教育制定具体解决方案的硬件条件，具有以下明显的特征。

（1）创新课堂：教学模式走向多元化，新的教室布局与教学模式，授导型、研讨型、远程互动多种教学模式并存。

（2）学情分析：基于人脸识别技术，自动统计教室使用率、课堂出勤情况及学生上课状态，为课堂教学提供直观的技术分析。

（3）课内互动：借助移动终端可以方便地开展课堂教学，促进教育公平，提高教学质量。

（4）移动应用：应用转向移动端，利用手机或者 Pad 即可完成教师"去讲台化"，拉近师生关系，操作使用方便。

（5）智能录制：多场景、多种教学模式的全自动智能化采集，既保证了教学视频资源的充足，又真正解放了人力成本，使名师的优质课堂教学在无须干扰教学的情况下轻松录制。

（6）可视化管理：提供了可视化集中控制管理系统，可全面监控课堂情况，结合动态的数据呈现，方便教学管理者日常监控、督导巡课等工作的开展。

（7）一键式操控：智慧教室功能多，教师通过触摸屏即可掌控教室内各个教学设备的开关，方便迅速实现模式切换。

了解智慧教室的特征是制定解决方案的方法论，而智慧教室如何根据场景进行定制、进行系统的全方位思考才是其中的关键。

首先，在不断通过调查和实地走访，了解智慧教室的建设及应用现状后，根据调查结果，重点选择集成商、设备供应商进行交流，再设计建设方案。

其次，将建设方案与学校的课程建设和教学改革相结合，确定建设的重点和目标。通过宣传、培训让一线教师了解智慧教室的作用，发现教师对教室的需求，并整合到建设方案中。

最后，经过多次交流、设计，最终形成建设方案图、效果图、应用场景图和各种场景的操作流程，经专家讨论后，确定最终的建设方案，然后实施。

11.6.2　智慧教育促使教育系统变革

在全面推动智慧教育的时代背景下，对教育信息化的深刻理解和对教室场景需求的精准挖掘带来了"教"与"学"的双重革命，同时用"智慧"为人们展示出面向未来最真实的教育画卷。

智慧教育包含 3 个层次，即智慧学习环境、新型教学模式和现代教育制度。如今谈到的教育教学，对于教师而言，更多的是教学模式的范畴。

1. 智慧学习环境

在虚拟技术、增强现实、大数据、人工智能等智能信息技术支持下，能够实现物理环境与虚拟环境的融合的智慧学习环境可以更好地提供适应学习者个性特征的学习支持和服务。智慧学习环境已经诞生，学生是数字一代，对教师的期待也包括未来智慧教师的一代，教育成了智慧教育。

教育学生强调的是"三效"的问题，即效果、效率、效益。具体到教学过程中，其更强调的是适配性。我们必须了解智慧学习环境的技术支撑与组成要素有什么关系。第一是记录学习过程，通过大数据采集数据。第二是识别情境，更好地弄清问题的产生与解决原理。第三是感知环境，增强感性认识，丰富实操体验。第四是把学生和老师连接起来，连接社群，加强互通、互评、互动。这些步骤的目的都是促进学习者的有效学习。

2. 新型教学模式

今天的课堂仍主要采取"一对多"的教学模式，多为统一规格、统一步调、统一检测、大班教学，如 40 名学生甚至 60 名学生一个班。在智慧教育时代，随着智能信息技术进入教育领域，逐步融入课堂教学中，传统的教室环境发生了较大的变化，主要表现在三方面，分别是学习方式、教学方式和课堂形态的变革。

3. 现代教育制度

教学制度在不同层面有不同的解读。智慧教育的本质特征是学习环境的感知性、学习内容的适配性、教育者对学生的尊重和关爱、受教育群体之间的教育公平性、教育系统要素的有机整合及其和谐关系。

首先，学习环境的感知性和学习内容的适配性属于智慧学习环境的范畴，而智慧学习环境的主要功能是传递教育系统的"智慧"；其次，在新型教学模式下，个性化得到明显满足，学生的差异和多样性特征得到尊重，促进了学生的有效学习，其核心是启迪学生的"智慧"；最后，应用大数据来分析和动态模拟学校布局、教育财政、就业渠道、招生选拔等教育子系统及其关系的演变过程，为国家教育制度、学校管理制度及教学制度提供改革方案和决策依据，全面创新人才培养制度，同时促进、管理区域之间、城乡之间、校际之间的教育公平与资源均衡，其根本目的是形成现代教育制度，以孕育人类"智慧"。

那么，智慧教育到底是什么？从智慧教育的环境看，其是新型的教学模式。从结构上说，更多的是教育制度。如果将它们放在一起，就是智慧教育系统。因此，智慧教育可以理解为一种智慧教育系统，其定义为"智慧教育

（系统）是一种由学校、区域或国家提供的高学习体验、高内容适配性和高教学效率的教育行为（系统），它能利用现代科学技术为学生、教师和家长等提供一系列差异化的支持和按需服务，能全面采集并利用参与者群体的状态数据和教育教学过程数据促进公平、持续改进绩效并孕育教育的卓越"。

教育教学的核心是教师对学生的关爱，如果能把学生当作完整的人去看待，而不是把他们变成机器，那么一定可以产生变化。此外，从整个社会看，它的特征还涉及公平与和谐。从境界上看，智慧学习环境传递教育智慧，新型教学模式启迪学生智慧，现代教育制度孕育人类智慧。

11.6.3　发展智慧教育的建议

1.强化师生信息素养提升，应对教育科技的"零点革命"

信息技术堪称工业革命的顶峰，人工智能则可能超越这个顶峰，成为一个新的革命的起点，可以称其为"零点革命"。人工智能将极大地改变人的思维方式，冲击人的智能，同时拓展人的思维。2017 年颁布的《普通高中信息技术课程标准（2017 年版）》已经将信息意识、计算思维、数字化学习与创新和信息社会责任等作为信息技术学科的核心素养，这同样可以作为其他学段的参考。第一，教育部会同国家自然科学基金委等加大信息素养的培养研究，为培育数字公民提供战略支撑。第二，在"国培计划"项目中强化教师信息素养培养，提高普通教师的信息技术支持教学能力。第三，协同中国计算机学会、中国人工智能学会等参与培养 1 万名中学信息技术教师，切实提高信息技术教师的专业素养。第四，广泛开展信息技术类综合实践课，统筹机器人竞赛、多媒体比赛、程序设计大赛等，消除某些竞赛中存在的"乱象"，提升学生信息技术学习和应用的主动性与自觉性。

2.普及信息化教学方式，促进"课堂革命"的有效发生

课堂是教育改革的主战场，只有构建符合"数字土著"认知特征的新型教学模式，才能促进学习者主动学习、释放潜能、全面发展。第一，深化信息技术与课堂教学的创新融合，以评价为导向，提倡教师创新应用信息技术，以改善教学方式，强化以学生为本的教学实践，促进课堂教学改革的实现。第二，鼓励应用协同建构式学习、能力引导式学习、基于设计的学习等新型教学方式，推动学生的合作能力、实践能力、创新能力等综合素质能力的全面提升。第三，挖掘应用信息技术解决教学痛点的典型案例，发挥优秀教师的引领示范作用，进一步提升教师信息化教学素养和创新能力。

3. 强化数据互联融通，构建个性化支持服务的教学环境

研究表明，学习环境能塑造师生的行为习惯，师生行为及其互动是影响教育教学效果的主要因素。以数据智能为驱动，建设提供个性化支持和适应性服务的教学环境，有利于新型教学模式的开展。第一，将"智慧教育"纳入智慧城市、智慧乡村和智慧社会建设中，打通学校、家庭和社会之间的数据信息壁垒，促进教育数据全方位的挖掘和整合。第二，制定教育大数据确权、开放、对接和保护规则制度，促进各级各类教育公共服务平台和资源平台之间数据的融通。第三，利用学习分析、教育数据挖掘等手段，改善教学服务供给与学习需求的匹配度，实现精准推送，优化教学服务质量和效率。

4. 完善协同发展机制，提高区域教育信息化支持服务能力

支持服务能力是西部和边远地区教育信息化的主要瓶颈，只有统筹提升区域教育信息化支持服务能力，才能有效推进教育信息化，推进教育现代化的全面实现。第一，强化区县统筹推动教学研究室、电化教育馆、信息中心、教师进修学校等相关机构协同发展，整合优化机构设置、定位、责能，建立信息、知识、资源的交换机制，促进区域内机构间业务的高效协同。第二，促进教育公共服务平台和资源平台之间信息的互通，构建区域内各主体间共享、共赢、互利的教育信息化体系，增强区域教育信息化领导力和教师信息化教学能力。第三，充分利用智能技术推动智慧教育探索与实践，逐步渗透智慧教育理念与模式，不断扩大覆盖范围和应用对象，提升基层教育机构的教育信息化服务能力和效率。

5. 利用人工智能和大数据，提高现代教育治理的有效性

第一，建立健全大数据辅助的科学决策和教育治理机制，合理运用国家教育基础数据库及城镇发展数据，有效支持教育的各项决策，提升教育治理水平和服务能力。第二，鼓励开展教育动态模拟研究，采用机器学习、模糊数学等方法建立模型，动态模拟教育决策实施的结果，为教育决策提供科学依据。第三，充分利用智能技术感知、预测和预警校园基础设施和安全运行情况，及时把握师生认知及身心变化情况，主动、及时、精准地做出决策，形成现代教育治理新策略，不断提高决策的有效性。

参考文献

[1] 张茂聪，鲁婷. 国内外智慧教育研究现状及其发展趋势 [J]. 中国教育信息化. 2020（1）：15-22.

[2] 杜占元. 关于人工智能和教育的关系，教育部副部长讲了这么多 [C]. 北京：长江教育论坛，2017.

[3] 魏忠. 大数据时代的教育革命 [N]. 江苏教育报，2014-8-6（4）.

[4] 胡德维. 大数据"革命"教育 让考试变得更科学 [N]. 光明日报，2013-10-19（5）.

[5] 杨现民，唐斯斯，李冀红. 教育大数据的技术体系框架与发展趋势——"教育大数据研究与实践专栏"之整体框架篇 [J]. 现代教育技术，2016（1）:5-12.

[6] 王欣. 什么是大数据？大数据如何影响课堂教学？[J]. 师资建设（双月刊），2018（6）:68-71.

[7] 王容婧. 云计算时代的教育信息资源建设 [J]. 软件导刊（教育技术），2019（8）:92-93.

[8] 知乎网. 终于有人把云计算说清楚了 [EB/OL].（2019-06-05）[2020-04-11].

[9] 人工智能和大数据时代. 云计算的工作原理是什么？[EB/OL].（2019-04-12）[2020-04-15].

[10] C语言中文网. 云计算的优势和劣势（优点和缺点）分析 [EB/OL].（2018-10-18）[2020-05-20].

[11] C语言中文网.私有云、社区云、公共云和混合云：云计算的4种部署模型[EB/OL].（2018-10-18）[2020-05-20].

[12] C语言中文网.云计算架构参考模型[EB/OL].（2018-10-18）[2020-05-20].

[13] C语言中文网.用户如何使用云服务产品？[EB/OL].（2018-10-18）[2020-05-20].

[14] C语言中文网.云服务提供商需要做什么？[EB/OL].（2018-10-18）[2020-05-20].

[15] C语言中文网.云服务审计员、云服务代理商和云服务承运商[EB/OL].（2018-10-18）[2020-05-20].

[16] C语言中文网.一套完整的云计算产品需要解决哪些问题？[EB/OL].（2018-10-18）[2020-05-20].

[17] 百度百科.教育云[EB/OL].（2019-06-15）[2020-06-11].

[18] C语言中文网.云应用之教育云简介[EB/OL].（2018-11-10）[2020-05-20].

[19] AI学习小组.人工智能教育前景清晰,推动教育改革[EB/OL].（2019-01-28）[2020-06-15].

[20] 顾明远.人工智能时代,未来教育的变与不变[J].家人,2018（12）:28-29.

[21] 鲸媒体.框架开源,计算力提升,AI迎来第三次高潮,AI如何与教育结合？[EB/OL].（2017-08-22）[2020-06-15].

[22] 畅想AI教育.人工智能与教育结合已然成为趋势[EB/OL].（2019-01-25）[2020-06-15].

[23] 冯俣秋,方怡君.数据量和从业者素质是AI进入教育行业的两大壁垒[N].新京报,2017-07-31（D02）.

[24] 冯俣秋,方怡君.AI+教育如何为现代教育难题"对症下药"？[N].新京报,

2017-07-31（D02）．

[25] 罗超．互联网教育已过时，教育科技才是未来的趋势．罗超频道．[EB/OL].
（2018-03-12）[2020-06-15]．

[26] 万怡挺．"人工智能＋教育"将带来四个方面的转变 [EB/OL].（2019-10-21）
[2020-06-15]．

[27] 余胜泉．人工智能教师未来承担的 8 大角色 [N]. 中国教师报，2019-05-01
（12）．

[28] 腾讯研究院．中美两国人工智能产业发展全面解读 [R]. 北京：腾讯研究院，
2017．

[29] 国际人学校．什么是互联网教育？[EB/OL].（2018-05-08）[2020-09-11]．

[30] 粉笔教育网互联网教育的优缺点分别有哪些 [EB/OL].（2019-01-21）
[2020-04-03]．

[31] 王佳宁．"互联网＋教育"加出哪些信号？[EB/OL].（2019-03-09）
[2021-01-02]．

[32] 杨雪．"互联网＋教育"的发展 [EB/OL].（2018-03-26）[2020-10-13]．

[33] DomeSmart．深度剖析"互联网＋教育"的发展现状与未来趋势 [EB/OL].
（2018-10-09）[2020-11-07]．

[34] 陈星．"互联网＋教育"应用实例 [EB/OL].（2015-07-03）[2020-06-06]．

[35] 家教智慧博览．互联网＋教育的一个典型案例 [EB/OL].（2016-05-07）
[2020-08-11]．

[36] 钟欣．中国"互联网＋教育"主流商业模式及典型案例有哪些 [EB/OL].
（2015-07-21）[2020-06-26]．

[37] 吴丽霞．浅析"互联网＋"对教育的影响 [J]. 经济研究导刊，2020

（4）:148-149.

[38] 许涛."区块链+"教育的发展现状及其应用价值研究[J].远程教育杂志，2017（2）：19-28.

[39] 布朗客财经.区块链＋教育:"后·教育时代"将扬帆启程[EB/OL].（2018-09-11）[2019-07-21].

[40] insistlee.区块链技术应用简述[EB/OL].（2018-06-27）[2019-07-05].

[41] 币航者.区块链＋教育，让教育行业充满希望[EB/OL].（2020-07-07）[2021-03-20].

[42] 陈华.区块链＋教育，如何解决教育领域所面临的4大难题？[EB/OL].（2018-02-22）[2021-04-17].

[43] ChainStack."区块链＋教育" 能教我们什么？[EB/OL].（2019-04-09）[2020-05-21].

[44] 立哥绎教."新基建"时代,勿将"区块链+教育"当噱头！三项原则不能缺[EB/OL].（2020-05-04）[2021-01-25].

[45] 吴永和，程歌星，陈雅云，等.国内外"区块链 + 教育"之研究现状、热点分析与发展思考[J].远程教育杂志,2020（1）：40-51.

[46] DALEY S. 9 Blockchain education companies earning straight A'S[EB/OL].（2019-03-16）[2020-07-11].

[47] 鲁昱璇.区块链技术在教育领域的应用：回顾与展望——基于《教育中的区块链》报告的分析[J].世界教育信息, 2019(19):15-19.

[48] 地球人.区块链与物联网在高等教育中的应用[EB/OL].（2020-8-14）[2020-10-18].

[49] 高级技工.物联网－认识物联网[EB/OL].（2019-1-18）[2020-10-18].

[50] 碧桂园科技小镇．物联网＋教育，让学习无界限 [EB/OL]．（2018-8-28）[2020-10-18]．

[51] 贺志强、庄君明．物联网在教育中的应用及发展趋势 [J]．现代远程教育研究，2011（2）：77-83．

[52] OFweek 物联网．物联网教育，让思维跳出边界 [EB/OL]．（2018-7-2）[2020-11-20]．

[53] 青少年科技教育空间．AR 增强现实技术带给教育的 6 大好处，你不能不知道 [EB/OL]．（2018-3-27）[2020-11-20]．

[54] 云幻科教．AR＋教育顺势而为，个性化学习翻开 2019 教育新篇章 [EB/OL]．（2019-1-19）[2020-12-13]．

[55] 隐者艾伦．简要介绍 AR、MR 原理，畅想目前存在的主要问题的解决办法 [EB/OL]．（2017-5-28）[2020-04-12]．

[56] 褚乐阳，陈卫东，谭悦，等．重塑体验：扩展现实（XR）技术及及其教育应用展望——兼论"教育与新技术融合"的走向 [J]．远程教育杂志，2019，37（1）：17-31．

[57] 学而优则霸 2020．5G＋教育，怎样影响未来的教育格局？[EB/OL]．（2020-05-26）[2020-07-18]．

[58] 张水兰．将 5G 更好地应用于教育领域 [N]．江海晚报，2019．

[59] 君无嘻言．5G 时代将会对我们的生活工作产生什么影响？[EB/OL]．（2020-06-02）[2020-07-18]．

[60] 卡卡索．为什么说 5G＋教育能给教育形态带来颠覆性变革？[EB/OL]．（2019-12-04）[2020-07-25]．

[61] 思得学术．5G 将会给教育行业带来哪些技术助力？产生哪些变化？[EB/OL]．

（2020-04-12）[2020-07-25].

[62] 边缘计算社区.边缘计算是什么，和云计算的区别是什么？[EB/OL].（2019-11-07）[2020-05-09].

[63] 黄还青.ECC及华为在边缘计算领域的思考与实践[EB/OL].（2019-06-02）[2020-06-18].

[64] 砍柴网.又拍云出席在线教育与智慧学习中国峰会，用 AI、边缘计算助力在线教育[EB/OL].（2019-06-26）.

[65] 白小鱼.浅谈边缘计算落地应用场景（2020）[EB/OL].（2020-06-07）.

[66] 檑篱.如何利用边缘计算，实现低延时、高质量的互动课堂体验[EB/OL].（2019-06-10）[2020-08-11].

[67] 褚乐阳，陈卫东，谭悦，等.重塑体验：扩展现实(XR)技术及其教育应用展望—— 兼论"教育与新技术融合"的走向[J].远程教育杂志.2019，37（1）:17-31.

[68] 罗小娥.陕西智慧教育存在的问题与对策分析[J].新西部中旬刊，2020（2）:41-42.

[69] 钟绍春，唐烨伟，王春晖.智慧教育的关键问题思考及建议[J].中国电化教育，2018（1）：106-177.

[70] 黄荣怀.智慧教育促进教育系统变革[J].中国教育网络，2019（9）：74-75.